あの坂をのぼって

星野文昭・暁子

FUMIAKI 1986→2019 AKIKO

獄中往復書簡

アーツアンドクラフツ

獄中で描いた愛と癒しの絵

絵／星野文昭　詩／星野暁子

心満たす花しょうぶ（2006年制作）

人の心の　暗がりを　見つけては
苦しんだ夜が　あった

明るい方だけ　見るのは
何か　ちがう
無色透明な世界だけ　愛すること
それも　ちがう

ある日
くもった心から
すうっと　暗がりが
消えてゆくのが　見えたのだ

その時
暗がりのある　人の心さえ
いとしんでいる　自分がいた
「許し」という言葉が
心に　浮かんだ日

（許し）

暗闇を裂いた　光が
ほのかに
一つ　私の中で　花咲いて
あなたの体と　ひとつに
とけあった

暁子の誕生日に贈る花々（2008年制作）

沖縄・辺野古の海　平島から長島を望む（2011年制作）

どこまでも続く　新緑の海は
目前に　広がり
潮風のにおいのしみる　ゴザの上に
座り込む女
母よ！

死に絶えた　幼な子を
背におぶり
さまよい歩いた　日々

愛しいわが子に
手をかけた
夜の追憶に

今　再び　戦世《いくさゆ》が　来るならば
立ちはだかっても　止めなければと
次々に　美《ちゅ》ら海《うみ》に
飛び込んだ　母たち！

（沖縄《うちなー》・母たちの系譜）

母と子、チェルノブイリの願い・福島の願い（2014年制作）

お母さん　僕　また　友達と
キャッチボール　できるかな

坊やよ　目を閉じて　今日は　おやすみ
昨日見た　あの　白馬のように
元気な　身体に　戻れるように

お母さん　早く　学校に行きたい
勉強をして　医者になるんだ

坊やよ　生まれてきてくれて
生きてくれて　ありがとう

チェルノブイリを　伝えるために

（あの白馬のように）

ロヒンギャ難民を生きる少女（2018年制作）

生き残ったのは　わたし一人
生命を守ってくれた　ママも
　パパも　妹も　弟も
　みんな　殺されたの

今日一日　生き延びることが　すべて
「誰のために　生きればいいの」
「何のために　生きればいいの」

明日　もう一日　生き延びても
　愛する　家族は
　誰も　いない

（ロヒンギャの難民を生きる）

絵の世界で、暁子・新たな生命を抱いて（2018年制作）

おっぱいに　吸いつく　子どもの感触は
永遠に　未知のものだった
子どもを　生むことを　求めたけれど
その願いは　かなわなかった

世界中の　子どもを
自分の子どもとして
愛していけばいいと
いつだったか　あなたは
言っていましたね

絵の世界で　私は子どもに　おっぱいを与え
絵の世界で　あなたは
世界中の　子どもを
抱きしめている

（絵の世界で、暁子・新たな生命を抱いて）

春・希望を育む佐渡（2019年制作）

寒風の中　一面に
咲き乱れる　菜の花
愛しいよ

48年の日々は
やっていないという　叫びと
死者であることの　沈黙が
交差して
過ぎ去りし

祈りよ　ここに来て
真っ白な　真実を
我と彼に　知らしめよ

（祈り）

アフガン、山の学校で学ぶ（2019年制作、絶筆）

「勝気な少女の　表情が
暁子と　重なるんだ」

最後になった　文昭の絵は
少女が　きいっと　前を　見据えている
これからの　私の人生を
暗示しているのだろうか

「体に力が入らないから
バック等は　簡単にしたけど
少女の表情は　うまく描けたんだ」
うれしそうに　言っていた文昭

本来の暁子を　見出して
大切に　本当に
愛してくれたんだね

ア・リ・ガ・ト・ウ

（アフガン、山の学校で学ぶ）

はじめに――ともに生きた三十五年

星野暁子

私の夫の星野文昭は、四十四年を獄中で過ごした無実の政治囚です。文昭は徳島刑務所の検査の遅れと東日本成人矯正医療センター（医療刑務所）での肝臓がん切除術後の医療放棄によって、二〇一九年五月三十日に死亡しました。享年七十三。文昭が亡くなって、私の手元には、文昭と私との間で交わされた膨大な手紙が残されました。私は、この手紙を編んで書簡集をつくること、その目標を決めたことで大きく支えられました。この本は、三十五年をともに生きた文昭と私との「獄中往復書簡」です。

「すべての人間が人間らしく生きられなければ、自分も人間らしく生きることはできない。すべての人間が人間らしく生きられるように、自分の生を貫きたい」

初めて傍聴した裁判での意見陳述で、星野文昭はこんなふうに語りました。衝撃をもって文昭の言葉を受けとめながら「この男《ひと》といっしょに生きたい」。私はそう思いました。一九八四年の冬。文昭は三十八歳、私は三十歳でした。文昭は無実の罪ですでに九年間獄中にありました。一九七一年沖縄返還協定批准阻止闘争・渋谷闘争で機動隊員一名が死亡した件で捕らわれたのです。

なぜそんな手も握れない男《ひと》と獄中結婚したのかと、今も聞かれます。当時文昭は、拘禁性ノイローゼを患って五年間苦闘し、ちょうど治りかけていた時期でした。「自分と一緒に生きてくれる女《ひと》を求める」アピールを、在日中国人の友人から見せてもらいました。「無期懲役判決〔東京高裁〕を受けて、精神的な病もまだ治らない中で、よく前向きになれている。星野文昭とはどんな男《ひと》だろう」というのが私の最初の感想でした。関心を持ち、友人にそれを伝えると、裁判の傍聴に誘われました。当時、私は秋田大学の聴講生として、アルバイトをしながら反戦活動に熱中していました。韓国の政治犯の闘いに関心を持ち、星野文昭の過酷で必死な闘いにも関心を寄せていた私は、「会ってみたい」という気持ちを抑えられませんでした。傍聴は、文昭との出会いを決定的なものにしました。

渋谷闘争の裁判はすでに最高裁段階に入っていて、公判はありませんでした。私が傍聴したのは、文昭がかかえていた三里塚の〔成田空港建設の〕強制代執行阻止闘争の裁判でした。元活動家が検察側証人として出廷し、文昭に責任をとらせる嘘の証言をしていきました。不正義が正義を裁くような裁判でした。その裁判で文昭の生き方に圧倒的な共感を感じました。星野文昭という人とその生き方に、私は恋をしたのです。「この人を殺させてはならない」、そうも思いました。文昭とともに生きることを、私は一回の傍聴で決めてしまいました。まだ病気が治っていない文昭は背中が反り返り、深い孤立感を漂わせていました。傷だらけでした。けれど話しはじめた文昭は、甦ったようにりりしく、譲れない一線を命がけで守り抜いている美しさがありました。輝いて見えました。血を流している文昭と「無期懲役刑」をともに闘うのだと私は決意していました。

その後、婚約者として面会に行くようになって、文昭の思いやり深い人柄を知るにつけ、気持ちは高まっていきました。

私たちは、一九八六年九月十七日に結婚しました。お義母さんといっしょに札幌の豊平区役所に行って籍を入れたのです。手紙は、結婚後の一九八六年九月以降のものしか残っていません。はじめ弁護人を通してしか言葉のやりとりができなかった私たちにとって、直接文通ができることは、大きな喜びでした。文昭は、四級処遇で月一回しか手紙をだせず、便箋七枚にびっしり書き送ってきました。

ともに生きた三十五年の中で、とりわけ若かった頃、二人にとって辛かったのは、「手を握ることもできない」ことでした。愛を伝え合うために、あらゆることをやりました。アクリル板越しの接吻、ヘルペスの傷口を見せることを口実に文昭が体の全部を見せてくれたこと、私からは水着や様々な写真を送ったこと。面会の服装も体のぬくもりを伝え合えるように気を配りました。手紙で体に触れる言葉をかわすことで、体でも愛し合うことを大切にしてきました。そのことを諦めなかったのは、夫婦として生きるうえで大事なことでした。

二〇〇二年、文昭と私は「獄中者とその家族が子どもを生み育てる権利を求める会」（略称・獄中子ども会）をつくり、その運動も進めました。文昭は、私のために子どもをほしがりました。

「夫婦面会」を認めよ。認めなければ精子の宅下げ〔獄中から受け取る〕を認めるように、徳島刑務所に要望書を提出しました。世界各国にアンケートを出し、いわゆる「先進国」に限らず、「夫婦面会」の部屋を準備し、子どもをつくることを認めている国が結構多いことがわかりました。同じ悩みを持つ獄中者から手紙が寄せられました。女性からの支持が圧倒的に多かったように思います。受刑者にも人権があります。ましてやその家族の、子どもを生み育てる権利まで奪ってもよいという法律はないはずです。実現はしなかったけれど、重要な社会的問題提起として、やってよかったと思っています。

この本は、私たちが出会ってから文昭が亡くなるまでの二人の手紙で構成した書簡集です。三十五年という長い時間を一冊にまとめるために割愛した手紙も多々ありました。「あの坂をのぼって」というタイトルは、私が作詞し丸尾めぐみさんが作曲した歌からとりました。面会に通い続けた徳島刑務所に至る坂道をのぼったことを歌ったものです。

文昭と私の人生は豊かでした。いつも絵があり詩があり、多くの人に支えられながら、なによりも愛がありました。無期懲役刑という過酷な弾圧に二人は負けなかったのです。文昭の命を愛の力で守ってあげたかったです。今できることは、その愛の軌跡をみんなに送ることです。少しでも勇気を受け取ってもらえればうれしく思います。

あの坂を登って

星野暁子

面会室へと　通う　石段
あなたも　見ているかしら
赤と白の　つつじが　今年も咲いたよ
「元気だった?」
「元気だよ。会えない時も　いっしょに
　生きてる」
うれしそうに　あなたの笑顔　いとおしい

見つめ合い　語り合い
笑い合って
あっという間の　二人の　ひととき
僕が　元気なのは　君がいっしょに　生き
　てくれるから
みんなと　いっしょに　闘っているから
二人　今を　大切に　生きて

獄壁　あっても　ないかのように
心と身体　触れあっているよ

許し合い　認め合い
癒し合って
すべてを　かわす　二人のひととき
私が　元気なのは　あなたの　大きな愛が
　あるから
みんなの支え　あるからだよ
あなたを　取り戻すために
獄壁をこえて　すべてを　かけた
ここに　私の　生きる意味が　ある

誰もが　幸せになれるように
希望への道　あなたと歩き
迎えにくるよ　あの坂を登って
取り戻すよ

目次

第二章 米沢の父母と札幌のお母さん［二〇〇四年二月十九日～二〇〇八年二月二十八日］

第三章 国境を越えた運動の広がり［二〇〇八年七月九日～二〇一六年八月二十三日］

凡例

◇本文中、（〇〇）とマル括弧で記されているのは手紙原文にあるもの、〔〇〇〕と亀甲括弧《きっこうかっこ》で記されているのは、編集で付けた注釈です。少し長い「注」は、それぞれの手紙の末尾に載せています。

◇本書に掲載した手紙は、大量の手紙の中から選んだごく少数の手紙です。それぞれの手紙も抜粋によるところがあります。漢字、数字の表記など、手を加えたところがあります。

◇五五頁と七一頁の詩は、手紙本文ではなく、星野暁子が後にその時のことを詩にしたものです。

装丁●米田嘉明
写真提供●星野暁子

第一章

私たちの結婚

［一九八六年十月三日～一九九六年九月九日］

夫のいない結婚式（1986年9月）

私たちの結婚

〔暁子から文昭へ　一九八六年十月三日〕

文昭さんへ
あなたに会えて本当にうれしかった。心の中に、何かキラキラした輝くものが、生まれたような気がします。

あなたの話し方が、とてもしっかりして、力強かったので、ちょっとびっくりして、そして、うれしかった……。

話したいことの大きさから比べると、面会時間は、あっという間に過ぎてしまいますが、私たち、ここからはじめて、きっとあなたとともに、やっていけそうだなと思いました。

同志たちも、それから、救う会の人たちも、自分のことのように、喜んでくれていること、私たちの結婚が、そういう結婚であること、うれしいと思います。

ある同志が、「君らが、あんまり輝いているんで、負けてしまいそうだ。俺らも頑張らなくてはな」と、ポツンと言ってくれたんです。最高に、輝いていたいって、今思います。

「同じ気持ちでいてほしい」と書いてあったあなたの手紙を、何回も読みました。もし、文昭さんがここにいたら、私はきっと「同じ気持ちって？」と聞くでしょうね。そうすると、あなたは、きっと情熱的に、これがどんな気持ちなのか……論じまくるんでしょうね。

それはもちろん、手紙にも書いてあった通り、私たちが、生命をかけてもおしくないと思っている共産主義社会を実現することであり、被抑圧人民、労働者人民の怒りと思いを共有することであり、この中に、私たちが一体化することだと、私も思います。だから私たちは、いつも、いっしょですね。どんな時も。

私の両親には、先日、夜遅くに帰って、籍を入れたこと報告しました。両親にとっては、わかっていたこととはいえ、現実化してみると、心配なんでしょうね。父も母も、しぶい顔で、「お前は本当に、自分の思った通りにしかしないんだから……」うんぬん。

でも、朝、起きて、出かけようとしたら、母が、「本当に星野さんと結婚したのか？」と言うので、「そうだよ」と言ったら、笑い出して、「星野さんと会うのに、そんな格好をしていったらダメでしょ？何かあるでしょ」。ぎりぎりになってそんなことを言われても困ると思ったけど、こういう時、母は絶対、譲らないので、待っていたら、ゴソゴソと洋服をとり出しました。でも本当は、別に洋服はとってあったので、二つも服を持ち出すはめになりました。贅沢《ぜいたく》な話ですね。

十月十三日に午前中、面会に行けそうです。父のこと母のこと等、いろいろ相談したいことも、たくさんありますから、面会時間の延長願いを出しておいて下さい。

「同じ気持ちでいてほしい」というあなたに、私は一〇〇％こたえるつもりでいます。私も、あなたに、こうしてほしいということが一つだけあるのだけど、文昭さんも応えて下さるでしょうか。それは、「下獄」してからになるかもしれませんが、系統だった学習、研究をして、その成果をぜひ、「獄中からのプレゼント」として、獄外の時間がない同志たちに、贈ってもらいたいな、ということです。後で、返事を聞かせて下さいね。

では、くれぐれもお元気で　　星野暁子

新年を迎えて

〔暁子から文昭へ　一九八九年一月五日〕

今日は、新年を迎えての二日目です。昨夜というか、明け方近くに米沢〔暁子の山形県の実家〕に帰ってきました。お昼近くに起きて、まつたけの入っているおぞう煮を食べて、母とおしゃべりをして、父母宛てのあなたの手紙を読んで、それからみかんと紅茶を持って、二階の私の部屋で手紙を書いています。

あなたが手紙に書いていた通り、昨年一年は渾身《こんしん》の闘いで、〝死〟から〝生〟への〝転換〟を勝ちとったような一年でしたね。夢中に生きたという感じがするけど、その中で、文昭とは何でも話しあえる夫妻になれたような気がします。

徳島の喫茶店で書きはじめていた手紙をそのまま同封します。

文昭、せっかくの面会なのに、風邪のまま来てしまってごめんね。いつも元気の時ばかりではないけど、あなたの顔が見れてうれしかったわ。

今回は来るのが精一杯で、あなたに連絡するとかそんなことを考える余裕もなかったわ。「心の余裕を失っている」……正直な今の私の姿ですね。

本当なら、「救う会」のほうに、もっと力を注がなくてはと思うのだけど、心だけでなくて、体もなかなか思うように動かないな……と思っていたら、風邪だったのね。

自分の調子がよくないせいか、あなたも元気いっぱいには見えなかったけど、体の具合はどうですか？　それから誉夫さん〔文昭の従兄〕が、「今、何の学習をしていますか？」と聞いていました。教えて下さい。

列車の中ではずっと年賀状を書いていました。二十四時をすぎると車内放送がなくなるので、寝過ごさないように、必死に起きていました。

列車の窓から見える雪は、〝静か〟でした。夜行に乗るというのも久しぶりでした。学生の頃は、三里塚〔成田空港建設反対闘争〕に行くとか、そういうたびに夜行にも乗ったり、満席の時には、通路の荷物の上にすわって夜を明かしたりしたものね。

家に帰ると、父母が待ちくたびれて、もう休んでいたのだけど、二人ともすぐ起き出して大喜びでした。母は、私が体を温めている間に（もちろんこたつで）、親せきの遠藤先生が亡くなったこと、おじさんといとこの奥さんも亡くなったから、この正月はあんまり正月めいたことはやらないのだというようなことを、しゃべりまくっていました。

翌日になって、あなたの手紙も見せてもらい、まとまった話ではなかったけど、文昭の再審のことなど話しあいました。

父が、「再審というのは、そう簡単にはいかないんだろう。おととしのは、あれは何だったんだ?」

（これは、上告棄却ってことなの）

途中で私が口をはさんでしまったので、ゲリラのことや、そうしたことに、母が何を言おうとしたか、聞きそびれてしまったけど、ものすごい関心を持って、新聞なども読んでいるみたい。

文昭の手紙、年賀状も含めて、今までのパターンを打ちやぶって、誰にでもわかるような内容の展開になっていると思いました。あれを書いて、また清書したかと思うと胸がいたいけど、ごくろう様でした。今、ザッと目を通しただけなので、後で感想を書きます。

十二月に札幌のお母さん〔文昭の母・美智恵さん〕から、にしんの漬け物を送ってもらいました。おいしかった。きっとあなたは、こんなものを食べて、大きくなったんだろうな。徳島〔刑務所〕に面会に行った時に、「にしんの漬け物を送って下さい」ってお願いしておいたのです。事務所のみんなと食べました。先に食べる人が、にしんを先に食べるので、後の人はキャベツばかりだったりしたけど。

米沢に帰ってきたら、かまぼことか、かずの子等も送ってくださったそうで……徳島の仲間たちにも、バザーで買ったセーター等、送ってくれたみたい。感謝です。

今年の大みそかと新年は、浅草でロックを聴きながら迎えました。若い子たちとつきあって。内田裕也が、若いロック歌手を呼んで毎年やっているそうなんだけど。パンフ入れますから後で読んでくれればいいわ。高校生のツッパリにいちゃんのバンドがいたり、若い女性バンドがいたり、魂《ハート》をうたった曲も何曲もあって、感動しました。二部は十一時からで、有名歌手やバンドが多くて、最初から総立ち……みんな踊りまくるような熱い感じだったけど、人山で席も後ろの方になってしまったので、一時前に帰りました。

なにか本当のものをさがそうとしている人って、何をしている人でも魅力的だと思う。ギターだけで、自分のオヤジのことをうたった歌手がいいと思いました。パンフに〝ロックはつっぱるだけがロックじゃない。生き様をうたえなきゃだめなんだ。ロックは貧乏人のものなんだ〟って書いていた人です。それに、若さにまかせて、自分のそのままの心をぶつけてくるような〝三文役者〟というバンドもいいなと思いましたね。

文昭、今年のお正月はどんなふうに過ごしていますか。『前進』*は届いたでしょうか。少しはまとまった時間もとれて、充実した時間が持てたならいいけど。

「救う会」のほう、着実にすすんでいます。徳島の仲間たちも頑張ってくれているし……。

一月の面会は中間になりそうです。今回も突然行くと思うけど、あしからず。

星野闘争のことだけではないのだけど、星野闘争のことも含んだ、私が地区〔革共同東京西部地区委員会〕に対して書いた「意見書」は、全面的にとりあげられました。具体的にはすべてこれからなのですが。

文昭、何かにつけあなたのことを考えるわ。

こんな時、あなただったら、どうするだろうとか。

もし、あなたが目の前にいたら、きっと私は、あなたの胸に飛びこんでいくと思う。だって、必ずあなたが受けとめてくれることを確信しているから。

では　また。大好きな文昭へ　　暁子

＊『前進』　革命的共産主義者同盟（革共同）中核派の機関紙。週刊新聞

面会の日にウグイスの初鳴き

〔文昭から暁子へ　一九八九年三月二十七日〕

素敵な笑顔の暁子に会った十五日にウグイスの初鳴きを聞きました。十五日は平均よりも五・五度も高い、三月末の気温でした。面会に行くために建物の外に出て舎房〔刑務所内で生活する部屋〕よりも暖かかったので驚いたのも無理はありません。昨年は、三月十日のやはり面会の日にウグイスの初鳴きを聞いたのだから、やっぱり今年は昨年よりも暖かいんだよね。それにしても、去年も今年も暁子が面会に来てくれた日に初めてウグイスの声を聞くなんて、まるで暁子が春とウグイスを連れてき

てくれるようで、感動的でした。

それでもやはりまだ本格的な春ではないので連日というわけではないし、聞こえる日も、一日に一回とか数回で、本格的にはやはり三月の中旬から下旬だろうね。東拘〔東京拘置所〕では十月には姿を見せたシベリアからの渡り鳥つぐみは、ここには昨年と同じ一月十日に姿を見せました。今年は暖冬だったのに同じ日に来るというのも、どうも渡り鳥は気温によってよりも体内時計のようなもので移動しているんだろうね。この鳥は自分のテリトリーを持っている鳥で、他のつぐみから自分のテリトリーを守りながら、今日もミミズを土中から引っぱり出しながら食べています。東拘では五月頃まで姿を見かけたけれど、ここでは確か去年は四月初旬に北に飛び立ったから、やはりここでは居る期間が随分短いね。枯草だったところが少しずつ緑色が増えはじめたり、十二月に五センチほどの苗を植えた窓の下の畑の玉ネギが少しずつスピードアップして三〇センチほどになったりしているのを見ても、春の確実な訪れを感じます。

寒がりと言えば、多分暁子のことだから自分だけぬくぬくとした服を着て面会はできないという気持ちからなのだろうけど、今冬はコートもジャンパーも着ずに面会に来てくれているけど、やっぱり寒そうにしているのは気にかかるし、なんと言っても僕のほうは寒さに慣れているのだし、僕としては温かくしてくれていたほうがいいよ。それにしても十一月の面会の時に手でセーターの袖を引っぱって手をセーターのなかに引っ込めてしまう、子どもが寒そうにしているような動作を思い出してはソッと微笑《ほほえ》んだりしています。

実は十七日から二十四日まで一週間の軽居禁〔一切の文書を読むことも書くことも、ラジオを聞くことも入浴運動も禁じ、空っぽの独房でただひたすら座っていることを強制する懲罰〕が加えられて面会の当日はまだ決定は出ていなかったもののすでに「取調中」だったのだけど、中途半端に話せばただ心配させるだけになるし、話せば長くなるしということで、それよりもさしあたって大事な恩赦攻撃との闘い、再審闘争について話すことにして、あえて面会時には話さないことにしました。多分、それでちょっとさえないところがあったと思うし、何かあるなと気が付いたかもしれないね。

今回の懲罰は、なんと寒さで折りにくくなった作業材料を布団のなかでやかんで温めていたということを取り上げて、「物品の目的外使用」等という信じ難い理由によるものでした。今回の懲罰は、今回の前に二回、しもやけ悪化防止にやかんを布団に入れ水を使った後の手を温めていた件で注意があって、それはそれで正規にしもやけ悪化防止策を求めるということでやめていたのですが、そもそも冬にやかんを布団に入れて冷めないようにするというのは、未決、余罪受刑を含め東拘では一貫して公然と黙認されてきたことで、同じ刑務所でありながら徳刑〔徳島刑務所〕は東拘と違い懲罰にするというのは道理に反します。また加えられている無期刑（それによる強制労働）は、およそ加えられるいわれのない不当なもので、必ず粉砕するものとして日々怒りを強め腹わたの煮えくり返る思いを強め、それをもバネに闘っているし、とは言っても同時に刑務所、看守との無用なトラブル、対立を避け、それなりの人間関係を大切にするということで作業拒否まではせず普通の水準の作業をやるということで、今回の件も作業材料を温めて折りやすくしスピードアップしようとするもので、そもそもそうしたことに対して刑務所として懲罰（いわば鉄拳）をもって「返礼」してくるというのは、道理にも倫理・道義にも全く反したもので、「教育更生施設」の建前をも自ら踏みにじるものです。

また、今回の件は「取調」で懲罰になってまでするとではないことは余りにも自明なことで、文書においても「懲罰委員会」においてもそのようなことをやらないし、やる必要もないということを明らかにしているにもかかわらず、なおかつ懲罰というテロルを加えるということは道理・倫理・道義に反し、その建前をも踏みにじるものです。懲罰そのものについては、戦争・強権・腐敗の政治を押し進める日帝・支配階級の利益と延命のための法・法イデオロギーの本質を貫徹する暴力装置＝刑務所において、一切の社会的チェックから遮断されたところで、いわば思うがままに極限的に人権を踏みにじるものとして、いかなる意味でも（ブルジョア民主主義、その法、法イデオロギーの建前さえ踏みにじったものとしても）正当化できるものではなく、ブルジョア法・憲法の下でも即時廃止されるべきものです。

再審闘争についてもやはり総括をぬきに本物の飛躍はありえず、それをしない限り歪《ゆが》み、偏り、誤りを（拡大）再生産していくことになり、再審闘争の本物の飛躍のためには党としての総括・取り組みが本当に必要となっているということだと思っています。そうした意味で狩野満男さん*・裕子さん夫妻の「再審運動をさらに広げ、発展させていくためには、党としての総括とそれを踏まえた党としての取り組みが必要」という提起は全くその通りです。『獄壁を越えて』〔文昭と獄外の友人・支援者を結ぶ交流誌〕3号を読んでも、彼や、彼女が本当に自分たちのこととして僕らのこと、再審運動のことを真剣に考え、共に取り組んでくれていることがひしひしと伝わってきて、僕らにとって本当にかけがえのない存在になってくれているという思いを強めています。まず、心からの感謝の気持ちとともに、そのことを伝えておいてほしいと思っています。

そして何よりもそのことに党として真っ向から真剣に応えていく、答えていくということが必要だと思う。党として責任をもって総括していたのか、取り組んでいたのか、党的に論議して党として責任をもった方針をもって闘ったのかということが総括されなければならないということだと思います。

二十九日付手紙、本当に嬉しいものだった。暁子を抱きしめて喜びと充実感をたっぷり味わわせてくれるものだったよ。うさぎのカードもありがとう。今度はどんな便箋で送ってくるだろうかというのもいつも楽しみにしています。それを選んでいる時の暁子の思いを思うことと併せて。ただここでは手紙を十日間しか手元におけないのが残念。何度か読んで全てノートに写してエネルギー源にしています。

冤罪関係の本、パンフ等も届いています。ありがとう。送ってくれた思いを受けとめながら読んでいます。

では体に気をつけて。いつも抱きしめて、最愛の暁子へ　文昭
＊狩野満男　杉並星野文昭さんを救う会代表。後に星野さんをとり戻そう！全国再審連絡会議共同代表

おやじさんの思い出

〔文昭から母・美智恵さんへ　一九九〇年十月二十九日〕

二十八日午前十一時頃、暁子の電報でおやじさんが十七日に倒れ、二十七日に心不全で死去したことを知りました。

おふくろさんは、僕の置かれている状況を考えて知らせるなということだったようだけど、僕としては暁子が知らせてくれてよかったと思っているし、むしろ倒れた時に知らせてくれたほうがもっとよかったように思っています。

今夏に暁子が札幌に行った時、最後のつもりでみんなに会わせたり、「おふくろさんたちが心の準備ができるように十日間も酸素呼吸で頑張ったり」、何事も時間の余裕をもって準備万端整えていたおやじさんらしい死に方だったように思っています。

こうした形でおやじさんと別れなければならないことも覚悟はしていたし、最近の状況からも心臓のトラブルを心配していたり（そんなことが心の奥にあったことでだと思うけど）、今年に入って真夜中におやじさんの「死」の予感のようなものに襲われたりすることが何度かあったりしたものの、一方では、自分の心臓の弱さを自覚して気をつけていたり、おふくろさんがいろいろ食事等に気を配っていたことなどから、また僕自身の「冤罪を晴らして出るまで生きていてほしい」「社会を変えるまで生きていてほしい」といった願望もあって、案外九十歳代ぐらいまでは長生きするのでは、またそうあってほしいという思いがあっただけに、やはり衝撃だったたし、本当に残念です。

二十八日は、そうした覚悟や願望などが邪魔してというか、なかなか現実感が最初は湧かなかったものの（今も多分にそうですが）、やはり、もう一度も話すことができないのかと思うと言い知れぬ悲しみ、辛さに襲われたり、子どもの頃からのいろいろな思い出が思い出されて、なお悲しみが増幅され、またおふくろさんのことが心配になったり、何よりその別れの場に居られない無念さ、おふくろさんの側に居てやれない残念さに襲われる一日でした。

しかし、今は、暁子が僕の代わりにいろいろやっていてくれるということが、気分的に非常に楽にさせてくれているし、何よりも、心のどこかにあった依存感のようなものを一掃して、より強い責任感のようなものを感じています。

葬儀は終えたもののまだいろいろ忙しい頃かもしれません。

（全ての人が人間らしく生きられる社会に）社会を変えようとしている運動に身を投じている以上、こうした形で親との別れに立ち会えないこともあることを覚悟していたとはいえ、実際そうなることは辛く、今、それを不可能にしている受刑生活が、権力がねつ造した冤罪によって強いられていることを考えれば、別れに立ち会えなかったことが、無念でたまりません。

そして、おやじさんにとって、やはりそうした弾圧、冤罪によって僕が監獄に入れられ、受刑生活を強いられている、また、そこで考えられないような理由で懲罰などが強いられたり、この十月初めに、自分の代わりに面会に行ってもらったおふくろさんと誉夫さんが特別面会さえ許されないという酷い環境にあるといったことによって、弱い心臓が痛めつけられ、本来なら、まだまだ長生きできた人生を切り縮められたのだろうということも辛く、無念で、また怒りを感じずにはいられません。

そうした意味から、暁子が今〔刑の執行停止の〕手続きしているように、別れに立ち会えず、葬儀に立ち会えなかったものの、直接、初七日におやじさんの供養をし、心痛のおふくろさんを励ますことができればどれほどよいかと、僕も心から切に望んでいます。

刑務所においては、「接計免業」、いわゆる「訃報に接して、追悼するために免業を許可する」という制度があり、それによって三日間の免業が許可されたので、その期間を使って、この手紙を書いています。

おふくろさんにとっておやじさんは、人の心を傷つけるようなことを平気で言うし、特に最近は「年をとって、わがままがひどくなって、勝手なことばかり言うようになって……」と手紙にあったように、決してあまりいい「夫」ではなかったのかもしれない。しかし実は、一番深いところで、おふくろさんを信頼し、感謝し、愛していたのだと思う。

おやじさんは、「生みの母」を早く亡くし、「育ての母」も子どもが多かったことであまり面倒を見てもらえなかったとか、農大時代、寄宿していた渡辺家の荷物持ちのようなことをさせられたとか、屈折した、鬱積《うっせき》したものがあった青春を送ったこと（そうしたことが「昔の寡黙さ」を形成したのだと思う）、そうしたことなどが、一方で強く人間愛・家族愛を求め、しかし、おやじさんの一番の欠点である、そのために相手のことを受けとめつつ、そうした人間愛・家族愛を培っていくという忍耐強い努力を欠くがゆえに、それが思うような形で手に入らないということによって、一方でフラストレーションの爆発として、相手に対する「毒舌」を生んでしまったということだと思う。

だから、子どもたちに対しても過干渉なほどいろいろ言っても、それは間違いなく、「目に入れても痛くない」と思うほどの愛情があってのことだったし、最後には、本人の判断に任せるといった深い信頼を持っていたということだった。

そして、おふくろさんに対しても、おやじさんの世代の多くがそうであるように、決して自分の口でそんなことは言わなかったけど、心の中でおふくろさんに深く感謝し、また深く信頼し、愛していたことも間違いないことだったと思う。

例えば僕が小学生の時に「(家事に追われているおふくろさんの姿を見て) 何か楽しいことがあるのだろうか」などという作文を書いたのをおやじさんが見て、とても胸を突かれたような顔をしていて、それからしばらくしてから、おふくろさんにオーバーを大奮発して買ったことがあったり、また例えばおふくろさんの作った食事について、おやじさんは一度も不満らしいことを言わずに、いつもうまそうに食べていたと思う。

そこにはおふくろさんへの深い感謝・信頼・愛情があったということだと思う。

おやじさんとのことを振り返ると、おやじさんとの思い出は、本当に尽きないほど思い出されます。

僕らが小さい時は、日曜になると前後に荷台のある工場の自転車に僕ら三人を乗せて、主に、ジャイアンツ戦や隆司叔父が出ていた社会人野球や、さらに草野球のようなものまでよく見に連れていってくれたり、酒を全く飲まない分、甘い物が好きで、和菓子・果物などを買ってきては、毎夜八時頃になると、勉強などを休止してワイワイやりながらそれを食べるのが日課になっていたことなどを思い出します。

またこれは、おふくろさんにとってもそうでしょうが、暁子が僕と一緒に生き頑張ってくれていることが、おやじさんにとって心底の歓びであり、そこに心からの安心感を抱いていたことは間違いなく、おやじさんをそうした気持ちで送ることができたのは僕（ら）にとって本当に救いです。

また、そうした暁子の存在が、おやじさんの心痛を和らげ、何年かは長生きさせたのではないかとも思っています。

おふくろさんにも、再審のことについて、改めて書くつもりですが、暁子が頑張り、同志たちが頑張り、杉並、徳島、札幌などの心ある人々が頑張ってくれ、おふくろさんや、兄、修、誉夫さんや、四郎さんなどもそれぞれ頑張ってくれて、着実に前進していること、そして何より、僕がやっていない、という真実によって、それを明らかにする新たな証拠・証言を一つ一つ掘り起こすことによって、必ず再審の門を開け、無罪をかちとっておやじさんにも報告できると思っています。

おやじさんやおふくろさんの世代の多くの人々は、戦争に動員され、アジアの人々を殺し、自らも殺され、そうした犠牲の上に、僕らの場合、たまたま幸運にも生まれ、生きているとも言えるわけで、そうしたことへの生きている者の責任として、同じようなことを許さないためにも、冤罪を晴らし、全ての人が人間として共に生きられる社会に変えるために頑張らなければならないと思っています。それがまた、生み育て、いろいろ辛苦を共にし、深いところで理解し、信頼し支えてくれたおやじさんへの本当の意味での追悼になると思っています。

僕も、暁子と、そして心ある人々と共に頑張ります。

おふくろさん、兄、修も、どうか元気に頑張って下さい。

では、また手紙を書きます。

美智恵様　　徳刑にて　　文昭

湾岸戦争の中で

〔暁子から文昭へ　一九九一年一月二十五日〕

文昭、元気ですか。

今、風邪がはやっているみたい。

中東のことは、毎日、ラジオ、テレビで朝から晩まで、いえ二十四時間やっています。昨日、自衛隊機の輸送を決めたようですね。それから、国民ひとりあたり一万円の援助金と。あなたも、スポーツ紙とか、テレビとかで、「ニュース」には、接していると思うけど。

マスコミの報道のしかたも、デタラメですが、街頭に立って、署名を集めたら、特に女性と、中学生、高校生の男の子の反応は、よかったというか、しっかりしているので、驚きました。

三十歳ぐらいの女性が、「今まで、戦争はいけないことだって子どもに教えてきたのに、実際にはじまってしまって、どう子どもに説明したらいいの？」

中学生は「アメリカが悪い。海部〔当時の首相〕が、自衛機の輸送を決めてしまったので、腹がたつ」

もうひとりの中学生は、「アメリカの軍艦、〔空母〕ミッドウェーなんて、日本が送ったようなもの……」と言っていました。

かと思うと、「バカヤロ！」とやじを言う人もいます。

戦争が、現に起きていること自体、その中で犠牲になっているアラブ人民にとっては、とんでもないことですが、街頭で出会う人々が口々に言うように、今の日本の政治の流れを変える、決定的チャンスにしたいですね。

新年のあなたのアピール読みました。もちろん手紙で読んでいたんだけど、活字にするとちょっとちがうでしょう？　私は、もっと「星野再審」を大きく出してほしかったけど、いつも愚痴ばっかり言っていたので、あなたが外のことを思って、あんなふうに書いたのかな、と思いました。でも読んだ人から「一番よかった。透視力のある人なのね。自分が獄中から見ているという感じが全然しなかった」と言うのです。今年は、もう「愚痴」をあなたにぶつけるのはやめるわ。「愚痴」になるのは、解決の方法を見失っている時だし、自分が、本当に解決しようとしていないのかもしれないね。

今年は、「明るいニュース」を伝えたいな、たくさん。もちろん、そこだけ拾って、伝えるつもりはないけど。

「アムネスティ」のこと、ちょっと前回の面会で言ったけど、無期だということ、冤罪であること、それから処遇の問題で、訴えてみようと思っています。

この間、なんとなく気になっているのは、フミが「出る」ってことに、展望を感じていないんじゃないかなってことです。そのほとんどは、外に責任があって、中から合流できる内容や準備が、まだ、ほとんどできていないわけですから。

でも、私は、「水着姿」は送ってもいいけど、あなたが出てきて、ぬくもりを伝えあえて、一つになりたいな。私は、フミにもそう思っていてほしいわ。「仮に出れなくとも」という前提を、取ってほしいの。

でも、これは、もっともっと「再審」の準備が進み、運動の高揚や、盛り上がりがないと、無理かもしれないのだけど。でも、もし、全く支援がなくても、内から獄壁をくいやぶって、出たいって、出るんだって、思っていてほしいの。

そのためには、あらゆることをすべきだと私は思っています。なぜって、フミがそう思っていてくれないと、私はさびしいもの。昔、武士が、切腹というか、ああいうことをやったけど、私は、ああいうのは、キライですから。良心を貫いて、出たいって思っているほうが、よっぽど人間的だと思うわ。もちろん「良心を曲げてまで出てきてほしいと思わない」。ソスン*さんのオモニの言うことも、あなたの根本的な姿勢も認めた上での話です。

別に、あなたを責めているんじゃないし、あなたが、言葉でそう言ったわけじゃないのだけど、なんとなく、そう思ったのね。

二月の面会は、二月七日に行きます。

元気で、最愛の人へ　　フミへ　　暁子

＊ソスン　徐勝。朴正熙独裁政権下の韓国に留学中、陸軍保安司令部に連行され死刑（一審）、無期懲役（二審）判決を受け獄中十九年の後仮釈放になった在日朝鮮人二世。オモニ（母）の救援運動が有名

メガネを外した「素顔」もいい

〔文昭から暁子へ　一九九一年一月二十九日〕

正月、米沢に帰った時に四日間も寝込んだという風邪がなかなか治らないようだけど、今はどうなのだろう。中東戦争の爆発、杉並選〔東京・杉並区の区議会議員選挙〕の只中、ということで睡眠時間を確保するのも難しくなっていると思うけど、とにかく治すには、できるだけ疲れを取りうがいを徹底的にやって、のどを乾燥させないことが鍵だから、そのあたりにいつも執着してやるようにしたほうがいいと思う。

ここでの生活では、食物による体調の変化といったことがよく判るけど、例えば納豆なんかは、体の底から力が出る、元気が出るのが判るし、暁子が好きか嫌いか判らないけど風邪を治すにもいい食べ物だと思うよ。大豆がたんぱく等の栄養価が高くかつコレステロールがないということの上に、納豆菌が消化を助け、便通、滋養強壮を促すというからね。

僕のほうは、その前から風邪気味だったのが、面会後咳が出るようになって「せっかく〔暁子から〕もらったものを治してしまうのはもったいない」という気持ちもあったけど、結局すぐに良くなって、今年は工場に流行していないことが一番の原因だと思うけど、自分でも随分抵抗力がついたようだと思うぐらい。それと独居時代は、手も足も関節部全体をしもやけにやられていたのが、工場に出て汗をかくぐらいランニングをして血行がよくなっているからなのだろうけど、今冬は手足に少しできるくらいで、それもマッサージすればすぐ良くなるので、ここでのしもやけは痛くて結構辛いものがあるからそれだけでも明るい気分になるよ。そんなわけで、工場に出ただけでも動く量が増えて、加えてランニングをしっかりやっていることで、体力（抵抗力）が目に見えて回復しているようだよ。

暁子もそう思っているのだと思うけど、ここで初対面の人間に本当の年齢を言うと驚いた顔をされる。共産主義者として人間的楽天的に生きいき生きていることもあるし、顔にしわが出にくい遺伝的なもの（おふくろさんから受け継いだ）もあると思うけど、体のほうも実年齢より若いほうへもっていければと思っているよ。暁子のほうもね。

一月の面会、正月休んだ割に疲れているように見えたとあったけど、それは多分、暁子が夜行バスが暑くて眠れなかったと、最初ちょっと疲れたような感じだったので、僕のほうも最初ちょっと気持ちが乗れなかったということからだと思うよ。でも、暁子もそう言っていたように、いつものように言葉を交わすにしたがって、表情も顔色も生きいきしてきて、とてもいい面会だったと思っているよ。

特に最後に初めて素顔を見せてくれたのがね。本当は、前の面会中に顔を見ていて「素顔を見たい」という気持ちがとても強まったのだけど、話の流れを止めることになるので我慢して、今回やっと、ということだった。本当なら「取っていい」とか「取るよ」とか言って外すところなんだろうけどね。おかげで暁子のほうは別れ際の僕の顔をよく見えなくなったんじゃないかとちょっと、悪かったかなとも思っているけど。メガネをすると「かわいらしさ」「親しみやすさ」が加わって、それはそれで暁子らしくていいのだけど、素顔はやはり素顔ならではのよさがあって素敵だったよ。レンズ越しだと、どうしても屈折の関係で、実際よりも目が小さく見えたり、顔の輪郭が違って見えたりするものだしね。前にお母さんが「(僕の話をする暁子が)大きな目を大きくして……」と言っていたけど(そこにお母さんが暁子を見るやさしいまなざしも感じたけど)その通りだという印象だった。今回は一瞬のようなもので、心に刻みつけるという感じではなかったので、次回は、もっと素顔を見せてもらおうかなと思っているよ。

毎日便*が、「近々手紙を書く」とあった十九日付が二十一日に着いたのが今のところ最後になっているので、手紙を書いてくれているのだろうと思っているよ。毎日便りが届くのはやっぱり本当に嬉しいし、いいものだよ。暁子は「内容のあるなし」を気にしているようだけど、今日の東京はこうだった、今日はこんなことがあった、ということだけで、僕にとって、その日、その日の暁子の全体が見え、一緒に生きているという実感を感じられるものだから十二分に内容のあるものだよ。僕のほうからも毎日それに応えることができないのが残念だけど。僕も手紙を書いた後は何ものにも代えがたい幸福感、充実感に満たされるのだけど、忙しさのなかで書くのが大変な分、そうした充実感を大切にしてくれたらと思っているよ。

勃発した中東戦争は帝国主義とスターリン主義の戦後体制の崩壊のなかでの帝国主義の基本矛盾の爆発として、新たな形の帝国主義戦争、侵略戦争の爆発そのもので、ソ連スターリン主義によるバルト三国への反革命戦争突入と合わせて、今、新たに革命と戦争の時代に荒々しく突入し、我々に、この戦争を革命に転化することを日本と世界人民に訴えて、共に反帝・反スタ世界革命をかちとることを絶対的に突きつけているということだと思う。

そもそもフセインのクウェート侵攻そのものが、イラン革命から米帝のイスラム反動王制・支配層を使った新植民地主義支配・石油支配を守るためにフセイン・イラクをけしかけ、その過程で超軍事大国化したフセイン・イラクの戦争国家的危機突破のクウェート侵攻として、米帝の侵略と植民地支配とその破綻の結果であり、今日の米帝・ブッシュの戦争は、その植民地支配の破綻をさらに凶暴な侵略戦争によって「解決」しようとする実に凶悪な侵略戦争として徹底的に弾劾されるべきもの。しかし、米帝・ブッシュにとって、この侵略戦争は何ら展望のあるものではなく、長期にわたる侵略戦争の泥沼のはじまりでしかない。

米帝・ブッシュのイラク・クウェート爆撃は軍事拠点への限定的なものとされながら、実際には無差別爆撃であり、この戦争そのものが、ジェノサイド・ポグロム（民族皆殺し）そのものであり、そうした侵略戦争、それによる植民地支配の上に成り立つ帝国主義世界・日帝の体制・生活のあり方そのものを、（それを許している）日本プロレタリアート人民として自己批判し、階級性・人間性回復・人間解放をかけて覆すために、泥沼化する米帝・ブッシュの中東侵略戦争へ戦費支援・派兵を行い、安保の下で基地・物資を提供し、戦争の炎に油を注ぎ込み、それをテコにアジア侵略、軍事大国化、天皇制ボナパルティズム支配（弾圧と犠牲集中）を強行する日帝を日本労働者人民の総蜂起で打倒することだと思う。

面会でも言ったように、昨年は、暁子とのことにかなり力を入れ、今年は、それを続けながら再審にも力を集中する年にしたいと思っているよ。昨年はそうして、やはり前にもちょっと言ったことがあるけど、どうしても闘いのなかで個的なことを切り捨てるという傾向を克服しきれていなかったことが問題だったのだと捉え返しているよ。それは基本的に同じことが暁子にとっても問われていたものだと思っているよ。

類的・個的な全未来をかけた解放の闘いは文字通り全てを投入したものであり、そうであれば、全領域において最高のものをつくりだしていくことが問われるし、両立させることが困難でもそれをやらなければならず、闘いに全てを投入しつつも、常に個的なこと、個的な関係（家族関係）づくりをやることが、やはり闘いも個的・家族的なことも本当に実りあるものにすることができるのだと思う。

両立することの現実の困難さの前に切り捨てるようなやり方は、決して正しい実りのあるものにならないし、やはりそこから破綻することにもなる（権力もそこを攻撃する）のだと思う。

僕はね、実際に僕と一緒に生きていくということの大変さということを暁子は決意してから味わってきたのだと思っているよ。確かに最初は「これからどうなるのだろう」という不安をもちつつ、僕の「一緒に生きていってくれないかい」という呼びかけ（プロポーズ？）に、暁子の全存在・生き方、人間的な一番大切なところで応えてくれたのだと思っているよ。

もちろん、男と女であり、生い立ちやいろいろな面で違いはあるわけだけど、そうした違いがあるから、「与え合い、考え合い、学び合い、つくり合って」融合し、つくりだしていくものが価値がある素晴らしいものだと思っている。とはいっても暁子にとって実際に一緒に生きていくことは本当に大変なものがあると思っているよ。それは、僕らが今、直接に対決している冤罪による無期刑ということ、それとの闘いということも、僕にとっては、段階的に飛躍して闘うことができているわけだけど、暁子にとっては一挙にそれを引き受ける、文字通り一つの蜂起という意味を持つものだと思っているよ。

僕にとって、今、現実に冤罪による無期懲役（その重圧）との闘いに勝ちぬく以外に生きていけないし、それは獄内外一体の闘いを全力で担い、自分の弱点をごまかすことなく見つめて一つひとつ克服する以外にない。そして、それと一体に断固として再審闘争に全力を投入するものであるわけで、そういう意味で、それを土台・基軸に全ての面で「与え合い、教え合い、学び合い、つくり合い」共有し合い一体化して生きているのだと思っているよ。

もう一つは、その個的な関係、二人の関係をつくっていくことにも、力を注いでいきたいと思っている。暁子も言うように、上告棄却・再審問題をのりこえる過程で、本当に何でも話し合うことを始めて、主に暁子がぶつかっていることを一緒に格闘し、暁子の全存在、全生活に迫り、共有することから、昨年は、僕のほうからも積極的に知らせることを始めて、一緒に生活していればそうして当たり前のことを、獄壁で隔たれていることでできないこと、困難なこともあきらめず、いろいろ工夫するということも含めてやっていこうとしてきたと言えると思う。例えば、昨冬に僕が何を着ているのか見せたのも、小さなことだけど、その試みの始めだったし、そして強いリクエストにも応えて生活全般について伝えるということになっていったと思う。

そうしたなかで、『まんだら屋の良太』（畑中純・作の漫画）は、僕が期待した以上に暁子が受けとめてくれたこともあって大きな役割を果たしてくれたように思う。つげ義春の画に似た自然の描き方もいいけど、表紙の絵に表されているようなエロスの世界（もちろん、いろいろの歪みも含まれているけど）も含めた独特なおおらかさのようなものは、僕も学んでいいと思ってのことだったけど。

共産主義社会においてこそ、人間が人間的に本当に解放され、人間的なものの全てが解き放たれ、本当に人間的に解放された男と女として、その関係も、自由で多様で豊かなものになるのだろうと思うし、それが具体的にどういうものになるかは、その社会のなかで創造されていくとしか言えないけど、それを、そうした社会を実現していく共産主義者としての男女として、僕らが本来的関係を今日的につくっていくということについて、今、こう思っているよ。暁子と僕の関係は、別の人格を持った男と女でありながら、生きていくためにどうしても必要とし合う一対の存在として、全てを話し合って、心、気持ち、体を通じ愛し合い、全てに一緒に立ち向かい、格闘し、「与え合い、教え合い、学び合い、つくり合って」全てを共有し、結び合い一体化して生きていくものとしてあるのだと思っているよ。

獄壁で分断されている僕らにとって、それによってできないこと、困難なことをあきらめずにあらゆる方法で工夫してやっていく、ということは、それとしてやっていくことが本当に大切なのだと思う。性的に愛し合うということもね。愛し合うということは本来、思い心を通じて愛し合うことも、会話を交わし気持ちを通じて愛し合うことも、体を触れ合い（体で会話して）体を通じて（性的に）愛し合うことも不可分一体のものだし、だから、それは一つが独立してあるのではなく、例えば、面会で会話を交わしている時も心を通じて、体を通じて愛し合っているのだと思っているよ。それは、僕が実感していることであり、暁子の実感でもあると思っているよ。特に、直接性的に愛し合うということも奪われていることは、全く不本意だけど、そういう他の方法とか、工夫をどしどしすることも大切にしたいと思っているし、人間にはそれによって心も体もそうした状態にする力もあるのだしね。困難をのりこえた本物の豊かさということがあるのだと思う。

体に気をつけて。暁子のいない人生はないと思っている。その大切な暁子へ

＊毎日便　暁子から毎日送ることを目指して、手紙以外に書いて送っていたはがき

冤罪との闘いは反権力の闘い

〔暁子から文昭へ　一九九一年三月九日〕

面会が終わって、差し入れや宅下げ〔獄中から獄外に品物を渡すこと〕の手続きをして、坂道を歩いて降りて、喫茶店で一時間ぐらい時間をつぶしてバスを待って、駅まで来ました。ついつい眠ったらしくて、駅から遠ざかる時、目をさまして「駅、すぎたんですか？」と言ったら、バスの運転手は私以上にびっくりして、「まだ、乗ってらしたんですか」と言うのです。そういえば、私以外には誰もいなくて……すぐ降ろしてもらいました。

運動をした後だったこともあるのかしら、あなたの顔色もよくて、元気そうだったから、うれしかった。でも、考えてみると、私が、元気な時は、あなたも元気にみえるのかしらね。

宅下げ、ありがとう。絵はがきは、毎日便への催促のようにも思えました。ちがう？　タオルは、あなたの番号が書いてあって、大切にします。〝写真〟のほうは、約束もしているので、期待していいです。

救援、星野再審について、「ぬかに釘を打つようでも困る」と言っていたけど、私は、やっぱり、だからこそ、獄中からの意見が重要なのだと思うわ。

今、まだ、徳島にいて、ある同志の話でとても重要なことを聞きました。

ある五十歳ぐらいの人からぜひ会いたいという話があって会いに行ったところ、次のような批判をされたというのです。

「星野さんが、自分のアピールの中で、「この事件は無関係だ」とか括弧つきでも中村巡査殺害事件とか言っているのは、まちがいではないか。君たちは、冤罪ということが、わかっていないのではないか。山田悦子*さんが、実際に事件にかかわっていようとかかわっていないと、権力犯罪である以上は救援する、そういう立場こそ必要なのだ」というようなことを言われたそうです。

私がこの話を聞いてまず思ったのは、文昭自身が「事件に無関係」とか、中村巡査殺害という言葉は一度も言っていない。にもかかわらず、それを本人の言葉にしている救援運動というのは、かなり問題があるということです。

私自身も、同じ誤りをしているかもしれないし、また、こうした言葉が、書かれていることを問題にしてきていないのも現実です。

それから、星野再審が、一般的な冤罪事件ではないことを、はっきり出す必要があるとともに、一般的冤罪との闘いもまた、そこには貫かれている反権力の立場をすえて初めて闘えるということです。

徳島では、あの十二・二の集会で会員がふえました。

甲山《かぶとやま》冤罪裁判支援の集いとしてやって、なぜ星野の会員がふえたか、それは「星野通信」（徳島星野文昭さんを救う会の会報）を読んでもわかってもらえると思いますが、星野救う会はあらゆる冤罪に対して闘うんだというこちらの姿勢が伝わったからだと思うのです。

だから、私のアピールへの感想として、「暁子さんが文昭さんを信じることや、想いがよくわかる。他にも私たちへの願いや訴えが分かる暁子さんに拍手を送りたい」というような感想も出てきたのだと思います。

札幌のお母さんは、つい先日も米沢の両親に、あれやこれや、送ってくれたと母が言っていました。米沢の母のほうも、（もう言ったっけ？）近くの工場に働きに出ています。車の送り迎えつきで、午後四時には、帰ってくるそうですが、「いつも暁子の手紙を待っているよりいいし、生活にもはりができた」と言っていました。

修ちゃん〔文昭の弟・修三さん〕には、今回の「星を救う会だより」のために版画を貸してもらいました。修ちゃんの部屋にはお父さんの写真が飾られていて、やっぱり、この過程は、大変だったろうなとおもいます。

選挙のことは、面会で言った通りです。

私は、この過程で、文昭の家族として、救援運動をやることと、自立した女性共産主義者として、全面的に責任をとることと、なんとか、両立させようと思っているのですが、どこまでやれるかわかりません。でも、やってみようと思っています。

元気でネ。　暁子

＊山田悦子　兵庫県西宮市の知的障害児施設「甲山学園」の園児二人が死亡した事件で殺人罪にでっち上げられた保母。無罪確定まで二十五年かかった

免田栄さんの闘いに学ぶ

〔暁子から文昭へ　一九九一年六月二十六日〕

文昭、あなたのぬくもりを伝えてくれる下着のプレゼントありがとう。なかなか手紙が来ないことで相当イライラしていたみたいですね。体制もできてこれからという時に手紙が来なかったりすると、それはそうなんでしょうね。それにフミ、あなたは私の心が離れてしまうんじゃないかって不安なのね。

この一か月、相当忙しかったのも確かで、頭の中は運動をもうひとまわり広げること以外なかったかもしれない。そのことで、いろいろ解決する問題も多かったから。

免田栄*さんの話を聞きながら、それから、あなたと会って、今いろいろ反省もしています。自分の置かれている状況と、あなたの置かれている〝状況〟のちがいについても、もっと自覚的に考えていかないと、大変なことになりそうだと思う。

正直に書くと、文昭を思い続けていることに疲れる時もあるのね。それはあなたの人格に対してではなく、獄中という壁に向きあうことに対して、と言ったほうが正確だと思う。砂漠で水を飲んだら、もっとほしくなるということがあるでしょう。そんな時、私は運動に夢中になってみたりして、自分を支えているのかもしれないわ。

あなたはちがうわ。外に向きあうことで、獄中の壁を突き破る力も得れるわけなのだから。私も本当はあなたのペースにあわせるべきなのはわかっているのだけど、なかなかできないのね。あなたが、〃不平〃をあまり言わないことに甘んじているのかもしれない。

ガラス越しで、接吻をしても、温かいあなたのぬくもりは、伝わってこないわ。でも心は伝わるわね。私は、あんなことで、問題になるなんて、全く思っていなかった。

結果からすると、軽率だったと思う。あんなことで、小票〔処分のための小伝票〕をあなたがとられたり、懲罰になるなんて考えると、たまらないわ。

でも、うれしかった。だって、自分が愛している男から、肉体も求められたいって、やっぱり女だったら思うものね。そして、求めたいとも、愛しあいたいとも。

でも、同じことを繰りかえすことはできないわね。

私たちに必要なことは、直接愛しあうことのできない苦痛さえも、再審の武器にしていくことだと思う。

フミの、徳島集会に向けてのアピールを読んだし、集会でも、私が要望を出した通り、最初に読みあげてもらったけど、でもなんとなく〃他人事〃のような印象を受けました。難しいとは思うのだけど、フミの基本的なスタイルは変わっていないと思う。本気で、出れるって思っていないのよ。そして、今ようやく出発した再審運動も、あなたにそう思わせていないのね。

免田さんが再審を自分の孤独な闘いの中で勝ちとったあの力は、やっぱりすごいと思いました。

そして運動、運動と頭にあった私にとっては、再審のイ・ロ・ハに立ち帰らせられる思いでした。もちろん私たちへの弾圧は、本人の決死の闘いがあったとしても、それだけではうち破ることはできません。でも、フミ自身も、それから私も、それから支援者も、第二、第三の免田さんにならないことには、再審を勝ちとることができないのは事実です。

免田さんの『獄中記』、これから注文して差し入れます。

拷問―自白―死刑判決、親から縁を切られたこと、荒れていた時にカナダ人の牧師から〝再審〟があると聞いて「六法を読ませろ」と要求し、担当が仲の良い看守になってから、共産党員から昼の時間だけ、再審について教えてもらう秘密の許可を得て、毎日教えてもらったこと、再審無罪判決、しかし検察の抗告の結果の再審棄却となって絶望の果てに信仰を得て、再び再審にたどりついたこと等々。

彼は、「再審は本人の問題だ。自分がやったのは、判決文の重要なところを写しとり、どこが、自分が有罪になったポイントなのかはっきりさせた。それから裁判所から資料をとり寄せて、証人の証言内容（供述調書）が、どこがどんなふうに変わっているか、全部ノートをとって分析した。また自白のことも、なぜ自分が逮捕されたのか、なぜ自分が嘘の自白をしてしまったのか、自分の恥をさらけ出さなければ再審は勝てない」と話されていました。それから、人権擁護委員会にまず提訴すべきだとも。そして、十数回に及ぶ再審提出と。毎日毎日裁判官に無実の訴えを手紙で送ったということでした。

「自分が再審をやっている間に、七〇人以上の死刑囚を自分は見送った。その中で、無罪を訴えていた人もいるし、判決に納得していない人も何人もいた。自分のやり方がいいとは思わない。しかし、この無罪判決を、次の世に生かしたい」というのが、免田さんの思いなんですね。義理と人情、そして温情で動く日本の裁判の限界、困難さ、その上でどう勝つかだと、言っていました。

今、はっきりさせておきたいと思うのは、あたり前のことだけど、星野再審の原点は、まず星野文昭をとり戻すことです。

それからフミ、あなたは、私があなたと出会う前にどんな男とつきあっていたか知りたい？　私は、自分のことを言わなかったのは、対等な立場にいないと思っていたから、あなたが出てから言おうと思っていたの。今だったら、もう言ってもいいような気もするわ。

なぜこんなことを書きはじめたかと思うと、私があなたを選んだということに、フミ、あなたは確信を持てなくなる時があるみたいだから。もっとも、それは私の責任なのだけど。手紙を書かないとかね。

では今日はこの辺で。　文昭へ　　暁子

＊免田栄　一九四八年に熊本県で発生した強盗殺人事件で、殺人犯にでっち上げられ死刑が確定したが、後に再審で無罪が確定し生還した。二〇二〇年十二月逝去

再審の原点は「なんとしても出る！」

〔文昭から暁子へ　一九九一年七月二十四日〕

昨日の面会での暁子の笑顔・表情や姿、言葉が生きいきと甦《よみがえ》ってきて、手紙を書くよりも、それを反芻《はんすう》しながら、暁子へのいとしさ、思いのなかにもうしばらく浸っていたいというのが正直な気持ちだけど、書きたいこと、書かなければと思っていることが山ほどあるのでペンを取った、というところだよ。

土曜の一時からの入浴でさっぱりして（夏は吹き出る汗が引く三十分後でないと「さっぱり」とはいかないけどね）、この手紙を書き始めたよ。七月から「夏期処遇」になって、「舎房」では半袖シャツからランニングに、それまで着用義務の半袖上衣が脱いでもよくなり、長ズボンが半ズボンに、掛け布団がカバー付き毛布に変わり、ウチワも入って、暑いながらも変わったばかりはさすがに涼しさを味わえるよ。

「工場」（刑務所内の懲役労働の現場）では、同様にランニングに変わるけど上衣は着用（下着は自由）、ズボンは長ズボン、ドアは網戸になり、大型扇風機（直径四〇センチ）が昨年より一台増えて五台設置され、いよいよ本格的な夏の到来だなあと思っているうちに、十日あたりから「工場名物」の三四～三五度の日が続いている。工場は徳刑でも一番人数が多く、乾燥機等、熱を出す機械も多く、所内で一、二番の暑い工場だから、上衣・ズボンが汗で体にまとわりついて、これから頭がクラクラするような猛暑が連日続くわけで、ちょっと覚悟を固めているよ。ただ舎房が三階の最上階で風通しがいい一方で、屋上が日に焼けて「むわー」と暑いので、入浴後の吹き出る汗が引くまでウチワでパタパタやっているよ。

先月の面会は、その変更前の月曜だったから、四日分の髭が相当目立ったのもそのためで、入浴日あたりに来れば、髭ヅラの顔に、その翌日に来れば一応さっぱりした顔に会える、ということになるよ。

そうしたなかで、受刑者同士の「協働関係」を大事にする、ということと、共産主義者として「創る」ことの本質的な歓びを知っていることと、そして、結果として、工夫して自分のリズムに乗ってやることが、現在的に一番気分よく、疲れずに「仕事」(懲役労働)をし、「本来の仕事」に最大の力を注げる、ということで結構工夫しつつ自分のリズムに乗ってやっているよ。

暁子のほうはどんな仕事内容なのだろう。暁子も一生懸命やってしまう頑張り屋だし、職場の人間関係ということからも一生懸命やってしまいがちだけど、自分の「第一の仕事」を優先して、限られた自分の力をコントロールするということを念頭に置いてやる、ある種の「割り切り」が必要だと思っているよ。

藤井裁判[*1]の無罪戦取、万々歳だよ！　日帝権力によるでっち上げ攻撃の完全露呈・崩壊に怯んだ裁判官が、高橋証言を嘘と百も承知の上で認めるという実に卑劣で姑息な挙に出ながらも、藤井同志の無実・無罪を認めざるを得なかったことの勝利性は画期的。

①九・一九という先制的内戦戦略の本格的爆発の象徴ともいえる闘いをめぐる攻防・でっち上げという革共同・革命軍圧殺の基本政策との攻防において、これに勝利したこと、②弾圧、人権侵害と闘う人民の結びつきを広め、強めつつ前進してきたなかで、この勝利が、その闘い全体を励まし、一層前進させ、特にその勝利を創造的に教訓化して、星野や爆取[*2]などのでっち上げを粉砕する展望を開いたこと、③それによって「中核派罪」とも言えるでっち上げと破防法〔破壊活動防止法〕を基本政策とした日帝権力の弾圧を粉砕したこと。

星野再審弁護団がついに結成され、再審勝利・再審申請へ本格的取り組みを開始したなかで、弁護団と一体に、暁子の言うように、再審としての原点、「なんとしても出る＝取り戻す」ということに立って、一人一人が「免田栄」となって、不当極まる無期判決のポイントを把握し、それを打ち砕き、真実をどのように不動のものとしていくのか、を裁判資料の洗い直しと再検討を土台に、自らの血と汗によって再審勝利の「武器」を一つ一つ創り、磨き、強化していかなければならないと思う。

そうした意味で、これまで僕ら、そしてみんなにとってもいろいろな困難な過程を一つ一つのりこえて、全党・全人民の反弾圧救援運動・星野再審の死活的課題性を踏まえた取り組みの諸体制、暁子の新体制がつくられ、救う会・再審運動の創造的な前進がかちとられ、そして、ついに再審弁護団が最良のスタッフで結成され、実際に小林弁護士の決意や意欲に触れて、「よし、これで勝てる。出られる」というところへ、大きく一歩近づいたと思っているよ。

それは極刑・無期が直接、生命を奪う国家テロルであり、それによって当事者＝僕の生命を奪い、当事者の家族＝暁子の最愛の人間の生命を奪い、同時にそれによって暁子の生命をも奪おうとする（そのように暁子・家族も現実的に当事者とする）、さらに全党・全人民にとって、その最先頭で闘う者（と家族）の生命を奪うことで、全党・全人民の生命を奪おうとする（全党・全人民も本質的な当事者とする）ものであるからで、そうであれば、〈やっていない以上、絶対に再審に勝利する、それは絶対にできる、という不動の決意、絶対的な確信、それによるどこまでも不屈で前向きな積極性〉と〈自己の全存在をかけて、戦争・差別・抑圧・人権蹂躙《じゅうりん》・暴虐を許さない、全人民の人間性・解放性に依拠し、どんな困難をも突き破って、それら（戦争など）を必然化する現代社会を覆して、それらの無い、全ての人間が人間らしく生きられる社会を実現する、それによって自己・家族の解放をも実現する、そうした最も人間的な人間、共産主義者、革命家として、獄壁はもとより様々な社会的な分断、「壁」を突き破って、全党・全人民の怒り・苦闘・喜びに学び、励ましとし、共有化・一体化し、またし合うことを通して日々「再生」・形成すること、それによる最も根底的な不屈性・前向き性・積極性〉によってこそ、極刑・無期・再審の困難性と、それらの重圧を日々突き破り、生きぬき、勝ちぬいていくことができるのだと思う。

それは、満十六年になる獄中での生活と闘いによって培い、養ってきたものの核心だし、二人でチャレンジしてきたものだと思っているよ。そのように生きぬき、勝ちぬいていくなかで、二人の関係、愛し合うことを本当に豊かな歓びあるものとしてつくりながら、それを最も根底的な力＝生命力としつつ、極刑・無期・再審の困難性と、それらの重圧を大きく突き破り、生きぬき、勝ちぬいていく、楽天性・おおらかさをもって生きぬき、勝ちぬいていくことができるのだと思っているよ。

暁子は、僕が強い、と言うけれど、実は、常にそのように（二人で）いつも前向きにチャレンジしているからで、そのことによる「強さ」であって、何も特別の「強さ」ではない、実はその「強さ」は暁子のものでもあるのだということだよ。暁子が後からスタートして、一緒に生き闘っている大変さがあると思っているし、もっともっと声をかけ、力をかけなければいけないなと思っているし、同時に、暁子がより多く持っているところは、もっともっと声をかけ、力をかけてもらいたいと思っている。そして、本当に一緒に生きている、闘っている、そして愛し合っている素晴らしさをもっともっと実感できるものにしていきたいと思っているよ（何よりも、出てそうする、ということをも含めてね）。

藤井裁判の勝利に学びながら、星野再審の勝利のために全力で頑張っていこうと思っているよ。星野裁判の総括として提起していた専門鑑定の有効性が実証されたことも、大いに励まされるものだったと思う。藤井同志が最初に暁子と握手したそうだし。

そうした意味で、六・二三徳島再審集会での免田さんの講演を通した免田再審の勝利に学び、その勝利を共有したことの意味は非常に大きかったのではないかと思う。

奥深《おくみ》山《やま》農園[*3]の収穫祭、運動の広がりを感じるものだった、とあったけど、具体的にはどうだったのだろう。暁子たちの参加に奥深山君も喜んでいたと思っているけどね。免訴への必死の闘いが、これから本番だね。

毎日、暁子からのはがきが届く、獄中で、こんな嬉しいことはないよ。暁子と一体化することで日々を生き、勝ちぬいている僕にとって、暁子のほうからも獄壁を突き破って一体化するために、その一つとして「毎日便」という形で、自分の日々の生活、見て、考え、経験していることをリアルタイムで伝えてくれることは、日々の暁子の姿が見える、その息づかいや、体温や、汗やにおいと一緒に、日々生活する暁子が感じられる。そうして、一緒に生活している、闘っているという実感・一体感を得、そうして二人の一体化、関係、愛し合うことを獄壁、「壁」を突き破って豊かに、歓びのあるものとしてつくっていける、と実感しているよ。

全ての戦争・差別・抑圧・蹂躙・暴虐への怒り・苦闘・歓びを本当に自らのものとして、全人民のそれらからの解放のうちに、自らと家族の解放もある、ということを心から確信し、自己の弱点を見据え、克服し、人間性・解放性・主体的力量を高め、解き放って生きていく共産主義者としての生き方・人格・あり方をかちとっていくことによってこそ、最もよく弾圧・壁を突き破り合い、いつも一緒に生活し、生き闘っている状態をつくり合い、二人の関係、愛し合うことも、生き生きと豊かな輝きと歓びに満ちたものになっていくのだと思っているよ。また、そうなればなるほど、無期弾圧に屈することなく、生き闘いぬき、勝ちぬいて、絶対に再審無罪をかちとって外に出る！　決意と実践的貫徹力・意欲が限りなく漲《みなぎ》ってくるものでもあると思っているよ。そして、二人の関係、愛し合うことが豊かで歓びのあるものになればなるほど、それに応えて、一層真剣に自己を人間的にも、共産主義者としても飛躍させ、あるいは飛躍し合い、一層強力に闘い、再審を最大級の闘いとして闘い、そのなかでまた二人の関係、愛し合うことをより豊かに、歓びのあるものにしていこう、という思いも湧いてくるものだと思うよ。

毎日便、手紙を受け取りながら、二人が「ここまで来た」という大きな飛躍・充実感を感じ、同時に大きな力が漲ってくるのを感じているよ。面会では、ガラスで隔てられている上に、何といっても時間的制約があり、加えて、暁子を規制するものは無いけど、僕への諸規制があるなかで、面会でしか伝えられないことを伝える、詳しい話は手紙に任せて、気持ちを伝え合うことを主にして、関係、愛し合うことを養い、確かめ合えるものになればと思っているよ。僕らにとっての「ファーストキス」は、そのような意味で、「軽率」というよりは、その「マイナス」を埋め合わせても余りある、何にも代えがたい二人にとっての大きな大きな「到達地平」「獲得物」だと思う。僕にとっては初体験という意味での「ファーストキス」でもあった。二十五から地下生活・獄中生活に入ったということもあったし、それ以前も好意を持ったり持たれたり（恋愛感情も含めて）ということは少なくはなかったけど、僕にとって愛し合うということは非常に大切なものだった、ということかな。

それにしては、まるで「百戦錬磨」のように自然だったと言うかもしれないけど、獄中で、人間的な欲求を抑えつけることから、それを人間的なものへ解き放つ、というあり方へ「大転換」したこともあるし、写真が誘い込んでくれる空想の世界のなかで、何度となく「イメージトレーニング」しているせいかもね。ガラスごしで、直接にぬくもりや感触が伝え合えなかったといっても、それは想像力で伝わってくるものだし、何よりも、どれほど心・気持ち・体のその全部を必要とし合い、求め合っているのかを伝え合い、確かめ合うことができたと思っているよ。本当に、大きな新たな生命を吹き込むもの、というのが実感だよ。可能な形で、暁子は自然に振る舞えばいいし、僕のほうは投げキスぐらいが限度というところかな。僕らにとって、久々に顔を合わせた最初と最後にそうするのが一番自然なように思っているよ。ともあれ、面会では、面会でしか伝えられないものを主に、というところかな。

それと、次回からは立ったままで迎えてくれないだろうか。全身を心に刻んでおきたいとも思っている。それと、僕のほうからはタオルとか、ふた冬着ていた下着とかを送っているけど、本なんかを含めて、他のものは主に僕からとなってしまいそうだけど、自分と生活のぬくもり、においを感じさせる身の回りにあるものを、できるだけ送り合うということも考えている。そして写真。これはもっともっと使ってもいいと思っているよ。「親族が写っていなければダメ」という掟があるけど、暁子の（日常生活を含めた）いろいろな姿をもっともっと送ってもらいたいと思っているよ。

そして、これはトップに書いてもいいことだったけど、一年近く前から約束していた「水着姿」、期待をはるかに上回っていたよ。素敵で、セクシーで、素晴らしくて、まぶしいばかり。

子どもの頃からの頑張りや、今の頑張りなどを思うと、その髪の先から、つま先まで、体の全部、隅々までいとおしくて、愛撫してやりたいというのが僕の今の自然な気持ちだし、写真はそういう世界へ誘い込んでくれる。今の僕らにとって、空想のなかで愛し合うという擬似体験も、本当に大切なものだと思っているよ。つき合い始めて六年を越え、結婚しても五年になろうとしていれば、もうお互いの体の隅々まで知っていて当たり前だけど、ちょっと埋め合わせができたかなと思っているよ。暁子には不公平だから、話すことにすると、僕は着痩せして見えるけど、意外なほど骨太でガッチリした体格で、胸も広くて、特に下半身は暁子よりも肉付きがいいくらいだし、すね毛はどちらかというと濃いのが特徴。そのあたりは、入浴後に東拘でも、ここでも看守に意外そうに言われるから、やはり着痩せして見えるんだろうね。

暁子のこういう姿を撮りたいというのはある。例えば、水着でも動きのあるもの、自然の光の中で①振り向く、②歩いて来る、③歩いていく、④横切って歩く、⑤走るなどを三枚位の連続写真でとか、メガネを外したアップの顔とか。この夏に挑戦してもらいたいと思っているよ。

最愛の暁子へ

＊1　藤井裁判　一九八四年九月の中核派革命軍による自民党本部火炎攻撃に対し、藤井高弘がでっち上げ逮捕・起訴された事件で、一九九一年、東京地裁で無罪判決が出た。その後無罪確定

＊2　爆取　爆発物取締罰則。一九八六年の迎賓館と米軍横田基地に対する砲弾発射事件で、須賀武敏、十亀弘史、板垣宏、福嶋昌男がでっち上げ逮捕・起訴され、須賀ら三人は一審で無罪判決だったが差戻審で「有罪」とされ、懲役刑に。福嶋も「有罪」とされ下獄した

＊3　奥深山農園　文昭の共同被告である奥深山幸男は病気を患い、裁判が停止され、支援者に提供された農園で農作業に従事。免訴を求めて闘ったが、二〇一七年二月逝去

接吻

星野暁子

三十分の　面会の終わりを
いつものように　告げる　看守の声を聞くと
あなたは　立ち上がって
なごりおしそうに　私の前に立つ

二重の　アクリル板が
あなたと私の間に　立ちふさがり
これさえなければ
温かい　あなたの　体のぬくもりを
感じられるのにと
思いながら
私も立ち上がって
接吻を送る　あなたに
唇を　合わせる

アクリル板に　口をつけるのも
駄目だという　看守も
心の　接吻を
抑えることはできない

（二〇一三年作）

昇級して月二回の面会・手紙

〔文昭から暁子へ　一九九一年九月十七日〕

毎日の新聞が待ち遠しいほどの激動（危機と胎動）の日々のなかで、とりわけＰＫＯ〔国連平和維持活動〕・小選挙区制をめぐる国会決議、天皇ＡＳＥＡＮ〔東南アジア諸国連合〕訪問阻止の闘いの最大の攻防期を迎えて、暁子もみんなと共に超多忙の日々になっているのではないだろうか。それらとの闘いという面でも、それと一体の再審・救援という面でも。

今回は、このところいろいろと問題も多かった獄中生活の中で最大級と言ってもいいグッドニュースを伝えたいと思う。何か想像がつくだろうか。やっと、というか、ついに、というか三級に「昇級」して、月に二度の面会と発信ができるようになったよ（九月十三日に言い渡しがあった）。

受刑者仲間から「二級の価値がある」といった声もあるけど、それは一緒に受刑し、いろいろ見ている者として率直な評価なのだと思うし、ここではそのぐらいの意味を持つのだろうと思う。昇進処遇制度ということも含め、刑務所の存在と、諸々へは根本的に批判する立場にあるけど、まずは率直に喜びたいと思うし、喜び合いたいと思っているよ。獄中にあって、暁子（家族）や外との交通のために（再審のための交通も含めて）、面会、発信増を実現することを一つの目標に据えて、ここでの生活においてトラブル化を避けて、何か問題や改善点があれば、ここのルールに基づいてやるという姿勢でやってきたこともあるし、暁子もそれを望み、特に、この間の暁子の新たな挑戦に応えることができたという意味でね。今回の昇級は、そうした僕の姿勢ということも含めて、諸々の条件を基本的にクリアーしていたということがあるけど、「情願」（法務省の役人に受刑者が直接処遇改善などを求めること）をはじめ、機会があるたびに言ったり書いたりしてきたこと（条件をクリアーしていれば無論、していなくとも四年間の「余罪受刑」も含めて八年間も昇級から除外されているのは「法の不備」による不公平であり、裁量等によって正されるべき、ということ）、さらには、暁子と築いてきた絆の熱さ、強さ、再審の本格化といったことによる面会・発信の重要さを刑務所なりに受けとめ、認めざるを得なかったという面もあったのだろうと思っているよ。

ともあれ、暁子と月二回会えること、月二回手紙を出せることを心から喜んでいるし、喜び合いたいと思っているよ。

毎日便や週一回の手紙に挑戦している暁子に応え、それがより自然に、やりやすいものになればと思っているよ。この間の暁子の頑張りに、同志たちや救う会のみんなの頑張りに、再審弁護団結成による再審・救援の本格化に応えていきたいと思っているよ。

この九月十七日で僕らの結婚五周年。二回の面会は最高のプレゼント、というところかな。そのことも含めて、何より、暁子（と僕）の大きな飛躍・挑戦があり、同志たち・救う会のみんなの飛躍・挑戦があり、再審弁護団結成による再審の大きな一歩が始まり、五周年を最高の形で迎えられるね。

今年は、二月以降、風邪・咳を治すことを第一に、数か月も走るのを控えていたから再度、体力づくりにも挑戦しているよ。刑務所・受刑者の最大のお祭りになっている運動会が十月五日に予定されていて、僕も今のところ二〇〇メートルに再度挑戦する予定になっているので、もっぱら運動時間は軽く四、五〇〇メートルを走った後、二〇〇～三〇〇メートルの全力疾走を繰り返し走っているけど、二、三回で太ももの裏の筋肉が痛くなってダウンしている。でも、汗をかいた後は体が軽く感じられて爽快だよ。

今、独居にいる時はいつも机の上に暁子の写真を並べて置いてあって、読み書きしていて一息ついて顔を上げると、いつも写真の暁子が笑っている。

この夏は涼しげな写真・絵と共に毎日便が届き、色鮮やかな花々と共に手紙が届いたことで、例年よりも随分のりきりやすかった感じがしているよ。僕にとっての日々の生き闘う源、飛躍のバネは、全ての人々が解放され、幸せになることによって自己＝暁子、家族、人それぞれの解放、幸せがある。それは全ての労働者、人民に支配・抑圧・搾取・収奪・虐殺・悲惨を強いることで成り立ってきた現体制（帝国主義とスターリン主義）を覆すことによってのみ可能だし、とりわけ被抑圧民族・被抑圧人民への犠牲集中によって成り立つ現体制を血債にかけて覆すことで、自己＝暁子、家族、人それぞれの人間的腐敗・歪みをのりこえて人間性を回復し、人間的解放、幸せが実現できる。そして自己＝暁子、家族を当事者とする再審無罪をかちとることを独自的な最大級の闘いとして闘いぬいて日々生きぬき、勝ちぬいていく。暁子の僕への愛、僕の暁子への愛、愛し合っていること、それを本当に大切にすること、それに応えて頑張ること、それに応えて人間として共産主義者として、革命家として飛躍し、闘いの前進、再審・無罪戦取、救援運動の前進のために頑張る、ということが、今の僕には一番大きいように思うよ。

全ての思いを込めて抱きしめて。　　最愛の暁子へ　　文昭

私への最大のプレゼント

〔暁子から文昭へ　一九九二年一月三日〕

今日は一月二日、フミはどんなふうに過ごしているのでしょう。今、米沢に帰ってきています。久しぶりの米沢は雪一色。といっても、昔に比べたら本当に雪は少なくなりました。高校生ぐらいまでは、チロという小さな白い犬をつれてよく雪の中でも散歩をしたのだけど、今、家に帰っても、買い

物と用事がある時以外は、めったに外には出ません。

あなたも、久々の休みだから、やりたかったことがまとめてできればいいわね。お正月だから少しは菓子とか、おいしいものも少しは出るのでしょうね。

母が最近、幻聴がまたあるらしくて（これは二十年ぶりのことです）どっと疲れが出てしまいました。東京から電話しても「この辺はぶっそうだから気をつけるように」とか言って、私に「何か聴こえないか」と言うのです。よっぽど寂しかったのだと思うし、父の話だと「十一月の末に庭の手入れを夕方遅くまでかなり無理してやってこの後おかしくなった」と。おかしくなったと言っても、私が帰ってからはピッタリ幻聴がとまって、元気です。

こちらに帰ってからも年賀状の続き、ニュースの原稿の仕事と……とにかく仕事のお持ち帰りがあるのでなんとなく新年らしい気分がしないな。でも、さっきまでかかってやっと終えたので、満足感はあります。

初夢は実現するとか……あなたがすぐ傍にいてくれる夢を見たかったわ。でも何の夢も見なかった。疲れがとれていないので、すぐぐっすり眠ってしまうみたいネ。

年賀状は、修ちゃんの版画になるような原画のコピーで一二〇枚ぐらい書きました。画期的に救う会としても四〇枚ぐらいはみんなで書いて出しました。

札幌のお母さんは、今年も鮭や数の子等、たくさん米沢にも送って下さいました。年賀状にも「昨年は自分の人生の中で、一ばん辛い年だった」と書いてありました。この手紙を書き終えたら、札幌に手紙を書きます。

　母は気持ちもすっかり弱って、自分が長く生きられないと思っているのかもしれない。私に形見だと言わんばかりに上衣をくれようとしたりするの。一ばん心配なのは、札幌のお父さんと同じ目で私を見るのよね。今、母にもしものことがあったら、私は後悔だらけです。母にしてあげるべき何をもしていないような気がするから。

　どうすれば母の寂しさを癒やせるだろうと思うのだけど、話をしても結局「いつ帰るのか、本当に帰ってくるのか」。この話になってしまうのね。

　昨年が夫婦元年だったって手紙に書いてあってうれしかったわ。いかに不十分であってもうれしかった。

　昨年一年間、「星を救う会だより」〔杉並救う会の会報〕にも書いているけど、一ばんの収穫は、あなたと呼吸しあいながら生きることができるようになったことよ。外の闘いや私の問題をあなたがいっしょに考えてくれるというだけじゃなくて、中のあなたの闘いと生活を私が共有するということがいくらかでもできるようになったこと、私たちの関係が、いくらかでもそんなふうになれたことがうれしいの。あなたが自分だけのものじゃないからって、体を大切にしてくれたことも、私にとっては、私への最大のプレゼントよ。

　昨年の忘年会は、運動の充実を反映して、反弾圧救援行動の中でできた陣形がそのまま集まってくれました。地域の人たちも参加してくれて、二〇人を超えるにぎやかな忘年会になりました。

もうすぐ午前二時になります。おやすみなさい。

この手紙が着いた夜は、一晩じゅう私を抱きしめていてね。約束ョ。

文昭へ　暁子

あなたを愛してます

〔暁子から文昭へ　一九九二年一月二十日〕

フミ、元気にしていますか。

一九九二年一月十七日の面会は、私にとって、生涯忘れることのできない面会になりました。あなたの愛に、しっかり抱きしめられたような面会でした。

ヘルペスは、少しはよくなったかしら？　寒いこともよくないと思うし、あなたの一日の手紙も、どんな辛い思いで書いてくれたかと思うと涙が出ました。

でも考えてみると、いつだって、フミはそうだった。自分のことを犠牲にしても、私を愛してくれていたと思う。手紙を書くと風邪を引いてしまう中で、必ず愛がずっしりこめられた手紙を書いてくれたし、報償金〔刑務作業への支給〕も、みんな私に送ってくれたことにも、痛いほどのあなたの愛を感じています。そして、その闘いとられた愛の重さの全部を、私が必ずしも全部わかっていなかったことが、辛い気がします。だから、「ありがとう。ごめんね」が、あなたに言いたいこと。もっと言いたいのは（本当は、面会で言うつもりでいたのだけど）、フミ、あなたを愛しています。

星野文昭と出会い、あなたを愛していることは、私の人生の中で一番輝いている「部分」だと思う。

フミ、どんなに大切な人でしょう。その大切なあなたを、この秋の過程はとても苦しめてしまったみたいで辛いけど、嘆いていてもしかたありません。許して下さいね。そして、あなたの髪の毛の一本一本、ヘルペスの傷にも接吻したいと思っている女が、いつもあなたの傍にいることも忘れないで下さい。フミの手紙には、「いつも抱きしめて、最愛の暁子へ」と書いてあって、私は、これ以上に素晴らしい愛の言葉を知らない。疲れている時のあなたを見ていると、私の胸で休ませてあげたいなって、そう思う時があるの。

抱きしめていてというのは、私が〝甘えっ子〟的要素がとれないからそう思うのかしら。

「獄壁」がある中で、愛し続けるということは、それ自体が闘いだけど、砂漠の中にいて水を飲むと、もっとお水が飲みたくなるでしょ？　フミのことを思えば思うほど、自由に愛しあえないことや、思い続けることが苦痛になってしまう。去年は、そんな年でもあったけど、フミの愛の深さや、あなたのくれたステキな愛に、もっと早く気づいていたら、あなたのどんな一言の愛の言葉や行為にも、心が満たされる私になれていたのにと、そう思う。

獄壁を越えて愛を届けあうには、強さが必要なのです。あなたを本当に代弁し、代表できる人格にならなくちゃなって、そう思います。外のみんなに対しても。

私は、フミと出会うまで、「生涯この人といっしょにずうっと生きていきたい」と思った人っていなかったのだけど、もちろん恋愛はあるけど、基本的姿勢がまちがっていたかもしれないなと思う。フミとの愛は、生涯をかけて、フミに「暁子と一緒に生きてよかった」って言ってもらえるように、二人で、築きあげたいって思っています。

だから浮気はしません。フミも浮気はしないでね。

だって互いに傷つくし、浮気に寛大なそぶりをする夫婦は嫌いだし、愛もなしにセックスをしたりする男と女のあり方も嫌だし、やきもちを焼いたりするほうがずうっとかわいいと思うから。

もうそろそろ会社に行く時間なので、今日はこの辺で。

最愛の文昭へ　暁子

獄中家族の闘いのあり方

〔暁子から文昭へ　一九九二年一月二十九日〕

フミ、元気にしていますか。ヘルペスの痛みは、少しはおさまったでしょうか。飲み薬でなおすしかないみたいだけど、やっぱり疲れている時にかかってしまうみたいだから、大事にしてくださいね。あなたも言っていたように、あなただけの体ではないのですから。

米沢のほうへは、二月の末か三月のはじめに帰省して、父母と温泉旅行に行こうと思っています。手紙にそう書いたら父母も喜んでくれたので。

徳島に行くことも大切なのだけど、今の母にとっては、私が母につきあうことも大切な気がする。たとえば農作業をいっしょにやるとか……もっとも私もスーパーレディーではないし、体も二つはないので、限界はあるのだけど、可能なところでそうしたいと思っています。

手紙やはがきを書きながらよく思うのは、もともと私は外で何が起きているかとかより、自分が何を考えているかとか、何を感じているかとか……心の中の世界を大切にする傾向が強いので、フミに本当に外で起きていること、生活の現実を伝えるのは、工夫がいる気がするんです。もっとも、昔よりはよくなっているつもりですが。ですから、自分のあり方も変えるつもりで、チャレンジしてみます。

手紙は週一回、はがきは可能な限り毎日、フミと私が生き続ける重要な闘いとして位置づけて、書き続けようと思うわ。

「どうして手紙が書けなくなるのだろう」と考え直しているのだけど、やっぱり私がフミにとっての手紙の大切さを根本からわかっていなかったからだと思う。手紙が外と内をつなぐ酸素ボンベのようなものだって私がわかっていたら、どんなに大変な中でも書き続けたと思うの。

だから、昨秋の反省として、どんな大変な闘いの中でも、フミといっしょに立ち上がれるように、私がしなくてはと思ってる。勝利をあなたに伝えることはうれしいことだけど、いっしょに勝利も〃敗北〟も味わえるほうが、もっとうれしいことだし、根本的には、獄中と外の関係は、そうあるべきだと思いますから。だから、フミも、全く遠慮しないで、本音の部分をぶつけてくれたほうが、私、うれしいです。

いろんなことを、フミと共有したいし、いっしょにやりたいと思うのだけど。たとえば、仕事なんかも、今みたいな仕事じゃなくて（仕事については、もう少ししたら具体的内容を書きます）、たとえば、ソーシャル・ワーカーのような仕事だったら、私のやっていたことも生かせるし、フミともいろいろ話をしながらやれるのではないかとか……。

でも、結局思ったのは、何よりもフミといっしょにやりたいことは、いっしょに闘うということだよね。フミと私が〝同志〟でもあるということは、やっぱり素晴らしいことなのね。

あなたが何も言わず宅下げしてくれた、『現代の被差別部落』の本を見ながら、あなたの気持ち、痛いほどわかる気がしました。

獄中の孤立が、獄中家族の孤立になっているというあり方がまだまだあるのです。獄中が日々生きぬいていく闘い、生きいきとそこで呼吸して獄中党をつくるという闘い、奪還する闘い、そういう領域のことを、党が自分の闘いとしてすえていないというか、やっぱり家族だけにかかってくるような構造があると思う。「獄壁を越えて」は、フミにこんなのがあったらいいだろうな、なんて気持ちからつくったのだけど。私は今後、「獄壁を越えて」は、「家族だから」つくっているのではなくて、獄中救援に必要なものとして、つくっていこうと思っています。

ただ、「家族」というのは、得体が知れない面があって、フミが書いているように、星野再審を、星野＝暁子闘争としてやるというのが、一番的確な表現かもしれません。フミがそう書いてきた時、私は反省しました。なぜって、救う会の中での一定の緊張関係の中で、私が思っていたのは、星野文昭の闘いの財産というのはあるのだけど、フミの苦闘とか、フミが今まで獄中で闘いぬいてきた日々を、私は実際には体験していないのだから、謙虚でありたいと思いました。

ただ今後のことを考えていくと、星野再審の要は、フミが当事者として、再審の全体を、本当に主体的に生きいきと自分の闘いとして担うというか、それが一つはあると思うのだけど、同志であり家族である私は、同じ思いを星野再審にかけて、イスト〔コミュニスト＝共産主義者〕としてあなたが貫こうとしたものは私が貫きたいものでもあるわけだから、星野＝暁子闘争としてやるのが、一番いいと思うの。

フミ、あなたは、私が一番尊敬できる共産主義者よ。どんな困難なことも、フミがいっしょだったら越えていけそうな気がする。フミの手紙の中に、二十年近く獄中にいることによる「孤立感」「焦り」という言葉を読んで……私が具体的に何をやったらいいかよくわかったわ。

お互い分身だと思っていればいいかもしれない。外の闘いや生活を、フミの「空白」を埋めるぐらいに伝えたい。「空白」じゃなくて内の生活と闘いも、私にわかるように伝えてね。

星野＝暁子闘争として星野再審をやるということは、もうひとつ、私自身の飛躍も求められているなということを感じています。

ここに来てはじめて、フミといっしょに生きていくことと、私が「同志（イスト）」としても主体的に闘うということが、一体化できそうな感じがするの。もちろん一つひとつやっていくしかないことだけど、考え方としてはね。

それから、もうひとつ私がわかっていなかったのは、フミが、写真とか、私の体のこととか言ってきたことについて、やっぱりわからなかったのね。一つは、フミが獄中にいて、何が奪われているのかということをわかっていなかったと思うし、それから、内と外で夫婦関係をつくる大変さということがあって、フミにまかせてきてしまったので、あなたのやさしさも見えなくなっていたかもしれない。

言葉で抱きしめてくれていたことがわかったの。そして、あなたを与えてくれたことも。他の人じゃなくて、フミだから、うれしい。フミは、とてもセクシーよ。

いっぺんにはできないけど、たくさん写真送るね。めがねをかけていない写真も。

くれぐれも無理をしないで下さいね。

大切な文昭へ　　暁子

生涯忘れられない面会

〔文昭から暁子へ　一九九二年一月二十九日〕

すっかりいろいろ心配させたりしてしまったけど、ヘルペスそのものは順調に治っているので何の心配もしなくて大丈夫な状態だよ。そのヘルペスを見せたということもあって、というよりも熱を出す機械類がある分暖かい工場から、暖房皆無の面会室に行ったために、話すのも思うようにならないほど震えてしまった面会日の数日前以降、寒い日が続いているけど（もっとも、これもこれまで暖冬が続いていたからで、これが平年並みなんだろうけどね）、暁子は風邪は引いていないだろうか。僕のほうも随分気をつけていることもあるけど、不思議なほど今冬は大丈夫だよ。今年も、激動はさらに進み、「虚栄」のなかで腐朽を深める体制の危機に、それを覆して真の人間の人間的解放を実現していく展望を見いだす僕らにとって、一層力の限りに闘って展望を引き寄せることのできる年になるにちがいないと思っているよ。

侵略戦争のための国内体制構築をかけた、革共同・戦闘的勢力絶滅を狙う破防法・重罪・でっち上げなどの諸弾圧との闘い、救援運動もその決定的環を担うものとしての真価が問われ、星野再審も、僕と暁子の一体化を基軸に、獄中・家族・党・救う会・弁護団の一体化をさらに本格的にかちとりつつ、再審請求へ決定的な成果をかちとることが見えてきているわけで、今年は自分たちの今一つ大きな変革・飛躍をかちとって、これまでのレベルを越えて頑張りたいと思っているよ。

今回の面会は、暁子が「生涯忘れることのできない……」と言ってくれることで、僕にとっても、深く愛し、抱きしめ合うことのできたような生涯忘れることのできないものになったよ。十七日の面会ももちろんなんだけど、十八日の面会もね。十七日は、暁子がそう受けとめてくれたように、僕の暁子への〝愛の告白〟のような面会だし、十八日は、それに応えて、暁子が僕への「愛の告白」をしてくれたような面会だった。告白したいこと、言いたいことが胸一杯にあるのになかなかそれが言葉として出ないのがもどかしいという感じでもあったけど、暁子が自分の僕への思いを面会で直接に言ってくれたのは初めてだったし、その思いを顔を真っ赤に染めながら一生懸命伝えようとしてくれた暁子を、生涯忘れないものとして最高のものとして大切に抱きしめたい思いでいるよ。

十七日の面会で見せたことで、ヘルペスをストレスも原因ということで心配して、そうなるほど僕が暁子を愛している「あかし」として受けとめてくれていることが本当に嬉しいし、そして同時に、本当に愛し合う暁子以外にはそうすることがないように、自分の体を何も隠すことなく暁子に見せるということ自体を僕が心底暁子を愛し、愛し合ってる「あかし」として受けとめてくれていることが心底嬉しいよ。僕自身もいつかは暁子もと熱望していることだけど。

暁子が気持ちを「爆発」させ、思っていることを伝え、ぶっつけ合えるようになって、暁子も抑えたものをいろいろ伝え、ぶっつけてくれるようになって、暁子がどんなことで悩み、苦しみ、辛い思いでいたのかが、暁子がどれほど深く愛し、何を求めていたのかが少しずつその全体がわかるようになっている思いがするよ。暁子は、ヘルペスのことで自分が心配させた、辛い思いをさせたというふうに自分を責めていたけど、僕にとってはやっぱり伝えるべきこと、思っていることを伝えてこなかったことが一番の問題だったと思っているよ。

暁子がおやじさんの死後、僕の「守護者」たろうとして全部、心配させず、自分が責任をとるという思いで頑張り、何といっても無期の重圧があり、友人の離婚等に示される周りの社会的男女関係の矛盾的なものもあり、どれほど悩み、苦しみ、不安、辛さが蓄積・うっ積していただろうと思っているよ。それらを改めて捉え返して、本当に投げ、応え、呼吸し合い、いつも傍に居る関係を、誤り・弱点を一つ一つのりこえて強くなることを一緒にやっていきたい。

暁子と生き、愛し合えることが最高の喜びだよ。最愛の暁子へ

生命が甦る

星野暁子

「暁子が　笑わなくなったからだよ」
と文昭は　言った
もう　何年も前のことだ

「ヘルペスが　体じゅうに　出ているんだ」

「ここにも　ここにも」と
傷ついた　体の　すべてを
私に　みせてくれた

柔らかな　男の性を
私は　やさしく　受けとめて
生きている感動と
出会った　愛の大きさに
体が　震えた

生命の輝きが　甦って
とり戻した　笑顔の中に
私が　いた

（二〇一三年作）

辛いところも共有したい

〔暁子から文昭へ　一九九二年二月十六日〕

夕べは雨が降ったけど、今朝はストーブがいらないくらいいいお天気です。私が住んでいるところは、近くに公園があって、東京にしては緑も多いので、小鳥のさえずりが聞こえるの。もっとも、いつもは聞く余裕がないという感じだけど。十五日、十五時の飛行機で帰って、その後、夕方から救援の会合があって、そのままバタングーでした。

フミの背中、ヘルペスが小豆みたいについていたけど、乾いていたので安心しました、少し。まわりの人たちに聞いてみると、経験者は意外に多くて、〔野菜など無農薬・無添加食品の〕共同購入の会員で顔に出て入院している人もいます。やっぱり、疲れとかいろんなことが重なって発病するのね。

アトピーのこと、私はフミが今も塗り薬をつけていることは自覚してなくて、手紙を読んで、そんなことも無自覚でいて……と、ちょっと心配になっていたのだけど、飲み薬にしても、塗り薬にしても、あまり長い間使用するのは、やっぱり体にはよくないよね。フミは、アトピーに慣れてしまっているかもしれないけど、あなたみたいに、悪環境でずうっとアトピーを抱えていたら、仮に薬の力で表面に出るのを押さえた場合でも、必ず体質化しているはずだし……。副作用が出てくるということだって、これから考えられるでしょ？

刑務所の医療状況というのは、どうなっているのかしら？　私の推測だと、医務室があって、担当の医者がいるか、でなければ、近くの病院から交代で医者が来ているのではないかと思うけど。

皮膚も歯と同じで、獄中病で、完全になおすには外に出るしかないかもしれないけど、皮膚病の場合、内臓とか他の病気につながるケースが結構あるんじゃない？

フミがヘルペスになったことで、私は真っ青になってあれこれ考えたし、あなたへの思いも私たちの関係も強まったと思うけど、もうこういう学び方は嫌だわ。フミにばかりしわ寄せがいくのは嫌なのね。でも、心で文昭と抱きあうことが、やっとできるようになったの。フミが辛い時に、私が知らないでいたら、きっと私はもっと苦しむと思う。だから今度みたいに、どんなことがあっても、「心配させたくない」なんて思わずに何でも言ってね。フミが苦しんでいる時は、私も苦しんでいたい。喜びだけじゃなくて、辛いところも共有できなかったら夫婦とは言えないでしょ？

再審のことでは、秘密交通権〔弁護士が看守の立ち会い抜きで面会する権利〕が、どうしてもほしいですね。ただ組織も、本当に責任をとり切れる体制で新たに出発しているのは確かです。今までだと、救う会での学習会に解消してしまう傾向もあったけど、今は事務局での独自な学習会と、内容形成に向けての闘いを開始しました。

弁護団のほうも、鈴木さん〔鈴木達夫弁護団長、二〇一九年逝去〕を先頭に、本当に頑張ってくれています。

運動体が先にできてしまったということがあって、弁護士よりも救う会の人たちのほうが多い弁護団会議として始まったようなこともあって、鈴木さんのほうから提起があり、弁護団会議は、弁護人と事務局と家族のみ参加するということになりました。これは弁護団が弁護団として、専門的領域での活発な討論を土台に、本当に責任をとっていくという姿勢の現れでもあるので、救う会の人たちも了承しました。その上で、交流の場、報告の場をつくっていくということだと思います。私の参加のしかたは、家族としての立場で参加していますが、徐々にあなたの見解を代弁していけるようにしていきたいと思っています。弁護団でも、事務局でも、最高裁の時の、あなたの補完書を基礎に、一審から検討を進めています。

宅下げの本ありがとう。まだ全部は読んでいないけど。私にとって、被差別部落人民の闘いは、今まで直接的な接点がない分、自覚性に欠けていると思うけど、高校生の時に解同の新聞を読んでいました。何冊か関連の本を読んで水平社の闘いに共鳴したり、石川一雄*さんの闘いを感動的に受けとめたことはあるのだけど、自分がかかわりきった闘いとしてはいないし、本当に差別の痛みもわかっていないというところから、はじめて体当たりで学んでいこうと思っています。

再審のことで、私が考えたり、実際行動したりしていることの核心は、フミから学んだり支えられたりしていることが大事なのね。たとえば運動体との〝緊張〟ということも、仲が良いなりにあるのだけど、昨年、苦しい中でも頑張れたのは、フミが、結局そのどの闘いも暁子が先頭に立ってやるということだって言ってくれたからよ。フミだったらどうするだろうと考えることも多いので、身勝手な発想は生まれないわね。ただ共通する弱点として、完璧主義におちいらず無理をしないようにしないとね。

フミアキの傷に全部に口づけを　　晩子

Ｎａさんは今度赤ちゃんが生まれるのだけど、なのちゃんが、二つのオッパイのうち一つは自分ので、もうひとつはおとうさんのだって決めているそうです。今度はもうひとつは赤ちゃんのになるので、おとうさんの分はなくなるという話もあるのだけど、私たちは子どもがいない分、二つともあなたのものね。

＊石川一雄　狭山事件の元被告。部落差別に基づくでっち上げで女子高生殺害事件の犯人に仕立てられ、無期懲役刑が確定。仮釈放後も再審を求めて闘っている

共同生活者、共同闘争者

〔文昭から暁子へ　一九九二年二月二十二日〕

今日は、暁子と会った後の日曜日、休日なので七時四十分にラジオのチャイムで、「今頃、暁子は何かのスケジュールで起きているかな、まだ朝寝坊を決めこんで眠っているかな」と思いつつ起きて、朝の点検があって、配食担当の受刑者が配ってくれた、キャベツとニンジンのみそ汁とのりの佃煮と

生卵の朝食（生卵か納豆が出るのがここでは一番豪華な朝食）を食べて、東拘では房内に食器を持っていて自分で洗うけどここでは洗わずにそのまま出して、お茶を飲んで一息つきながら、暁子との面会を思い出しつつ、今ペンを取ったというところだよ。いつもそうするように、暁子と会った日の夜の昨晩は、今まで以上に、暁子を抱きしめ、愛し合う世界に浸りきって、その余韻がまだ残っている。

バレンタインデーの暁子の思いの全部を込めたような口づけ、ありがとう。そのために送ってくれたジグソーパズルも房に入るといいのだけどね。今回の面会の暁子は今まで以上に、表情が生きいきと豊かで素敵だった。特にお母さんのことをいろいろ話して納得し、心を一つにできて本当に嬉しくて満足という笑顔が最高だったよ。どんな辛苦も喜びに変えてくれるような笑顔だった。面会は話しておきたいことが重なって、何とも時間の足りない面会で、予定していた〝プライベートタイム〟が持てなかったのが残念だったけど、暁子が札幌のおふくろさんのことについて、どうしても話し合っておきたいということで話し、「話せてよかった」というのを聞いて、暁子の気持ちもとても良く伝わってきて、僕にとってもとても嬉しかったよ。何もかも縮みあがってしまうような寒さだったけど、ヘルペスのほうは安心してもらえたと思うし、いろいろ前よりもきちんと暁子の心にも刻んでもらえたのではないかとも思っているよ。暁子だけに！　という愛の証をね。暁子が「ちょっと寒い」と言いつつ、軽装に近い服装で会ってくれる気持ちは、面会の間も、その後も何回も何回も抱きしめ、そして愛し合う世界に浸りたいと思う僕にとって、とても嬉しいことだけど、面会室の寒さは寒さ慣れしている僕と違って、暁子のほうがずっとこたえるものだから、僕に遠慮するのはやめて、これからは冬の面会にはカイロ持参で来てくれたほうがいいと思っているよ。

九日の暁子の手紙は、暁子が今どんな部屋で、どんな生活をしているのか、暁子が伝えてくれたのがとても嬉しかった。僕らのカメラで部屋を案内し、普段の生活の暁子を送ってくれる、ということも含め、暁子が僕の思いを根本から受けとめて、僕、僕らにとって必要なものを一つ一つ築いていこうとしていることが何といっても嬉しいよ。

それに応えて僕のほうからも少し。前にも一通り書いたように、平日は六：四〇起床で七：三〇には工場に出て、四：〇〇終業、四：三〇に工場を出て、九：〇〇に就寝。だから、暁子が〝いつも傍にいて、一緒に〟ということで、同じ時間に起きることにもチャレンジしようということは心底嬉しいけど、僕のほうは帰宅が午前零時を回る暁子よりもはるかに早く就寝しているのだから、それは無理せず、睡眠はきちんととって、そのあたりは違いを楽しむぐらいのつもりでいいんじゃないかと思っているよ。

暖房とは全く無縁の冬のここでの一日は、布団に入っている限りは寒さを感じることはあまりないけど、普段の房内では、じっとしていられないくらいの寒さ、しもやけとの闘いになって、面会に限らず手の冷たさを感じるのも常だけど、前にも暁子が自分の胸で温めててあげたいなんて言ってくれたこともあって、そんな時は暁子の乳房の温かさ、柔らかさを思いながら、温めてもらうつもりでいるよ。逆に、暁子が寒風の中で手や体が冷たい時は、自分の体で温めてあげたいとも思うよ。

暁子も言うように、本当の意味で生涯をかけた最愛の「共同生活者」「共同闘争者」として、その第一歩を歩み始めたということだろうか。そしてこのことが何といっても嬉しいよ。本当に獄壁をのりこえて、学び、共有し合い、互いの体験・思いを一つにするような日々を築いて、自分の気持ちを言うことが、また互いの気持ちを代弁するものにもなる、自分の意見がまた互いの意見を代弁するものになる、そうありたいと思っているよ。

でっち上げ無期という生か死か極限的に突きつけられる現実を覆しつつある過程で、肩肘を張ったり、自分をムチ打って奮い立たせることでは、本当の力にはならず、むしろ弱点をそのままにすることで本当の力を奪うものにしかならず、やはりごまかさずに、痛みを持っても自分の弱点・誤り・不足しているところをきちんと一つ一つ克服していくことによってこそ、本当の根源的な人間的（あるいは階級的・革命的）な力を手にし、それがどんな困苦にも絶望せず立ち向かい、未来を切り開いていく最強の力（強さ）を養っていくということかな。

このところ一番強く思っているのは、暁子の胸の鼓動や体のぬくもりと共に、その生活・闘い・思いが生きいきと伝わってきて、またそれを僕も伝えて、本当に一緒に生き、闘い、愛し合っていると実感できる日々を築くにしたがって、暁子の心と体・生活・生き方・闘い・思いの全部をもっともっと大切にし、またそれに応えて自分の心と体・生活・生き方・闘いの全てをもっともっと大切にしようと思っていることかな。

そして、そのように日々を築きあっていくことがあって、本当に心が通じ、理解し合い、一体化することがあって、それと真に一体のものとして、愛し合うこと、体を含めた全部で会い・思いの全部を伝え、確かめ、交わし合って愛し合うことも本当に深く豊かなものになるのだと思っているよ。獄壁によって分断されている僕らにとって、このあたりが一番困難でもあり、昨年は暁子にも辛い思いをさせたところだけど、一日でも一緒に生活し、愛し合うことができれば得られるものを、獄壁をこえて埋めていく困難さ・大変さという面を一方でもちつつ、一方ではその困難さをのりこえていくことでそれよりもはるかに豊かなものを、僕らが得つつあるともいえるんじゃないかとも思っているよ。

この点では、やはり「心」から「肌」をさらけ出すことまで、大変さは暁子のほうが大きいものがあると思っていたし、だからそれを求めることは僕にとっても抑えがちになってしまうものだったし（水着の写真一つにしてもね）、また、だから暁子が、大変さをのりこえて「心」から「肌」までさらけ出してくれることは、僕にとって、暁子の思い・愛の深さとして重く、大切で、本当に嬉しいものなんだよ。

暁子が手紙・はがきなどで送ってくれるものの全て、特に暁子の心と体・生活・闘い・思い・愛は、新たな生命を吹きこんでくれるものだよ！「浮気」ということについてもね。僕も暁子と同じに、暁子を傷つけるようなことは論外だし、それ以上に、暁子との愛は自分が自分であるために、生きるために必要な証、生命のようなもので何にも代えられない、誰が何と言おうと大切なものだ、というのが僕の答えだよ。暁子以外の女性にも、人間的にも女性としても魅力を感じることはあるし、またそれは大切なことだとも思うけど、それは暁子に対するそれとは全く違う。どう違うかと言えば、他の女性は性愛の対象ということにはならないし、暁子は、夫婦として性愛も含めた全ての領域で、生活を一緒にして、全部を共有して生き、愛し合う、自分が自分であるために、生きるために必要な証、生きるためになくてはならない生命のようなもので、その日々築いているものの違いということだろうか。

今、僕は何の嘘も誇張もなしに、暁子は僕にとって、他の女性には感じない、人間として、女性としての最高の魅力と、女性としての最高のセクシーさを感じる存在なんだと言えるよ。

朝「おはよう！」と口づけを送り、夜は「さきにおやすみ！」と口づけを送っているよ。約束通り、手紙が来た夜、それ以外も暁子を抱き愛しているよ。心で抱き合えるようになった暁子の全部に抱擁と口づけを。

暁子を通して人民とともに闘う

〔文昭から暁子へ　一九九二年五月二十四日〕

暁子おはよう！　今、日曜日の朝九時、朝の挨拶の口づけを送るよ。暁子は今頃、救援会、杉並のみんなと一緒に三里塚に向かっているところだろうか。僕も、今日も一緒に行こうと思っている。今日の徳島は晴天、三里塚も前回、前々回と雨だったから今日は晴れてるといいけどね。

先月から始まった日用品の差し入れありがとう。差し入れてくれた物はいったん全部領置〔刑務所が預かること」されて、それを工場に「取下」（購入したり差し入れされた物を在監看に渡すこと」（パンフレットは週に一回だけれど、日用品は月に一回）で、さらに数や使用期限の制限があるのでそれに応じて週に一回、工場から居室に「取り下げ」る形になるので、差し入れしてくれてすぐに手元に来るわけでないけど、差し入れてくれる暁子の思いということも含めてもう一つ暁子と結びつくというものとしてとても嬉しいよ。

ちなみに所持数量と使用期間はボールペン一本二か月、歯ブラシ歯みがき一本二か月、タオル二本三か月、下着類六か月、靴下三か月。獄中にいると、日用品でもパンフレットでも雑誌、スポーツ紙でも差し入れしてくれるだけでも獄壁・分断・孤立化を破って外から風が吹き込んでくる。外と呼吸できる、結びつく、そして暁子と呼吸できる結びつくというものとして、それだけで、獄中の生活、世界そのものを変えてくれるもので、まして、手紙、毎日便、写真付きとは、そして面会は例えようのないもの。本当に一体に生きている喜びを与えてくれ、何ものも恐れず未来を切り開いていく力を与えてくれている。そのあたりはどう表現してもし切れないものがある。

暁子の写真を通して外と呼吸したいということもあるけど、一つは普段の当たり前の生活をしている姿のスナップ、例えば部屋で日中生活している姿もそうだし、朝、布団の中から「おはよう」と笑いかけているパジャマ姿で起きた姿、歯を磨き顔を洗っている姿、着替えている姿……など。それと顔のアップ。それも笑っている顔を角度を変えてとか、歯を磨き髪をかきあげる。考える。口紅を塗る……などいろいろな表情、仕草で。それと最近は水着を着ているのが不自然なんて思うこともあるけど、水着姿など。これもいろいろな姿、表情、仕草、角度などを。要するに一緒に生活していれば目にする暁子の姿を写真を通して心に焼きつけたい。

今は、写真は、奇数月に一度新たに差し入れられたものを見ることができて、その中から二〇枚を「別枠」として半年に一度見ることができ、その二〇枚の内の五枚を房内で所持できる。これは一年間で交換。なお、引き延ばした写真は見ることはできるけど、「別枠」にはできず所持もできない。

二十一日、二十二日の面会は、道の途中で摘んできた野花と野いちごの心遣いも嬉しくて、何といっても気持ちの交《かよ》い合うのが嬉しい喜びの深い面会だった。その二日二晩、面会、そしてそれを反芻しつつ一緒に「愛し合う世界に浸る」時間も持ち、暁子の思い、暁子の全部を自分のものにすることで、暁子との関係、愛・性愛それらの全部、本当に身も心も結ばれているという実感を豊かに喜びの深いものにしてくれている。

面会でも何度も言ったように僕が今一番嬉しくて、僕らのこれからに豊かな展望を持ち、限りない力を与えてくれているのは、暁子が五・一五をもステップに七一年十一・一四から今日までを中心に僕の思いと闘いを学びつつ共有してこの十年だけではなく、二十年を共有して、これからの一切を一緒に切り開き築こうとしていること。そのなかで、これまでの諸々のことを整理し、捉え返しながら暁子（僕）の立脚点・生き方を改めてはっきりさせ、そうすることで僕らのこと、お母さんのこと、諸問題を解決する方向と力を得ようとしていることだよ。そのようにして全領域で一歩一歩、一緒に生き闘い切り開き築いていくということを通して、その全領域で共有する内容の豊かさが僕らの関係・

愛をそれらの豊かさを凝縮した形で豊かにしてくれ（性愛は僕らの関係・愛の白熱点的なものだと思う）、その関係・愛の豊かさ、喜びの深さが、また全領域で何ものをものりこえて一緒に生き闘い未来を切り開いていく力を与えてくれている、そのように思う。同感ではないだろうか。

暁子の歩みということでは、暁子自身のイストとして生きるという生き方と闘いのなかで僕との出会いと妻と夫として生きていこうということがあって、そのなかででっち上げ無期との闘いと、そこで問われた一体化、奪還の死活性と大きさということから、そこに全力を投じそして今改めてイストとしての生き方をかけて全党・全人民的課題を自らのものにすることを通じて一体化、奪還という僕らのこともお母さんのことも真に解決していく力を得ていくというところに立っているということだと思う。

被抑圧民族、被差別人民はじめ全人民の怒り、解放への希求、苦闘を受けとめつつ共に闘い人間解放をかちとっていく闘いを通して自己の弱点、腐敗をのりこえつつ一つ一つ主体的力をかちとっていく、全領域で本来の社会（共産主義社会）を実現する階級性、人間性、自己解放、人間解放能力を豊かにつくっていく、またそれを通して、僕らの間でも、本当に思いを通じ合うこともでき、解決すべき問題の意味をはっきりさせ解決していく主体的力を得ることができるということだと思う。

今、暁子がそのような所に自分を立たせることを切実に自覚し、暁子自身が切実に僕のそのような思いと闘いを共有したいという思いに応えて、これまで制約のなかで伝えられていない、僕の一切の思いと闘いを一つ一つ伝えていかなければと思っている。

再審・救援運動の本格的発展を弁護団・救援会との関係でもしっかりつくっていかなければと思っている。沖縄のことと合わせて以下、次回。

最近の毎日便は、花シリーズがあり、名画シリーズがあり、動物シリーズがありでとても楽しみ。特に身代わりの思いを込めたとっておきの絵はがきは嬉しい。でもそれで済まさずに本物の姿を見せてほしいよ。面会で写真で。〝あるがままをが愛の証〟だよ。

暁子の全部に口づけと抱擁と喜びを、最愛の暁子へ

三里塚・狭山・沖縄

〔暁子から文昭へ　一九九二年五月二十八日〕

花もようのノートを買ってきて、〝獄中カルテ〟をつくりました。手紙をいつ書いたかとか、差し入れは何を入れたかとか、文昭の手紙がいつ届いたかとか、中の生活のことについてとか、書き込むような感じのノートです。前から思っていて、やっとつくり始めたという感じです。

今回の手紙が届くのがとても遅くて、あなたが出したのが五月十二日なのに、印は十九日で、私の手元に届いたのが二十日でした。

あなたがはがきにも日付けを書いてほしいと言った意味がわかったのがずうっと後で、これからは、

はがきには月日とナンバリングをしようと思っています。そのほうが出した枚数もわかるし。

面会で、文昭の目が輝いていたのがとてもうれしかった。そう人に話したら、「それは暁子さんがイキイキしてたからじゃないか」と言われました。どちらにしてもうれしい面会でした。

正月以降、あなたのヘルペスとか、母の病気の再発とかあって、今考えてみると本当に追いつめられたような気持ちになっていました。〝無期〟というのは、普通の時はあるいは何もかも前向きに進んでいる時は、その苦痛を忘れていたりするのだけど（特に、私の場合、直接とらわれていないということがあると思うけど）、何かが重複すると、とてつもない大きさでのしかかってくるものなんですね。必死に、焦りまくって（何に焦るかというと、時間とか、無期に終わりがないこととか）逃げようとしていた気がします。

フミが、面会の時言っていた、「自分の生き方さえ、貫けばいいんだ」という言葉、時々思いかえしています。

もっと前向きに言うと、本当にあなたと一体になって生きようとした時に、直面する〝無期〟に対して、私自身の心底からの答えがないというのが、あたっているのかもしれない。これからの私たちの運動は、私にもはっきりした答えがないと、やっていけないということなのだと思うの。私自身が、自分の生き方としてどうするのかということです。

結局、職場でも、活動上も、自分が、他の人のことまで全面的に責任をとらなければならない関係に入ることは、断ったことも含めて、そうなっていないので……、そうすると結局、自分のこと（再審とか、あなたのこととか）でばかり考えているという状況をつくってしまっていて、これはあまりいいことではないからです。なぜって、自分の大変さばかり大きく見えるということになってしまいますから。

フミのキラキラ輝くひとみを見て、七一年十一・一四の渋谷の決起が、あなたにとってどういうものなのか伝わってくる思いでした。私は面会で、自分のイストとしての立脚点をはっきりさせると言いましたが、あなたの手紙の言葉で言うと、「全ての人民の苦闘を真に受けとめ、共に闘い、人間解放をやりぬくこと、そこに自己（家族）の解放・幸せ・喜びもあることに深い確信をもって、それを自己の責任をもって、全党・全人民と共にやりぬく革命家・共産主義者として立つ」ということです。

無期の重圧に打ち勝つ核心は、あなたといっしょに生きると決めた私が、まずどうなのかということだと思う。この点を言い切れれば、私たちが直面している〝無期〟に対しても、フミもいっしょに立ち向かうことができるのです。

この辺のところは、もう少し考えを深めて、形に表現したいと思う。〈星野暁子の戦闘宣言〉という内容で。

私が今からやろうとしていることは、七一年十一・一四についての総括的な論文や当時の『前進』を読みあさったりすることをまずやりたいと思っています。それから、あなたの手紙に家族運動という言葉があったけど、星野文昭の家族会と、獄中家族会のようなものをつくっていきたいと思う。運動体は運動体で、自らの論理で今のＰＫＯ情勢に全面的に応えるということで動いているので、私は闘い全体の主体化とその中でも重要な闘争には参加するあり方をつくって、闘いの軸を、文昭といっしょにつくる闘い、再審の内容形成、家族会運動のほうに移していこうと思っています。今のところ試行錯誤です。獄中にありながら、全政治情勢を受けとめ主体化する、一体化する、ともに闘うということが困難であるのと、ちょっぴり同じような位置に私は自分を立たせることになります。でも、これは、誰かがやっぱりやらなくてはならないことだと思うし、決して後ろ向きにならずにやりきりたいと思う。

正直いって、自分のかかえている課題が、自分の力量を超えるということで、参っていたわけだから、自分の課題と、それに外の課題（かならずしも、自分の問題というより誰かの問題）へのとりくみは、欲ばらず、意識的にとりくんでいきたいと思っている。つい欲ばるほうなので。

三・二四の三里塚闘争に参加しました。雨、救う会の旗をもって。北原さん〔反対同盟事務局長〕の発言は沖縄のこと、アジアのことも言い切っていて、この間の公開シンポや脱派との日常的対峙の中で、全人民的闘いの基軸として、三里塚を表現していたと思う。

郡司さん〔反対同盟婦人行動隊長〕は、脱派批判から始まって、「まず自分が発奮するということがなくなったら終わりだんべよ。こういう集会に来て、交流しなくなったら終わりだべよ。交流するからこそ全国のこともわかるんだ」と。文昭のことでは、「最後に星野君に面会に行った時に、「郡司さん、この前面会に来てくれたのは〇月〇日でしたね」と言われてまいった。星野君のためにも、負けるわけにはいかねえからな」と涙ぐんでいた。

星野再審の勝利は、沖縄・三里塚の闘いの高揚とともにあるので、と私から発言しました。

今回は、同盟の何人かの話を聞いた上で、同盟のあいさつまわりに徹しました。

五・二三は狭山集会、救う会としてビラまきをした上での参加、〔部落解放同盟〕本部派が集会をしないので、杉並で行われたこの集会が唯一の集会でした。

発言でみんな言っていたのは、仮釈放攻撃との対決ということです。長野支部の女性の発言が印象的で、「石川さんをいまだとり戻せていないのは、私たちの責任、長野でずうっと五・二三をやってきて東京でやるのが夢だった」。元気な部落解放研の発言も、基調は杉並準備会、狭山の控訴審判決の一か月前、解同中央は一〇万人集会をやった。その後の一か月何をやったか、大丈夫、大丈夫とふれまわっていただけだった。あの一〇万が、高裁に突入した三戦士のように、実力に訴えてでもやるという一〇万だったら、無罪判決を勝ちとることはできるのだと。

闘争への参加をしぼるなどと言いながら、結局、沖縄から帰ってから五・二四まで、一日の休みもなく、会合や集会が入ってしまってるんですね。

星野と一体のものとして生きる家族のあり方と闘いをつくるには、かなり試行錯誤しそうです。

沖縄の報告は、面会で言った通りだけど、一日目は、三つのコースに分かれて行進する平和行進のAコースの人たちと大雨の中で合流しました。〔那覇市の〕与儀公園には一万人が大雨の中結集しました。公明党にはヤジが飛びました。でも、沖縄の社会党は、基地の現状への怒りをきちんと発言していました。一週間前から平和行進に参加していた人たちと合流して、救う会の旗が会場にたなびきました。

二日目、恩納村の見学、私も高所恐怖症なのだけど、監視やぐらにのぼって都市型ゲリラ訓練施設を見ました。団結小屋で村の人たちの実力闘争の写真を見せてもらいました。読谷村ではチビチリガマ〔沖縄戦での集団死のあった壕〕の見学。「軍国少女」が「お母さん、私を殺して下さい」と言い、かわいい娘を母親がカマでメッタ打ちにする。それが引き金になって、次々に親が子を、夫が妻を殺したという話は、さびたカマ・入れ歯などが目の前にあるだけにリアルでした。ろうそくを消すと中はまっくらです。遺族の方たちが、二度とこのような惨事を繰り返さないために、そのまま保存することに同意して下さったのだそうです。

こんな悲惨なことがなぜ起きたかと言えば、日本がアジアへ侵略したその報いなのだと。沖縄の人がこう語る時、それは特別の意味を持ちます。

四時から県民大会。七〇年以降、各地域で、孤立もある中で闘ってきた人たちが一つにつながったという感じです。

琉球舞踊、喜納昌吉らの歌や踊りもよかったです。朝鮮の舞踊もそうだけど、自分たちの文化を守りぬいてきたという誇りがあるんですよね。

今回の沖縄行きについては、何よりも、救う会の方針として〔星野救援の〕パンフレットを持ち込むということが唯一の方針なので、対立する方針は出さないということで、今回はパンフレットだけにしたのです。

でも、会場でパンフ売りをした時、「今まで、そんなことがあったなんて知らなかった」「当時、東京にいたので渋谷暴動闘争のことは知っている。頑張って下さい」等々、それから「〔七一年沖縄の〕十一・一〇ゼネストに参加していた。あのストに参加した人は、みんな自分が星野だったかもしれないという思いを持っている。ずうっと気になっていた」等々。あなたの闘いをきちんと受けとめてくれている人たちがいることに感動しました。

話は前後しますが、県民大会では、平良修牧師*が「七〇年の沖縄返還に反対する闘いを担った本土の方の中には、今も獄中にとらわれておられる方もいるし、出てこられて、今日この集会に参加している方もいる」との発言をして下さいました。

十七日の①沖縄の全駐労と動労千葉、②全電通、③住民運動の三つの分科会に分かれての討論会。私たちは③の分科会へ、沖縄の住民運動を担う人たちの発言の後、自由討論、私もその中で発言させてもらいました。

中野〔動労千葉〕委員長の発言の中で、「沖縄の人たちにとって、ＰＫＯというのは、目の前の基地から、飛行機が爆弾を積んで飛んでいくということなのだ。アジアの人たち、カンボジアの人たちを殺すために。だから非常にリアル性がある。本土の方は、どこか抽象的だ。だから、やはり沖縄の立場から言えば、本土がどのような反ＰＫＯ闘争をつくってくれるのかなの一点だ。全力で応えなければならない」と。

フミにばっかり要求しないで、私からも〔政治的〕路線的なことも書くようにするね。
大切な文昭へ　暁子

＊平良修　日本キリスト教団牧師。後に「沖縄万人《うまんちゅ》の力で星野さんをとり戻す会」世話人で、全国再審連絡会議共同代表

二人でつくってきたもの

〔暁子から文昭へ　一九九二年九月二十九日〕

文昭、いつも面会のたびに「文昭」って本当は言いたいのだけど、なぜか「さん」って付いてしまうのね。私の知っている仲の良い夫妻で、さん付けで呼びあっている人たちもいるけど、私は文昭に「暁子」って呼んでほしいし、本当は、あなたのことも文昭って呼びたいの。この次から、そうするね。

下着のプレゼントありがとう。前回の面会の時は、合宿の準備のこととかで頭がいっぱいで忘れてしまい、受けとれなくてごめんね。

一ばん古い下着と書いてあったから、一ばん文昭のぬくもりのこもっている下着を受けとってきました。大切にするね。文昭がいつも私の傍にいてくれると思って。

五年間の闘い、文昭と私の闘いと生活と愛を、私がどんなふうに総括しているかも、もっときちん

と書くべきでしたね。それは、つぶれなかったからよかったとか、そんな過程じゃなく、一切をつくり出す過程でした。ただ、私が、あんなふうについ書いてしまったのは、星野再審のなかでの自分の位置を鮮明にとらえられるようになったら、まずやるべきことの多さに、そして再審そのものについては、まだ何もやっていないことに、茫然としてしまったからです。

五年間の闘いというのは、文昭だけの闘いでもなくて、私だけの闘いでもなくて、二人でつくってきたものだから、私がそんなふうに言ったらいけなかったのよね。なぜって、自分だけのものじゃないんですもの。

文昭は、私のことを、自分の生命だって言ってくれたけど、私は何と言えばいいのでしょう。文昭といっしょだったからやってこれたって、そう思ってるの。一ばんうれしかったのは、私が一ばん辛かった時に、一般的な批判をするのではなく、あるがままの私を受けとめ、抱きしめていてくれたことよ。文昭は、私をそんなふうに愛してくれたのに、私はまだそんなふうにはあなたのことも、他の人たちのことも愛せてないかもしれないね。ただ、この辺のことに気づいてはきたのだけど。

性愛のことも、中と外では、感じ方もちがうかもしれないけど、心で愛しあえたことは、体でも愛しあえるって、そう思うの。もし私たちが自由に愛しあえるようになったら、そこから始めればいいだろうって思うのね。今は、文昭と愛しあうことを夢想して幸せな気持ちに浸ることもあるわ。

いつも、文昭のことを思うと、私を抱きしめていてくれるって思って安心するの。孤独にならないのね。あなたにとっても、私が、そんな存在であれたらいいのだけど。私には、文昭が言うように殻に閉じこもるところがあるから、そんなふうにはいかない時もあるかもしれないけど、いつも心の中では文昭を求めているのだわ。文昭のいない人生なんて考えられない。

前に、文昭が下着を宅下げしてくれた時、私は一ばん新しいものをもらってきたのね。そして、下着より文昭がいいって、子どもみたいなことを言って、あなたを苦しめたわ。でも今日、柔らかいぬくもりの下着に触れて、あなたの心と体の全部をもらったみたいでうれしかった。文昭の愛って、すてきだと思う。失いたくない。絶対。私が触れられないくらい深いのよ。

前にね。私はあなたの分身にはなれても、十七年の、獄中の闘いを経験していない私が、それを自分の闘いみたいにには言えないって……こだわっていたことがあったでしょ？　でも、今はちがうの。文昭の闘いは、全部自分の闘いになってしまったのね。無期との対決とか、自分の立脚点とか、文昭と同じ生き方をしようとか、そうしたことに対する自分の考え方がはっきりしてからは、文昭の闘いは自分の闘いになったのね。文昭の闘いを本当に代表して、星野再審の全部に、私が責任をとらなくてはならないことがはっきりしたのね。そうなったら、外にも訴えていかなくてはならないし。もちろんそれは、文昭自身の訴えをもっともっと外に出していく中でなのだけど。あなたと、同じ質をやっぱり私が求められると思うもの。

五年間の闘いの中で、一ばん大きかったのは、文昭と私の共通の立脚点と戦場ができたことだと思う。マイナスのところからはじめて、三年がかりで、私が再審をやる体制を組織的にはっきりさせて、その上で夫婦として、獄壁をこえて思いを通わせるのに一年、立脚点をはっきりさせるのに一年というところでしょうか。もちろん、杉並・徳島の運動、独自の事務局体制、弁護団の結成と……ようやく再審の外わくができたとも言えます。

二十八日の面会を終えてから、稲刈りの済んだ田んぼを見ながら歩いていると、きれいな赤い花があぜ道にずうっと咲いているのね。きれいだなと思って近づいてみたら、「オイラン花」なの。「オイラン花」って可憐でとってもかわいい花なんですね。

面会の時、言っていた排外主義について、文昭が言っていたことの核心は、党と階級の問題としてはっきりさせて、克服することとそのものを今秋の闘いの中に位置づけ、方針化しなくてはならないということなのだと思うけど。また私自身についても、自分の中に排外主義を越えていく内実をどうつくっていくかという課題があります。私はまず学習からです。立ち遅れの克服が排外主義との対決にあるのだという話は、夏以降、議論してきています。

それから、この過程、杉並・救う会のAさんのところにガサ〔強制家宅捜索〕がありました。そんなこともあって、あれこれ考えてみたのだけど、全部に責任をとる以外ないのです。やっぱり「責任」の問題なのです。〝再審〟からみたら、党が本当に責任をとっているあり方と内容形成こそ、今必要なのです。だから、文昭が言うみたいに、私が「再審で忙しいから」と言うのではなく、私も出て行くことが大切なのです。そうしないと、重要な転換点をいっしょにのぼりきることができなくなってしまうからです。

文昭、愛してる。今すぐにでも、あなたの胸に飛びこんでいきたい。ずうっと、抱きしめあっていたい。
これから、バスで東京に帰ります。大雨で、飛行機にしなくてよかったみたい。
元気で。風邪をひかないでね。
最愛の文昭へ　暁子

素晴らしかった小牧闘争

〔暁子から文昭へ　一九九二年十月十七日〕

文昭、元気でしょうか。めっきり寒くなりましたね。今日の東京は雨です。トイレの水道のタンクが故障してしまい、今、水道屋さんに修理してもらっているところです。

文昭の手紙、うれしかった。私が思っていることを、あなたも思っていたことがわかったから。私の言葉でいうと、「文昭に生命をもらった」って感じよ。あなたのことを思うと、美しいことばかり考えてしまいます。自分が、やさしさだけになれるみたいな。性愛も、文昭と愛しあうことを考えると、みんな認めてしまえるのね。求めあうことも、与えあうことも。

出会ってから、八年になるでしょ。ずっと文昭が好きだったけど、今が一ばん燃えあがっている感じよ。激しいものを感じるもの。自分の中にも。

おととい、文昭がくれた下着だけ着て眠ったの、フミの愛に包まれているみたいで、幸せな気持ちだった。あなたの夢を見たかったのに、見れなくて残念だったけど。ぐっすり眠ってしまったのね、きっと。何の夢もみなかった。

小牧から帰ったばかりで疲れていたせいもあるけど、私の「爆発」って、何だったのかなと考えると、ちょっと恥ずかしいよね。わたしが言っていたのは、「求めても得られない状況がずうっと続くのが耐えられない」って、あなたにぶつけたのはこれだけだったのよ。だったら、自分で、もっと何とかすればいいのに、文昭が求めているものを与えるとか、それもできないものだから、あんなふうになってしまって、そういう自分が、また嫌で、苦しんだのね。

文昭は、そんな私の中から、一ばんいいものを見出してくれて、性愛の世界にも、連れ出してくれた。私は、私たちが置かれている状況の中で、こんなふうに愛し合えるなんて、思っていなかったもの。あなたが、求めてくれているのと同じように、私も、文昭を激しく求めていることがわかったの。もちろん肉体もよ。文昭が、切り開いてくれて、私は、なんとかついてきたって気もするの。でも、一生懸命フミを愛してきたし、文昭といっしょなら、私も解きはなされるって、できる気がするのね。性愛の領域でもね。

十三日の小牧闘争〔自衛隊小牧基地からのＰＫＯ派兵反対の闘争〕は、素晴らしい闘いでした。

大型バス五台で東京からかけつけ、全体では二三〇〇人の結集でした。部隊は、申し入れの部隊（七〇人ぐらい）と如意《によい》申公園《さる》で集会をやりその後デモ行進をする部隊に分かれました。私は、逮捕されたらまずいと判断して、請願行動のほうには入らなかったのですが、全体の高揚感は伝わりましたね。救援会では、二名請願行動のほうに入りました。

私たちのほうは、五時五十分ぐらいに如意申公園に結集して七時から、熱気ある集会を勝ちとって、その後六キロのデモ、星野さんを救う会の旗も先頭でたなびきました。

全学連の行動隊が先頭で、基地近くになるとジグザグデモを開始し、機動隊の阻止線とぶつかって一七名逮捕、戦闘的な闘いをやりぬきました。私がいる市民団体の隊列にいても機動隊がぐうっとひいているのがわかった。勝ち取られた基地前の解放された場所を陣取って、その場で集会をうちぬきました。高揚感みなぎった集会でした。

請願行動隊の申し入れ書を自衛隊の側は受けとりませんでした。十時頃に社会党の議員が来て、申し入れ書を渡したのはすーっと受けとったというので、みんな怒り心頭でした。

こういうデモの時は、二メートル離れていても、周辺で何が起きているかなんて全然わからないというのが、よくわかりましたね。

デモ行進を続けていくと、自転車に乗った七十歳ぐらいのおじいさんが泣き出さんばかりに必死に手を振ってくるので、みんなで手を振りかえしました。この必死さというのはデモをやっている私たちと共有しているものだと思いました。

二三〇〇人の力で基地を包囲し、体をはった闘いを通して、ここにしか自分たちの未来がないということを力強いものとして示せたということは、とても大きかったと思います。バス内集会があって、私も以下のような趣旨の発言をしました。

二三〇〇人の日本人民が、体をはった闘いを通して、派兵阻止以外自分たちの未来がないことを力強いものとして示せたということは、とても大きいものだと思う。アジア人民と日本人民の怒りのギャップをどう埋めていくのかということを考えていたが、今日の闘いの中にその回答はある。やはり体をはった闘いをやりぬく中で、一体感をつくり出していく以外ない。今日逮捕された二〇人の仲間の思いと救援を、私たち自身の闘いとして訴え、闘っていった時に、十・二一～二三は、もっと多くの人を獲得できると思う。二十年前の星野文昭の闘いも沖縄・アジアの人々に体をはって応えようとした、今日の闘いと同じ質の闘いだった。これから、闘いは、もっと激しくなると思うが、日本の労働者階級人民が、星野文昭の闘いと救援を自分たちの闘いとしてすえた時に、歴史をぬりかえる闘いが、もっと本格的に爆発すると思う。私も家族として星野再審を闘いつつ、みなさんとともに派兵阻止の闘いの先頭に立ちたい。

私自身も、いつも家族として発言しなければならない、星野のことを出さなくてはならないという思いがあって、どう出していくか、試行錯誤で来たのだけど、文昭と一体のこと＝自分が考えていることをそのまま家族の立場で言えばいいのだということがわかって、すっきりしました。「夫を助けて下さい」というニュアンスではなくて。

米沢の母のことは、はがきに書いた通りです。けんかばっかりしてると書いたけど、あれは、母が父に甘えていたのね、きっと。父も母の気持ちがわからないらしくて苦虫をかみつぶしたような顔をしていたのだけど。昔は、こんなことって、あんまりなかった気がする。一生懸命形をとりつくろっているというのか、無口な父の前で、母が糸寄せをしているような感じだったのだけど、今は、たぶん安心感があるのでしょうね。幻聴のほうも、このところないみたい。もっとも、注射で押さえているようだけど。

私の体のこと、ずいぶん心配させてしまったみたいね。食べることも大切にして、フミにも食べさせるつもりで、きちんとやりますから安心して。体重はあんまり変わらないけど、心身ともに元気。私が元気だと、結局、米沢の母にしても、それから最愛の文昭にしても元気でいてくれるという気がするの。「私だけの体ではないから」。母はね、この間帰った時、「あんまり文昭さんに燃えあがらないように」なんて言うのよ。

再審の運動の内容としては、最初冤罪ということのみでやっていて、次は、沖縄・政治決起ということを、いったんはメインにすえた上で今の段階では、統一した内容形成が求められていると思う。文昭が手紙で書いている通りの①情勢に対する闘い、②再審そのものの内容形成の闘いということですしね。こうした内容形成が、きちんとできた時に、運動的矛盾も解決できると思う。今、そうした方向に向かいつつあります。十二月中旬に、大きくはこの内容で再審集会を予定しています。

免田さんにお会いして、再審について、かなりの内容の話を聞きました。長くなるので、また書きます。愛してる。

最愛の文昭へ　　晓子

バイトについて思うこと

〔暁子から文昭へ　一九九三年六月十三日〕

今日は六月十三日、風の強い日です。

「獄壁を越えて」の号外、届いたかしら。本当はもっときちんとした形でつくろうと思っていたものだから、ズルズル伸びてしまったのだけど、今度は、こういうのは時期も大切だから、できるところで作って入れるようにするね。

選挙は、あとあまり時間がないけど、残された時間、星野として都議選を闘うという考え方でやろうと思っているの。党と人民の未来のかかっている闘い、したがって星野奪還をかけた都議選としてやろうと思っているの。

だから、文昭のアピール来たら、ビラにします。

職場について思っているのは、チェーン店ということもあるのだけど、〝お客様〟に対するものすごいサービス、安価なドーナツがなぜ実現しているかというと、徹底したパート、バイト従業員からの搾取でなりたっているのね。どこもそうだけど、ここの場合は徹底している。従業員はほとんどはバイトかパートだから、何の保障もないし、労働はきつい。その割にどこよりも賃金は安い。なのに、なぜ人が来るかというと、仕事が登録制になっているため、学生、主婦、他に仕事をもっている人、ミュージシャンなんかには都合がいいのよ。だから、じっと我慢しているのね。わずかの正規の従業員も、一軒一軒のお店が独立採算制になっているため、本当は一従業員の扱いしかされていないのに、店長とか副店長となっている分、有給もとれず、どんなしわ寄せも我慢！　ということになっているみたい。

私の行っているところは珍しく主婦が多いところなのだけど、主婦で四十歳とか五十歳とかなると他に勤め口がない分、ものすごい働き方をするの。まるで一分も休まない。なかには「残業はいくらでもやります」という人もいるし、少しでも認められたい……ということになるみたい。

私としては、やることはやった上で、できるだけ気にせず、できるだけ助けあっての精神でやっている。一分も休まない、いくらでも残業をする主婦は、会社には都合がいいのと、会社の立場で行動するということも多い、「まるでお姑《しゅうとめ》みたいな人だ」と裏で言っている人もいるけど、なぜこういうことになるかというと、差別構造があるからなのよ。これで、本当に管理者だったら、女性でも許さないけど、そうじゃなくて最底辺だからね。お給料も一〇円の単位で変えて、☆が一つとか二つとか段階をつけるのね。

今のところ、仕事にエネルギーをさきたくないので、八月まではこのままにして、あとは考えようと思っている。ただ私の場合、登録制というのは本当に魅力だから、慣れるというか、長くいることで解決するということもあるかもしれないけどね。仲良くなった人もいます。

元気で　　暁子

あなたの送ってくれたシャツを何回も抱きしめて、何回も接吻したわ。文昭のぬくもりや愛を体いっぱい感じることができた。ありがとう。

北海道での星野集会

〔暁子から文昭へ　一九九六年九月九日〕

フミ、今頃は懲罰*はとれたのかしら？　九月八日までと言っていたから、解放されているよね。夕べは、久しぶりにフミが腕枕をしてくれて、二人でおしゃべりをしながら愛しあって眠った。フミのくちびるや頬を手でなぞったり、体の全部を愛撫していとしんだ。

電報は届いたかしら。あまりおめでたいことではないけど、懲罰（！）終わって、ともかくよかったね！　という意味での乾杯だよ。

今ね、東京は雨。午後一時三十分、手紙を書き終えたら、新宿へ行って、コンタクトの洗浄液と、カレンダーで使う絵本を買ってくる予定なの。今回、カレンダーはね、丸木位里さん、俊さんの絵と修三さんの文昭三部作から作る予定なの。

お母さんはね、元気だよ。先日二回電話をよこして、沖縄の歴史について質問してくるの。面会に行く前だけど、一九七一年十一月十四日のことも、電話の向こうで一生懸命メモしているのがわかった。

昨日、八日、教会の婦人部で八・三〇の札幌での星野集会での報告をみなさんに話したそうで、「しどろもどろだけど、話したよ。知らない人もいるもんね」と言ってた。

フミが言っていたみたいに、あの面会で「わかった」のかもね。札幌での運動の中では、お母さんの位置はきちんと作って進むことになると思う。札幌には、九月の末に、もう一度行く予定なの。

島田善次牧師〔「沖縄万人の会」世話人〕は、三郎さん〔文昭の父〕といい勝負という感じの人なの。火のついたように怒って、説明もしないから、沖縄でも「信者さんが来なくなる」とおつれあいのはるさんが言うのだけど、私は好きだよ、ああいう人。

私は八月二十三日から札幌に行っていたのだけど、八月二十八日は藻岩山に島田さんとお母さんと三人でのぼったの。藻岩山からの札幌全景は、フミ、見たことある？　島田さんは、こんな広々としたところは「沖縄にはない」と満喫してたという感じだった。ちょっと寒かった。風が冷たいのね、もう。

翌日は、お母さんは原稿の準備があるというので、島田さんと私で滝川へ、車で二時間かかったけど、朱鞠内《しゅまりない》というところ、フミ知ってる？　そこにダムを造った時に三千人以上の強制連行してきた朝鮮人の人たちを生き埋めにしたことが、その後の発掘でわかり、遺骨もいくらかはわかった分、朝鮮の遺族へ返されたとか……。滝川で元高校の先生をやっていた平和遺族会の会長さんたちといっしょに見学。朱鞠内湖は美しい湖なのだけど、大変な歴史の重さに息をのみました。

その夜、滝川の教会で島田さんの講演をやり、星野のこともアピールさせてもらいました。集まった人たちが帰る時、次々と話しかけてきてくれたのが印象的だった。

集会は五〇人、予定通りだけど、よく来てくれたと思った。教会関係の人が三〇人、親せきが七人……。いちばんよかったのは、一五人ぐらいで二回準備会をやり、「妨害があっても、そういう「妨害する」人たちは入れないでやる。入ってきて妨害発言をしても話をつけて帰ってもらう」ことの確認ができたこと、結果は来れなかったみたいね。代表の牧師も「腹をかためた」。

島田さんは「日本の戦争責任、侵略の最高責任者を象徴にすえて平然としている日本人が中国、朝鮮の人たちから受け入れられるわけがない。日本人は人間じゃない。一九七一年の文昭さんたちの闘いは正しかった。それは復帰後の沖縄を見ればわかる。あれは沖縄の復帰じゃなくて、ヤマトの復帰だった」と。

お母さんは島田さんの話がわかったみたいだよ、文昭の闘いが正しかったと言われたことがうれしかったと思う――。天皇制批判のことも、沖縄のことも、初めて自分の中に受け入れたのではないかしら。治男さんもね。

お母さんは何日か前に、反核祭で突然アピールを私といっしょにすることになって、うまくいかなかったのを反省して、アピールを文章で準備してのぞんだんだけど、なかなか涙で見えにくかったみたいね。ニュースに原稿載せるけど。それから治男さんはね、しゃべらないと言っていたのに、「島田さんは日本人は人間じゃないと言っていたけど、僕もそう思う。僕も半分ぐらいは人間の顔をしていないかもしれない。文昭は日本人として人間になるために闘ったのだと思う」と発言した。もちろん、その後に私のアピールも。

最後に「十一・一四」の歌を楽しい歌唱指導でみんなで歌った。

私の米沢の両親も、山形救う会の会合へさそっている。ただ時間を待っているだけの生き方はやめにした方がいいと思うから。

先日新聞で、在日朝鮮人で〝北のスパイ〟として無期刑を受けていた人が特赦かなんかで二人出てくるという記事見ました。韓国にはもう三十年、四十年以上獄中にあって、面会もなく、名前も忘れられてしまいそうな〝政治犯〟がいて、その人も「そういう人を早く出すべきだ」と言っていると書いてあった。

韓国の政治犯の場合、〝特赦〟とか言っても、出てこれるのはアムネスティはじめ日本の教会など、海外からの圧力を政府にかけて出さざるをえない場合のみ出てきているのね。日本もあまり変わらないかもしれない。

懲罰のこと、今後二度とこういうことがないよう様々な働きかけを行う用意はあるけど、フミの手紙を待ってからやろうと、みんなに待機してもらっているところなの。

フミ、愛してる。今回の懲罰は許せないけど、これを機会にフミといっしょに生きて闘う闘いをもう一回やりたい。運動も〝懲罰〟の「おかげ」でもっと広まったというふうにしようとみんなとも話しあっている。

フミ、水泳も始めるからね、きっと。
いとしいフミ、体じゅうに接吻してる。
フミっぺへ　　暁子

＊懲罰　この時の懲罰は「軽屏禁」。懲罰房で二十日間、正座を強制される。処遇も降格になった

第二章

米沢の父母と札幌のお母さん

［二〇〇四年二月十九日〜二〇〇八年二月二十八日］

札幌のお母さんと、徳島刑務所面会

米沢の父母と札幌のお母さん

〔暁子から文昭へ　二〇〇四年二月十九日〕

フミ、二級進級[*1]おめでとう。前に言ったけど、何回言ってもいいでしょう？　私のところへもメールやはがきで、喜んで下さる方の声が届いているから。

風邪は、少しおさまって、今、病みあがりかな。いつもみたいに、こじれてしまうという感じではないけど、まだ全快という感じでもないの。不思議な気分。あともう少しだと思うけど。字もしっかりしてきているでしょ？

フミにフミ担当の保護司の堀田和子さんの話をしたことがあったかしら。私が〔東京都杉並区〕成田西に住んでいるから、担当になったのだけど。熱血ホゴシで、すてきなおばさまなの。年は米沢の母と同じぐらいね。私たちのよき理解者よね。フミが二級進級のこと留守電に入れておいたら（今の電話は、留守の時でも用件だけ録音できるようになっているの）、昨日電話があって「階段から落ちて腰を打って、すぐ電話できなかった」って。

彼女が言うには、「週一回面会できるんでしょ？　なぜ行ってあげないの？　どんなに苦労して二級になったことか。あなたは身軽なのだからすぐ行ってあげるべきよ。刑務所だって本気かどうか……見てるんだから」と。

はじめっから週一回いくというふうには考えていなかったので、茫然。でも、考えてみると週一回フミと会えたら、そりゃいいよね。だって、フミも知っての通り、私、私たちのことにもどっか疲れているところあったから。フミはあるもののすべてを私に与えてくれて、愛してくれているというのに、何に疲れていたかというと、やっぱり望んでもかなわないものを望み続けるということにかな。たとえば、子どものこととか、愛しあうこととか……、待ってることとか……。

せっかくフミが頑張って窓を開けてくれたなら、それに応えて入ることで、何かまた新しく私たちの関係も生き生きともっと豊かになれるんじゃないかなって、熱血おばさまの言葉に、ずいぶんその気になって考えてみたの。

時間のこと、お金のこと……かなり無理をしても、やっぱり一番は体力的に無理だって、スケジュールとにらめっこして思った。もっとも二月は無理でも三月は、結果的には月四回行くことになるんだけどね。たぶん平均すれば月三回ぐらい行くことにはなるんじゃないかしら？

夫が刑務所にいたら、普通、働くしかないわけで、子どももいたら、働きずくめとかになるしかないんじゃない？　有給なんてなかなかとれないだろうし、特に遠方だったら遠くから妻が面会にいくなんて……、なかなかできないような制度ではあるのよね。行刑改革会議の提言のコピー、差し入れするけど、その中にも、土曜日、日曜日の面会を認めること書いてあるね。

二月から週一回とはならなかったけど、「週一回行こう」って思ったら、心で燃え上がるものを感じてうれしかったわ。何か、もうひとつ壁を越えられそうな気がして。

私たちは、本当にマイナスから始めて、ようやく運動もゼロから、どこまで進めるか、積み上げるところに来ているような感じがする。でも、やっぱりフミをとり戻すためにやっているわけだから、フミといっしょにいつもいるって感じられるような一日一日をつくりあげていけないとやっぱり駄目だよね。二人の関係が生きいきしていて、すべて二人でつくりあっているって実感できないと。

フミに向きあう時間をちゃんととること、そこから始めることで面会も楽しいものになっていくし、全部が充実したものになっていくし、二級になったことで得ていることを全部活かせると思う。今、そう思っている。

フミはもう、夜も雑居房[*2]になっているの？　みんなそのことは心配してたわ。経験者が言うには、雑居だと、けんかなどがあった時に連帯責任で降級させられたりすることがあるから、希望できるはずだから夜間独居にしたほうがいいというのが何人かの人の意見。

フミの話では、もう雑居に決まったように書いてあったけど、実際にはどうなのかしら？

徳島刑務所も、定員オーバーで四人部屋に六人入っているというような話も聞くけど、そうなると、みんなストレス状態にあるわけだから、ケンカのことなども心配になるわね。実際もう雑居になっているのか、希望できるのかどうか教えてね。

健康のことでは、私のほうは、こんなに気をつけていたのに風邪をひいてガッカリしたけど、実際は、昨年みたいに、風邪をこじらせきってから貧血に気づいて二か月も病んでいる……というのではなく、一か月で貧血をもとに戻し、風邪をひいても三〜四日で回復しつつあるのだから、すごい進歩よね。薬だけでなく、体が元に戻ったら、運動のことも考えようと思っているわ。

フミのほうは、頭痛とかは大丈夫？

二月は、二十四日〜二十七日まで帰省の予定なの。病院に入院するまでは、父は食事も自分でできたわけで、ただいったんできなくなったことをできるようにするのは、特に認知症の場合かなり大変よね。

電話で話した感じでは、母の声は、元気だったわ。でもいっしょに住んでみると、手は震えているわ、足はおぼつかないわで、やっぱりいっしょに暮らさないとわからないことは、あるのよね。

北海道のお母さんもフミのこと、ものすごく喜んでいて、面会にまた行ける可能性もあるわね。フミが私の父母のために気づかってくれているように、私もお母さん、治男さん〔文昭の兄〕、修ちゃんのこと、できる限りと思うのだけど、正直こんなところだから、フミのほうから手紙を書いてあげたらって思う。家族も、それぞれ大変だけど、よくフミのことでは一つになって頑張ってくれていると思うわ。

私が米沢の父のことなどで、そちらに力を入れるようになってから、札幌のお母さんのことは、治男さんまかせになっているわね。お母さんに「また米沢の自分の家に帰るんでしょ？」なんて言われたわ。

健康が土台だから、一歩一歩よね。本づくり〔詩画集〕もフミといっしょにしたいわ。二人の関係がもっと豊かに深まっていくというのでなければ、意味ないと思うしね。
フミ愛してる。元気で。
最愛のフミへ　暁子

追伸
昨日、棄却決定〔再審請求棄却決定に対する異議申立を東京高裁が二〇〇四年一月に棄却した〕後、初めての弁護団会議があったの。やっぱり岩井弁護士がしっかりしていて、「服が決定的な証拠だとこちらで言っても、裁判所は別のものを出してきて逃げるわけだから、確定判決がどういう証拠構造で有罪立証をしているかをはっきりさせ、逃げられないよう噛みあう議論にしていかないといけない」って言っていらしたわよ。岩井さんが確定判決の分析をやってくれることになってる。わたしが、再審にのめりこんでいた時も、そこにぶつかって和久田さん〔弁護士〕にぶつけたりもしていたけど、やっぱり弁護士でないとダメな領域があるものだわ。やっと、そこに踏みこめるという感じよ。

＊1　進級　累進処遇で進級した。週一回の面会と発信を実現した
＊2　夜間雑居房　夜間独居から夜も同居者六人の雑居になった。約一年間

面会所に向かう桜並木

〔文昭から暁子へ　二〇〇四年年四月八日〕

暁子、今日の素敵な面会ありがとう。昨日まで二～三日寒い日が続いていたのに、今日は暖かな日になってよかったよね。暖かいと言っても、先週のように半袖だとまだ肌寒かったから、今日のように薄くても長袖だと寒さも防げて、僕も会っていて寒さを心配しなくていいし、薄い布を通した感触、ぬくもりを感じつつ、いろいろ話せて楽しい面会だったよ。暁子の笑顔や真剣な顔や、嬉しそうな顔を見ることができたのが何よりだったけどね。五日に書いてくれた手紙も届いて、楽しい手紙で嬉しかったよ。

東京の桜は、ずいぶん散ってしまっているようだけど、このあたりは、ちょうど満開でよかったよね。中の桜も、居房棟にはさまれている暖かさのために、一番早く咲いて散る。僕のいる房から見える桜はもうかなり散っているけど、中庭やグランドの桜は今が満開だ。前にも暁子が桜の傍を歩いている写真を入れてくれた、下のバス停から上がってくる坂道の桜もちょうど満開で、その桜を見ながら面会に来てくれたのかなと思いながら、僕もグランド脇の桜並木を見上げつつ面会所に向かったよ（ちなみに、いつも工場棟の中央の出入り口から出て、工場棟の脇を通ってグランドの横に出る。そこにある十数本ぐらいの桜並木を見ながら、グランドの脇を半周して面会所に向かう。面会を想像しながら）。

面会では、僕から贈ったCDを暁子が喜んでくれて、僕も嬉しかったよ。平原綾香の「ジュピター」も、ラジオやテレビで全曲が聴けることはないし、クミコの「愛しかない時」も少し聴いただけだから、僕自身も聴きたいと思っている。何より、面会でも一緒に聴けたらと思ったよ。あまり詳しい暁子の感想は聞けなかったけど、喜んでくれて嬉しかったよ。

面会でも話したように、ラジオはNHKかABCか四国放送で、音楽も古いものから新しいものまでよくかかるし、テレビもNHKの「歌謡コンサート」とか、日テレの「歌の大辞典」とか、TBSの「うたばん」なんかを隔週で見ることができるので、新しい曲も聴く機会があって、平原綾香のジュピターも今年初めから時々聴いてすぐにメロディーも詩もいいなと思ったので、早くから暁子に贈ろうと思っていたものだよ。CDにも書いていると思うけど、クラシックの組曲「惑星」の中の一つの「ジュピター（木星）」の曲に新たに歌詩をつけたもので、曲もいいのだけど、詩が僕らの思いと重なるところがあって僕も気に入ったけど、どうだったかな。

クミコのことは、土曜日のNHKラジオの午後七時三十分から九時までの「音楽夢倶楽部」という生ライブを聴かせる番組があって、夏川りみと古謝美佐子のウチナー〔沖縄〕の唄を中心にしたライブなんかもやったりしていたのだけど、クミコは昨年の末ぐらいに聴いたのかな、それで気に入って、もう一度、聴きたいと思っていたのだけど、暁子は前に金子晴美が好きと言っていたし同じジャンルだし、きっと暁子も気に入ってくれるんじゃないかなと思って、今回、ジュピターと一緒に贈ることにしたんだけど、僕も、ほんの一部しか聴いていないし、本当なら僕も聴きたいんだけど、暁子の感想を聞きたいよ。

金子みすずの詩集を贈ってくれてありがとう。金子みすずの詩は、暁子が絵はがきを何度か入れてくれて、僕は初めて目にしたけど、自然界にしても人間社会にしても、犠牲を強いられている側に立った視点というのがとてもいいよね。その金子みすずの詩、暁子が好きということで、僕の暁子への「好き」という思いが深まっているということがあるよ。手元に届くには、前にも話したようにかなり遅れるけど、楽しみにしてるよ。それ以外のお金で服でもと思っていたけど、今までの指輪が傷んだということだから、指輪を買うことに賛成だし、本当ならそのために賞与金をまとめて贈りたいところだけど、今はそれもままならないので、次の面会で一万円ぐらい領置金から宅下げするのでそれも足して、長く持てるようなものにしては、と思っているよ。

面会で、暁子が話していたアメリカの刑務所で犬の訓練士の養成を含めて、犬を育てるようになって、収容者の対立、争い、トラブルが絶えなかった状態がガラリと変わって、収容者間の対立、争い、トラブルが劇的に減って、犬と触れ合い、また犬と触れ合ったことを介在して収容者も触れあうことで犬＝生きものとの関係も、収容者間の関係も、収容者と職員の関係もとてもよくなったという話、日本の刑務所の今後を考えるためにも、とても示唆的だよね。

今日的に社会的な必要性がますます大きくなるセラピー犬とその訓練士の養成をするということになれば、それぞれの刑務所の工場で飼うことも、その養成とも結びついて、現実的になっていいよね。

今も、職業訓練にも取り組んでいるけど、それはごく少数の者に限られているわけで、そのセラピー訓練士に限らず、例えば調理師とか菓子職人とか、自給自足的なシステムの中でも少し柔軟に考えれば、かなりの資格・技能を身につけるための職業訓練や教育は可能になるように思うよ。

必要なのは〔行刑改革会議の〕「提言」をステップにした矯正局や職員全体の大きな意識の転換と態勢の転換だと思うよ。その意味では絵画クラブなどのクラブの拡充ということも大きなことだよね。絵画クラブの復帰を、暁子もいろいろバックアップしてくれていただけに喜んでくれていたけど、僕も諦めず根気よく、一か月に一回「入会」の「願箋」〔刑務所当局に要望を願い出るための書類〕を出し続けて一年になることや、本人は何も言ってないけど、工場担当のバックアップもあったんじゃないかと思っている。絵画クラブは面会で話したように希望者も多く、僕と同じように長年入っていて、新たな希望者に譲る形で辞めた者も多いだけに、少なくとも倍の二つのクラブをつくって、先生の都合もあるから、先生も二人にするか、一人で隔月で二つのクラブを指導してもらうか、「上級者」には職員だけがついて、外での写生を中心にするとか、方法はいろいろあるよね。

四・一八〔東京星野集会〕は、暁子が脚本を書いて、僕のアピールも含めて、朗読劇と岩井弁護士の話と西山さん*の講演全体をドラマ仕立てにするという新たな試みも含めて、是非成功させたいよね。それぞれの内容の中身によって成功は間違いないと思っているけど、暁子が面会で言っていたように、〔イラク〕戦争が始まっているというなかで、僕と暁子の闘いと西山さんの闘いが結びついてそれが活き、未来を開く希望となるということを全体として訴えるものにしていければ、暁子が悩んでいた反戦ということと僕を取り戻すということも統一して訴えることができて、最もよく星野と西山さんの闘いを表現することができそうだからこそ訴える力も得られると思う。
続きは次回に。暁子を愛してる。最高の生きる力もらってる。　文昭
＊西山太吉　沖縄返還に伴う日米政府の密約を暴露したことで不当な弾圧・攻撃を受けた元毎日新聞記者。二〇二三年二月逝去

お父さんの訃報に接して

〔文昭から暁子の母・伸子さんへ　二〇〇五年一月十八日〕

一月十七日に、暁子からお父さんの訃報を受けとりました。訃報を受け取った時には、気持ちが胸に一杯になって、しばらく動けず、佇《たたず》んでいました。今も、お父さんへのいろいろな思いが駆けめぐります。また、お母さんと暁子がどんな思いでいるのだろうという思いも強まります

まず、何よりも、お父さんへの心からの哀悼の気持ちを捧げたいと思います。そして、お母さんも暁子も、長い間の介護、御苦労様でした。

お母さんも暁子も、今は葬儀などで、悲しむ間もなく忙しくしていることと思いますが、やはりお父さんを亡くしたことによる心の空白は大きく、悲しみも大きいのではないでしょうか。

僕も、一日も早く出て、人は「認知症」が進んでも感情があり、考えることもできる、ということなので、目と心で会話ができることを願っていただけに、亡くなったことが残念でなりません。

この手紙が届く頃は、葬儀も終わって、心の空白というか、悲しみが大きいかもしれませんが、でも何より、お父さんにとって、いろいろありながらも、お母さんと出会い結婚し、兄さんと暁子の二人の子どもを授かり、育て、お母さんと共に生きたこと。そして倒れてからも、お母さん、暁子の介護を受け、病院・老健〔介護老人保健施設〕にも体調が良くなくても足を運んで介護してくれたことに、心から感謝し、満足していたことも間違いないと思っています。

そして、お父さん自身も、お母さん、兄さん、暁子のために、できる精一杯をしてきたこと、その中でも、お母さんを大きく傷つけたことへの自責の気持ちもあって「(お母さんの病気を)自分が治す」と言って努力していたこと、また、どこまでも大きな愛情をもって暁子を、そして一緒に生きる暁子と僕を支えてくれたこと、お父さんの七十六歳の人生を本当に充実して生きぬいたと言えるのではないかと思います。

心から七十六歳の人生を生きぬいたことに御苦労様と言いたいと思います。

そして、たくさんのものをお母さん、暁子、周りの人々に残してくれたこと、僕にとっては何よりも暁子というかけがえのない存在を残してくれたことに感謝するとともに、いつまでもお母さん、暁子、そして僕ら二人の心の中に生きて、見守っていてもらいたいと思っています。

思えば、暁子と僕との結婚に猛反対しつつも、僕からの手紙には必ず返信を書いてくれ、そうすることのなかに徐々に心を許してくれ、手紙を書くのを楽しんでおられる感じも伝えてくれるようになっていました。それだけに、「認知症」になり、そして倒れ入院し、さらに体がどんどん細っていくにしたがって、心配もつもりましたが、同時に必ず一日も早く出て、「認知症」でも感情があり、いろいろ考えることができると言われているだけに、会って目と心で会話し、心を通わせることを本当に楽しみにしていました。本当に残念でなりません。

これまで、お父さん、お母さんのこと、僕とのこと、運動のことなど一人で何人分も頑張ってきた暁子の力に少しでもなると、一緒に力を合わせていろいろとやってきた中で、お父さん、お母さんのことでも、お父さん、お母さんが少しでも心豊かに生きることができることを願って、僕自身も暁子と一緒にやれることをやってきたつもりでした。でも不自由な身ゆえに、あまりにも制約が多く、その分、出てからいろいろとやれることを考えていただけに、それがお父さんにはもうできないことが本当に残念でなりません。

そうであればこそ、その分、お母さんには、暁子と共に、これまで以上に、心豊かに生きてもらえるようにしていけたらと切に思っています。

これまでいろいろ大変なことも多かった分、これからの人生を第二の人生と思って、これまでやりたいと思いつつできなかったことなどに新たに挑戦しつつ、これまで以上に心豊かに生きてもらえることを願っています。お父さんもそのことを願ってると思います。

また、そのために、暁子と共に、僕もできるだけのことをしていきたいと思っています。

暁子と共に、そして僕も共にお母さんが、これまで以上に元気に心豊かに生きられることを心から願って、今回の手紙のペンを置きます。そして、必ず暁子と力を合わせ、多くの人々と力を合わせ、再審・仮釈放を実現し、一日も早く出ることを誓います。
また手紙を書きます。体に気をつけて過ごしてください。
喜男様、伸子様　文昭
なお、今回は、宛先をあえてお父さんとお母さんにしました。

暁子が入院したことを聞いて

〔文昭から暁子へ　二〇〇五年八月六日〕

暁子、今日は八月五日。夏の強い陽の光が、太陽が西に傾いてやわらかくなって、窓の外の桜の樹に降り注いでいる。

今日、誉夫さんと、修・恵美夫妻が面会に来てくれて、暁子が七月二十八日に幻聴とかが出て陽和病院に入院したことを聞いて、驚くと同時に心配しているよ。

ただ、僕にとっては、暁子の五月の面会での話を聞いて以降、今、暁子に降りかかっているストレスを早急に解消し、一緒にのりこえなければということで、これまでそのことに気付かず、やれてこれなかったことへの反省からも、いろいろ手紙で書いてきただけに、それが力足らずだったことと、また同時に、そのことが、今はゆっくり自分を見つめ、これからの生き方そのものを選択することが必要な暁子に、もっと今まで通り頑張るように、むち打つ形になったんじゃないかということ、暁子に謝らなければ、と思っているよ。ごめんね。

今は、いろいろ気になることがあると思うけど、病気は病気として向き合って治すことが第一だから、病気を治すことに専念したほうがいいよね。

僕のほうは、何も心配することはないからね。これまでそうだったように、暁子のおかげでどんなことがあってものりこえていく力を得ているし、あるいはその力を生み出していけるようになっているし、暁子の病気も一緒にのりこえて、次への大きなステップにしていければと思っているから。

それと、再審、救う会運動についても、暁子が頑張ってつくってきた蓄積があるので、当面は任せておいてもいいと思うし、病気を治せば、暁子の力を解き放って、やれることをやっていければいいわけだし……。

今、暁子は、病気のことで、不安なこともあるかもしれないけど、僕自身がそうしてきたように、人間には必ず、体だけでなく心の病気を自分で治していく力（自己治癒力）が備わっているわけで、最近の薬も、幻聴・幻覚などの症状を軽減し、解消しつつ、病気の原因となっているストレスに向き合ってのりこえていくことのできる力（生活し、生きていく主体的力）を回復し、創造していくことを助けるという目的をもったものなので、焦らず、一歩一歩、そのような自分で治していく力（自己治癒力）があることを信頼しつつ、その力、生活し生きていく力（主体的力）を積みあげていく、といった、ゆったりした気持ちでいることが何より大切なんじゃないかと思っているよ。

多分、暁子のことだから、この間のことで、僕に言ったこととか、総会とかに行けていないこととか、自分を責める気持ちがかなり強くて、それで心身がそういう状態にないのに、無理をしていたということがあったと思っているけど、そうしたことで、暁子が自身を責めることは何もないよ。はっきり言って、そんなことより、これまで暁子がやってきたことは何万倍ものことだから。

僕は、暁子を支えている最も暁子らしいものは、現実の中では様々に揺らいだりしつつも、人間的感性や人間性そのものの豊かさにあると思うし、そのことに立脚して、最も心にしっくりくるものを選択していくことが、最も暁子らしく、そして自身が最も生きる力を得ていくものになるのでは、とも思ってるよ。

僕自身、暁子ほどではないかもしれないけど、自身の人間的感性・人間性を拠りどころに、そのように一緒に生きることを積みあげてきたから、自分にとって、暁子の存在と、暁子との絆・愛は永遠といっていいほど絶対なんだよ。

できるのなら、今すぐにも、暁子のところに行って、そのまま暁子を抱きしめてあげたい。そして、暁子の思いの全部、話したいことの全部を受けとめてあげたい。そう思っているよ。

暁子はこれまで、自身のためにも、僕のためにも、お母さん（・お父さん）のためにも、そしてみんなのためにも、人の何倍も頑張ってきたわけで、やはり、もっと心も体も休養が必要な状態なのだと思う。

今回は、そういう状態なのに、あれもこれも、かなり無理をしてやろうとしたことに、心も体も悲鳴をあげてブレーキをかけたのだと思う。だから今は、必要なだけ心も体もたっぷり休養をとって、そうして自分を見つめ直して、心も体もＯＫが出たら、無理をせず、やれることをやっていくということでいいんだと思う。

そして、心も体も、リラックスし、フリーにして、自分を見つめ直し、自分にとって大切なものを改めて一つ一つ選択して、そうして暁子が暁子らしく、その人間的感性や人間性（・女性性）の豊かさを解き放っていく生き方を改めて選択して、それさえあれば、あとは無理をせず、心と体に相談しつつ、やれることをやっていく、ということでいいんじゃないかなと思っている。また書くよ。いつも愛してる。抱きしめてる。

最愛の暁子　　文昭

〔文昭から暁子へ　二〇〇七年六月十四日〕

おふくろさんのこと

暁子、今日は、面会の前日の十一日。おふくろさんが八日の午前五時二十九分に亡くなったことを知らせてくれた電報を午前九時頃に受け取って、ここでは肉親が亡くなると、「服喪免業」という、三日間仕事を免じられて、独居で喪に服することができるという制度があるので、ちょうど、五日の金曜日から七日の日曜日まで仕事のない休業日だったけど、せめて三日間ぐらいは、独居でおふくろさんのことを思って過ごすことにして、今日雑居に戻り、工場での仕事を終えて、今さっき帰ってきて、この手紙を書き始めているよ。

三日間、さすがに辛い思いが何度も襲ってくる日々だったけど、大きくは気持ちの整理ができたというところだよ。

暁子のほうは、感傷にふける間もなく、葬儀とか、いろいろな人との挨拶とかで忙しくしていて、面会に来る時にやっと心の余裕ができている頃かもしれないね。

暁子が電報で知らせてくれた八日は、昼からその日の一晩中、雷が遠くで近くで光り、鳴り響き、大粒の雨が降り続いて、上空の寒気が入り込んだことによるものとは言え、僕にとっては、僕の悲しみに天が応えているという以上に、おふくろさんの無念の思いが、雷雲に乗って、ここ竜王山〔刑務所の目の前の山〕の上空を駆けめぐっているようだった。

五月七日から九日まで、暁子が会いに行ってくれて、僕を安心させたいという暁子の心配りもあったのだと思うけど、「元気になった」「重湯《おもゆ》、みそ汁、二種類のスープも食べられるようになって、このまま食事も全部食べられるようになったら、元気になって家にも帰れるんじゃないかと思わせるほど元気だった。認知症が進んで「何もわからない」と不安な顔をすることも多いけど」ということだったから、このまま順調に良くなって、小柄な分、そして根が丈夫な分、たとえ寝たきりになったとしても、案外、何年も生きてくれるんじゃないかと思っていたので、やはり電報で息を引きとったと知って衝撃は大きかった。

今でも、亡くなったということが、何か現実味が今ひとつなくて、今も生きていて、会いに行けば笑顔で迎えてくれて会話ができるような感じがする。それは息を引きとる場にいることができず、亡くなった顔も見れず、葬儀に加わっていないから尚更なんだろうけどね。

でも、もう再び会うこともできない、声をかけることもできない、話すこともできないと思うと、悲しみ、辛さが襲ってくる。面会の時は、いつも満面の笑みで顔を合わせてくれて、会う度に老いを深めているのを感じたり、認知症のようなところも感じられたりすることもあったけど、暁子と僕との会話に一生懸命加わろうと、会話にうなずいたり、「そうだ」と相づちを打って、「(暁子のためにも)早く出てきなさい」というのが口癖だったよね。おふくろさんは、話し上手ということではなかったけど、いつもその気持ちはストレートに伝わってくるような面会だった。

教会の人たちの便りでは、月寒《つきさっぷ》教会への長い坂道(中学・高校時代には僕も毎日のように通った坂道だけど)も、休むことなく登るほど足も体も元気で、まだまだ長生きして、必ず会えると思っていた。

そんなおふくろさんが、骨折で入院して、年初には危険な状態に陥って、それをのりこえたといっても、いつ何があってもおかしくない状態が続いていたことから、一日僕が会えるようにという懲役刑の執行停止を求める申し入れと裁判、上申書運動が、今までの再審運動の枠をこえて広がることで、病床のおふくろさんをどれほど元気づけたかわからないと思う。それは、僕や暁子にとってはもちろん、直接看病する兄や修にとっても同様だったと思う。

それが実現しないまま、このような形でおふくろさんと別れなければならないのは、残念でならないよ。おやじさんや、米沢のお父さんに対してもそうだけど、あれもこれもやりたいと思うことが多い分、このような形でそれが果たせないまま別れなければならないのは、悔いが本当に大きい。

しかし、兄が毎日看病に心を砕き、修や北海道の親戚や救う会・キリスト教会関係の皆さんが見舞ってくれ、何より、体調を回復した暁子が二度にわたって見舞い、僕の分も笑顔を注いで言葉をかけ、一日手を握ってくれ、おふくろさんも最高の笑顔で応え、「暁子さんも元気でいなさいよ」と声をかけてくれたということ、同時に、僕自身も直接、手紙を書き、声をかけることができたことで、大きな制約の中でも、やれることをやれたかなと思えることを本当に感謝したいと思っているよ。

そして何よりも、おふくろさんが心から心配していた暁子の体調が回復したことが、おふくろさんにとってどれほど心が安らぎ、励ましになったかわからないと思う。おふくろさんが、見舞に行った暁子に「最高の笑顔」を向けてくれたというのは、そのおふくろさんの一番率直な気持ちだよね。

暁子が体調を崩してそれを一緒にのりこえるこの二年余は、二十年間積みあげてきたものを土台に、新たに心血を注ぎながら、改めていろいろなことに一緒に向き合いのりこえることを通して体調を回復して、今、詩画集の完成と共に、執行停止から、再審・仮釈へ、日々を充実させつつ未来を開いていくということができるようになっていることが、おふくろさんを最高の形で送り、僕らにとっても、おふくろさんが亡くなっても、心の中に生き、僕らと共に生きてくれていると思えることが、最高のことのように思っているよ。

亡くなって三日間は、気持ちを整理しながら、ゆっくりとおふくろさんのことを考えるための時間にしようと思って、おふくろさんのことをいろいろ思い出したりもしていて、次々にいろいろ思い出したりしていた。僕ら兄弟を育てる時代は、戦後の物資不足の時代であり、おやじさんが今で言うベンチャー独立をしたものの、いわゆる中小零細経営で経済的にもそれほど余裕がある状態でない中で、本当に食事も、着る物も、生活の全てで工夫して、健康に育つように心を砕いてくれたように思う。

子どもが三人とも男で、僕がその真ん中だったからなのか、「お前が女だったら」というのが口癖で、夕食作りの時間に時々おふくろさんのグチを聞いたり、話し相手になるのが僕の役割のようになっていた時期もあって、そんなことからも、暁子は、おふくろさんにとって、ごく自然な形で「新しい娘」のように頼りがいのある存在になったようにも思う。もちろん、暁子がいろいろな形で心を配ってくれていたことがあってのことだと思っているけどね。

そんなおふくろさんにとって、おやじさんと同様、僕への冤罪による苦難は、それまでの市民生活の平穏を根底から揺さぶるもので、想像もしがたいほどの大きな苦難を強いるものであったと思っている。でも、そんな中でも、おふくろさんの僕への信頼は絶対と言っていいほどのもので、加えて何よりも暁子がそのおふくろさんを支えてくれることで、僕の行動が「みんなの幸せのためにやったものだ」という確信となり、そのことを支えに「文昭のことを考えると苦しくなるけど、毎朝頑張るぞ、

頑張るぞ、と自分に喝を入れている」と面会の時に言っていたように頑張り続けたおふくろさんだった。

暁子が二月に見舞いに行った際に、意識がもうろうとしている中で、看護師さんに「皆さんが来てくれましたよ」と言われて、枕元にあった子豚の人形をマイク代わりに持って、「文昭の母の美智恵です。文昭のことをよろしくお願いします」と言っていたという話は、十二日の面会で話していても何度も込みあげてくるものに襲われるくらい、おふくろさんの気持ちがストレートに胸に迫ってくる。そのおふくろさんの気持ちに必ず応えていきたいと思わずにいられないよ。

こうしていろいろ書いてくると、暁子がお父さんお母さんの生命と思いを自らの中に引き継ぎ、それをより豊かに創造しているように、僕もおやじさんと共におふくろさんの生命と思いを自らの中に引き継ぎ、それをより豊かに創造して生きているという実感が強まるよ。

そして、おふくろさんのこの間の大きな苦労と深い思いを受けとめると、必ず再審・仮釈を実現して一日も早い解放をかちとり、おふくろさんに報告したい、おふくろさんたちも苦労した戦争へ再び進もうとする動きや、資本の金儲けのために過半の若者が非正規雇用され権利を奪われるといったとんでもない流れを許さずに、人が人として人間らしく生きられる社会を力を合わせて実現して、おふくろさんに報告したい、そう思っているよ。

暁子には、本当に御苦労様、と言いたいよ。米沢から帰ってきて二日後に沖縄に行って、沖縄から帰ってきて二日後に札幌に行って、札幌から帰ってきた翌日に徳島に会いに来て、というかなりハードな日程だったことだけでも大変だったけど、加えておふくろさんを送るためにやれることの全部をやってくれた。暁子自身がやりきったということとともに、僕の分もやってくれたということが、あれもこれも果たせないまま別れなければならないという思いが強い僕にとっては、本当に大きいよ。暁子には本当に感謝の言葉もないよ。

この過程は、ちょっと頑張り過ぎているかな、という感じなので、リラックスしたり、睡眠を大切にしてくれたら、と思っているよ。

医療・看護をしてくれた医師・看護師の皆さんには本当に感謝したいと思っている。そして兄には、本当に御苦労様と言いたい。

そして、前夜祭、本葬儀と一〇〇人あまりの親戚、教会の皆さん、友人、救う会の皆さんが出席してくれ、おふくろさんを温かく送ってくれたことに本当に心から感謝してる。

そして、十二日も十三日も、暁子と心を通わせ、思い・愛をたくさん通わせることができて本当にいい面会だったよ。初夏らしい、新しい半袖姿できてくれて、笑顔や肌がまぶしくて素敵だったよ。面会では、おふくろさんの話とかしながら、何回も抱きしめていたよ。

徳刑が今回、僕が求めた、外出・外泊と立ち合いなしの面会を認めなかったのは残念だし、むしろ、それを認めることのほうが、社会的に、被収容者処遇としてより良いものとして評価されるものだということを考えてほしいと思うよね。

いつも、その思い、ぬくもりとともに抱きしめてる。

愛してる。最愛の暁子へ　文昭

十一月労働者集会のこと

〔暁子から文昭へ　二〇〇七年十一月十九日〕

眼医者のほうは、昨日でもう角膜の傷は治っていると言われたので、今日からコンタクトをつけてる。歯の治療もたぶん今日で終わりと思う。文昭の皮膚病も、ステロイド剤を薄めて使っているということだったので、少し安心しました。

面会は、今回三回とも三十分ずつ話せたので、じっくり話せてよかったと思ってる。文昭が会うたびに元気になって、三日目は、自分だけでぺらぺらしゃべっていたという感じだった。

面会も心の奥まで満足できる面会というのは少なくて、そういう時は「面会日記」を書くことで、面会の時流れたものをとらえかえす作業が、結構大きい感じがする。手紙と同じで、面会も対話を重視するように、文昭にもしてほしいと思う。文昭は、普段話すことを奪われているので、一方的に話すというふうになりがちだと思う。

面会の話の中で、「おやじさんにもおふくろさんにも何もできなかった。暁子のお父さんにも何もできなかった。出れたら、お母さんの介護をしたい」と言っていたのが心に残りました。文昭は自分の苦しみを口にするのは少ないからね。毛布は、増えたというのではなく二枚折りにして敷いてもよくなったということなのでしょう？　本当にささやかな改善なのだけど、背中が冷えるといっていたから、刑務所の中の状況からいえば、大きなことなのでしょうね。よかった。

十一・七〔全国労働者〕集会の感想を徳島の人たちに聞いたけど、元木君は滞日アジア人の方の発言がよかったと言っていました。金山さんの話だと今年の託児〔集会中、子どもを預かる係〕は小さい子が多くて大変だったらしい。青年労働者が増えて、四分の一ぐらいは去年とちがう人たちが来ているのではないか……とも言っていました。関西生コン〔全日本建設運輸連帯労組関西地区生コン支部〕の発言はよかったよ。

母のことは、文昭も喜んでくれたので、うれしかった。対話をするということがこんなに大きなうれしいことなのだということが、わかったわね。何がうれしいかというと、「お母さんらしさがそのままだ」と文昭は言ったけど、私への思いやりを示してくれたこと、文昭と私の生き方を尊重してくれていることが伝わってきたことだよね。

文昭の〔集会に向けた〕アピールの中でも、面会の中でも、自分が元気でいられるのは、暁子が元気で頑張ってくれているからだと、文昭が言ってくれていることを大事にしたいと思う。文昭が、私の介護のことを、きちんと言ってくれていることも大事にしたいと思ってる。

受刑者全員の面会時間が三十分になったのはよかったね。十五分ぐらいで切られていた人もいるらしいから。でも、その理由が「友人面会が少なくなって余裕ができたから」というのはいただけないね。

三日目の面会は仙田君の送迎でした。面会が午前に終わったので、お寺の紅葉を見に案内してくれました。銀杏がとてもきれいでした。写真は、仙田君が忘れたというので、私のカメラで撮ってあります。

私が入院していた時、今は信じられないけど午後七時に寝ていました。ベッドで本を読むというのが、落ち着かなくて、せっせと眠っていました。刑務所でも、時間をつぶしてしまいたいと思っている人は、たくさんいるのでしょうね。

文昭の部屋は2Fだというから、3Fよりは、暖かくて少しよかったね。私も足が冷える時は、寝る時もこうして手紙を書いている時も厚手のくつ下をはくようにしてる。足が冷えて眠れないことってあるからね。

もう私もセーターを着て、冬の格好をしています。

体調はとてもいいと文昭が言っていたので安心しました。私のほうもいいです。薬のせいで、朝寝しているせいかしら？　吹き出物は、当面大変だけど、今年の冬は寒くなるらしいから……なんとか悪化させないように工夫できるといいね。

文昭が、運動の広がりということをアピールにも書いていたけど、文昭への手紙、はがきが増えたのは、集会アピールのたび、獄中弾圧に対して文昭への激励と、徳島刑務所への抗議を呼びかけたせいもあると思う。集会アピールが今年ぐっと増えて、定着化して、位置づけもはっきりしてきたことは確かだと思う。

絵のほうは額装化が済んで、今日、ちょうど配送されたので、この手紙が終わったら見てみるつもりです。

徳刑の工場で起こった事件・その一

〔文昭から暁子へ　二〇〇七年十一月二十一日〕

暁子、今日は、火曜日の二十日。午後六時になったところ。木枯らし一号が数日前に吹いて、昨日、今日と師走並みの寒さが続いているけど、せっかく韓国に行く前に話していた風邪がぶり返していなければいいけどね。もう十一月も末に入ろうとしている季節だから、このぐらい寒い日があっても普通のことなのだろうけど、これまで平年気温を超える日が多かった分、随分寒く感じるよ。暁子も、風邪が治ったとは言っていたけど、ソウルから帰ってすぐに三日間、面会に来て、すぐに十七日、宝塚での絵画展と朗読・パフォーマンス集まりがあって、明後日の二十二日には十二・一企画としての横浜での朗読音楽ライブがあって、そして十二・一〔星野全国集会〕を迎えるだけに、風邪も含めて体調を気にかけている。この過程を、忙しいけれど、楽しんでやろうと思うと言っていた通り、面会での暁子は、輝いていたから安心はしているけど、ただ必要な休養と食事は取って、一つ一つを大切に積みあげて、十二・一の成功へつなげていってくれれば、と思っている。もちろん、僕も一緒に。十二・一への僕のアピールもこの手紙で書いて、二十二日には発信するので、少しだけど余裕をもって届くと思う。

今年の全国集会は、各地の絵画展・朗読と語り、詩画集による広がりを土台に、暁子が（僕と一緒に）闘いの場、闘う人々の中にドンドン訴えることによって、星野運動を新たに広げ、その中で一〇万人署名を達成して、今日の情勢の高揚と一体に、全国的な絵画展・朗読と語り、詩画集・カレンダーなどへ一層の広がり、再審仮釈をめざす新署名と再審そのものの前進を柱とした星野運動のより大衆的な発展をかちとっていく、そのために、暁子、僕はもちろん、家族・中心的メンバーが軸となって、全国の救う会がその力を解き放った取り組みをしていく大きな一歩を歩み出すものにしていきたいと思っているよ。

今回の面会は、ソウルでの体験を含め、生命を輝かせている、という感じの暁子に会い、会話ができたこと、思い、愛を交わせることができて最高の面会だった。

もう一つ、気にかけているかもしれないので、湿疹について。夏にひどくなった時は白色ワセリンを使って、汗をかかなくなる涼しい季節とともに治っていたのが、一か月ぐらい前から再び出はじめて、どんどん大きくジュクジュクなるように悪化するようになって、あまりにひどいのでとりあえずジュクジュクを治すために、以前に出たステロイドを白色ワセリンと混ぜて使ったら、数日で劇的に良くなって、それはあくまでも一時的なものなので、今日、医師の診断を受けてきた。症状からすると「白せん菌」によるものかもしれないということで新しい薬を使って状態を見てみましょう、ということになった。今日の昼に塗ったら、今のところよさそうだよ。

今回の十一・四〔全国労働者集会〕と訪ソウルでの民主労総の皆さんと交流できたことが、暁子にとって本当に大きなものであることが、面会での話や手紙で伝わってきて、僕も嬉しいよ。暁子が差し入れてくれた写真の晴ればれとした暁子の表情が全てを語っていて、本当にいい表情だよ。手紙でもっと詳しい話が聞けるのを楽しみにしてる。これまでの面会や手紙で、十分伝わっているとも言えるけど、僕にとっても、距離がぐっと近くなったような感じだよ。今回を第一歩に、つながりを一歩一歩深め強めていきたいと思っているよ。

今二十一日だけど、韓国で買った素敵な便箋の手紙で、徳刑のことで心配しているとあって、事情の全体が判らない分、いちいち心配していると思う。全てを書くことは今回はしないけど、面会三日目の日に起こった〔事件の〕ことで、その日は仕事も途中で切り上げて部屋に戻って、昨日までは月曜も火曜も工場に出ずに部屋での生活で、今日やっと工場に出て通常の生活に戻っている。

何が起こったかは、新聞等で報道されていると思うし、今回はあえて書かないけど、面会二日目でも話し、前回の手紙でも書いたような、そして当日、マスコミでも大きく取りあげられたように、医療の問題があって、その改善の手立てをせずに、問題を対外的に隠すばかりで、そのことによって収容者の生命と健康が侵され安心して社会復帰のための生活ができない状況を一方でつくりだしながら、一方では、社会的常識を外れたぐらい細かなことで罰する厳罰主義的傾向を強めたことへの怒りが爆発して起こったというのが真実のところだよ。

直接的には、その医療の改善に努力していた被収容者が、マスコミ報道がされた当日に「隔離」されたことにその工場の収容者が怒って立ち上がったということらしい。医療にしても処遇の厳罰主義にしても、収容者が生命・健康が守られ安心して社会復帰の目的をもって生活する、そのことを施設も第一に支える、そのことに反したような状況こそ改められなければならないということだよ。

それは僕が監察官との面接で求めたことでもあった。ちょうど、時間的には、三回目の面会の時に起こっていたようで、面会前には、マスコミ報道への対応で工場の通常一人の職員が三人体制になっていたのが、面会から工場に戻ったら一〇人体制になっていてビックリだった。今回のことでは、いろいろ苦情が集中していた監察官制度、視察委員会がきちんと機能していたのか、本省〔法務省〕が適切な対応をしていたのかも厳しく問われていると思う。

カレンダー、詩のことはじめ触れたいことも多いけど、次に。お母さんの腸の検査どうだったのだろう。十一・二二、十二・一、素晴らしい集まりになると思っているよ。カット描けなくて残念。

暁子、素晴らしく素敵だったよ。いつもその暁子を抱きしめ愛してる。

最愛の暁子へ　文昭

徳刑の工場で起こった事件・その二

〔文昭から暁子へ　二〇〇七年十一月二十九日〕

暁子、今日は、水曜日の二十八日。いろいろ心配していると思うけど、みんなからの便りでは、一応知っていて、いろいろ気にはかけているけど、あえて触れない、という心づかいのようなものを感じる。ここの一つの工場で起こったことについては、一応暁子にも伝わっていると思う。

徳刑での業務対処の管轄が、徳刑から離れて「上部」にあるような感じで、応援のための職員の姿も多い。今の状況は、同じことが二度と起こらないような体制と対策に力を注いでいる感じかな。関係した者や今後関係する恐れのある者までかなり多数にわたって他の施設に送るといった動きを見ていると、力で現状を打開する、といった間違った方向に進むんじゃないかなという危惧を一番持っている。

根本は、医療を受ける者が、かなり強く納得のいかない気持ちをもって、生命や健康が侵されているという思いを強くするような状態が、改善されることなく続いていたということにこそ問題があって、一方では、社会常識の枠を超えた形で細かなことで処分を加えるような厳罰主義的な傾向が強まってもいたから、それへの憤懣《ふんまん》が、前に書いたことをキッカケに、報道されているような形で爆発したということが真実のところだから、その原因にフタをして改善せずに、絞め付けることでのりきろうというやり方では、何も解決せず、社会的にも、被収容者にも批判を受けるような最悪のものでしかないと思う。

医療そのものを社会的にも被収容者にも納得できるものにすることと、処遇全般について、社会的常識に著しく反したことには厳しくするにしても、大きくは、社会復帰の意識を引き出し、励まし、強めるような対応こそ施設に求めているものでもあり、必要なことだと思う。後者については、施設に求めている、被収容者の社会復帰のための援助ということが、まだ初期段階でいろいろな面で遅れていることを、厳罰主義のようなものでのりこえるのではなくて、本来的な被収容者の社会復帰の意欲と力を引き出し、強めるような処遇の充実こそ求められているものだと思う。

それと前者の医療ということでは、社会的にも被収容者からしても、明らかに極端な行き過ぎが見られるわけだから、この是正は避けて通れないことだと思う。医療は元来、医師と患者が合意し、患者が納得し、医師を信頼するということによって成り立つものだから、現状のように、合意を形成せず、一方的なものになったり、医療そのものも、薬に依存せず、自然治癒力を引き出すやり方自体は誤りではないけど、それが必要な薬を出さない、必要な医療を欠くというのであれば、それは医療の放棄であり、被収容者の生命と健康を侵すものになってしまう。そして、そのことは、施設における医療という問題もある。施設における医療は、施設の下での被収容者という力関係の下にあるから、ともすると医者も、その力関係の下で、本来の医者と患者の合意形成ということではなくて、一方的に強制するものになったり、またそうだからこそ、被収容者が冷静に医師に対応できないことを生み、そのことが医師を精神的に追い込んでいる、ということもあって、さらに医師をかたくなに、一方的に行き過ぎたものにしているということでもあると思う。だから、施設にとっては、冷静さを欠くような時には制動することも含めて、何よりも、冷静に医師と収容者が向き合い、合意形成できるような環境こそ保障して、また、かたくなになる、一方的な行き過ぎの医療については、特に、外部の医療機関・医療関係者の助力も得て、適正で必要な投薬と治療をする方向に是正していくことが必要なんだと思う。力ずくで対応したり、臭いものにフタをする対応ではなくて、改善すべき点は改善して、社会的にも納得を得るような対応をするのが、一番の解決の道だし、それは被収容者も納得し、本来の社会復帰へ向けた生活に安心して集中していくことにもなると思う。

今は、二十九日だから、あさってが十二・一集会ということで、もうすっかり準備ができて、十一・二二で「与えるものを与えた」という状態から、もう一度、気持ちを高めている頃かもしれない。十一・二二を終えて、十二・一への準備も忙しいという中で、二十五日に、長い手紙を書いてくれてありがとう。その忙しい中で、長い手紙を書いてくれて、それだけでも嬉しかったよ。十七日の絵画展も、二十二日の朗読音楽ライブも大成功でよかったよね。何より、暁子の朗読と語りにほとんどの人が感動して、朗読がよかったと言ってくれているということだから、本当によかったよね。

二十二日は、僕も聞きたかったよ。初めてピアノとギターの伴奏でやったことも暁子の朗読をより感動的なものにしたようだから。朗読がうまくなったというのも、朗読がより自分のものになって、暁子の思いを解き放つようになったということじゃないかな、と思ってるよ。

この一年は、本当にすばらしい一年だったから。何より、暁子の輝きが甦《よみがえ》った、というか、いっそう増した一年だったから。

それは、この二年間、一歩一歩の歩みだったとも言えるし、ソウルでの輝くような暁子の表情・笑顔を見ると、本当にそのことを実感するよ。そして、そのことが僕にとっての最高の喜びだよ。

この一年、二人の絆を深めつつ、現実に前向きに向き合い、未来を開いていく、ということが大きく実を結びつつあるのを感じている。

その中でも、暁子も言うように、詩画集や絵画展、朗読と語り、というように、詩と朗読の空間・場所をもって、暁子自身を表現できるようになっていることがやはり大きいと僕も思うよ。

そして、僕にとって、そのこと自体が僕の最高の喜びであると同時に、その暁子の全てを受けとめられる自分であること、そのために、暁子とはもちろん、あらゆる人々と共に生き（人間的な）未来を開く、ということを大切にして、自らの魂とつながりと力を磨き、養うこと、そのように日々を充実させて生きる最大のエネルギーになっている。再審の力にも。

暁子のソウル訪問、民主労総、政治犯とその家族の人々との交流、嬉しかったよ。これから、一歩一歩、つながりを深めていくことができればと思っている。

動労千葉の運動は元々、全体性があって闘えたものであるし、「動労千葉のように」ということは、何より、足元の職場で闘い、団結と力を養い一層の全体性を獲得していくものだと思う。十二・一の報告、写真、楽しみにしている。そして何よりも面会を。

風邪、よくなってよかったよね。僕の湿疹もかなりよくなってる。いつも、暁子のぬくもりを感じ抱きしめている。愛してる。

最愛の暁子へ　　文昭

暁子の笑顔に出会うまでの道すじ

〔文昭から暁子へ　二〇〇八年二月六日〕

暁子、今日は、五日。相変わらず寒い日が続いているけど、寒がりの暁子にとっては、外には出たくないと思う日々かもしれない。「温暖化」の特徴として、大きくは温暖化するけど、一方で気候が極端化するということでもあると言うから、この近年にない寒さもその現れ、というところだと思う。僕も最近注意していることもあって、なることのなかった「しもやけ」が足の指に出来かかっている。今の寒さだと、一度悪化させてしまうと春まで治らないということになってしまうので、一日に何度もマッサージしている。そのせいで今のところ、初期段階で阻止しているというところだよ。

このところ暁子が日々の生活を「毎日便」のはがきで書き送ってくれているのがとても楽しみになっているよ。何より、日々の生活をしている暁子がとても身近に感じられることが嬉しいことだよ。

暁子がお菓子作りにも最近挑戦しているというのも楽しみだよ。僕も子どもの頃から、自己流だけど、小麦粉に、砂糖、牛乳、卵そしてベーキングパウダーを加え、その分量を変えたりしながら焼いたり、油で揚げたり、蒸したりして、いろいろな素朴なお菓子を作っていたけど、結構おいしくて仲間内でも「好評」だったよ。暁子ともっといろいろレベルアップができたら、と思うよ。でも、暁子をあまり太らせても、とも思うけどね。僕も甘い物も好きだけど、でも何が好きかと言われると、おかき、せんべいといった辛い物のほうが好きかな。

僕も、何か一品というと、暁子と同じく納豆と漬物ということになりそうだよ。納豆は本当に好きだし、漬物もどんなものも好きだし、豆腐、めざしなんかもいい。特に朝食なんかだと、それにみそ汁があればいい。

まあ、でも、暁子と一緒に食べるのなら、どんなものでも最高においしいという感じだと思う。

話は変わるけど、昨日、神藤君から一日に届いた来信が、四日付けで「出所時交付」〔本人に渡さず出所する時まで当局が預かること〕ということになったと告知があった。理由は、面会についても言われた、「〔発信者または面会者に〕受刑歴があるから」ということだった。これはやはりとんでもないことだと思う。これまでに徳刑が面会・通信がダメなのは「暴力団関係者」ということだったから、そのこととも矛盾することだし、そもそも受刑を終えて社会復帰して市民生活をしている者との面会・通信を認めないということ自体が、とんでもない人権侵害だし、法を踏みにじるものだし、何より神藤君が、現在、僕の再審と釈放による社会復帰のために、救う会の代表として心血を注いでくれていること、その一環として全国で開かれている絵画展のために僕の絵の管理・運営を責任をもってやっていて、そのために不可欠な面会・通信を認めないということは、誰も侵せない僕の再審・釈放を刑務所として阻害・妨害するものとして決して許されないものだと思っている。これらの点をはっきりさせて、徳刑の今回の対応は改めてもらわなければと思っているよ。

今月のカレンダーは、「春の味のイチゴとデコポン」だけど、寒い季節だけに何か心が温められる感じだよね。暁子の詩への感想は、今回から、一編ずつでも、機会を作って書いていこうと思っているよ。「面会室パートⅡ」はカレンダーのトップの一月の詩として、僕のコチョウランの花の絵と並んでとてもふさわしいというか、いいよね。この詩については前に触れているけど、読む者みんなを面会の世界へ招いてくれるような詩だよね。「アクリル板の向こうのあなたが話すたびにぐぐっと迫って……私もいつか笑っていた」。ここに一番の深さが込められていると思う。特に暁子にとって、これまで、会えた嬉しさを顔に出しつつも、やはり外での悩みや緊張・ストレスを抱えていることが表情にも出て来ることも多く、それが会話を交わし、思い・愛を交わすなかでその「心の硬さ」が解きほぐされて、本来の暁子の笑顔になっていく、そのことが、僕にとっても面会の一番の喜びだから。そして、そのように会話を通して深く満たし合うということが、詩の最後の部分、「思いを運んで、壁と壁の間に花咲くような面会室」ということを本当に豊かに輝かせている、そんな感じだよね。

僕にとっての面会がどのようなものかあまり書いたことがないから少し書いておこうと思う。面会の日が近づくと、そのことで心が段々に高揚する状態になっていくけど、面会係の職員が呼びに来た時から、一遍に暁子と会うモードに心が切り変わって、身も心も弾み高揚し始める、という感じになる。僕の居るC棟の工場を出て、グランドを他の工場の被収容者が使っている時は、B棟、A棟の工場の中央廊下を通って、左折してグランド横に出て、グランドを使っていない時は、工場を出てそのままグランドを横に半周する形で、グランド横に植えてある桜の木々の下を通って、面会所のある拘置区の門を通って面会所に向かう。そうして面会所のドアを中に入ると、「面会着」に着替えて、待機のためのボックスに入って面会を待つ。この時間が結構いい時間で、もうすぐ会える直前という中で、今日の暁子はどんな感じだろうか、とか、何を話そうかとか考えるとてもいい時間だよ。そして暁子が呼ばれて、僕も呼ばれて面会室へ。待機中はもちろんだけど、こうした道すじ全体が、一歩一歩、暁子と会えること、会話することをいろいろ思い、心がどんどん高まっていく、僕にとってとてもいい時間だよ。そして面会室に入ると、心はトップギアに入ってしまう。そして、暁子の姿を見、表情に触れ、会話を交わすたびに、思い・愛が通い合い、まじり合い、さらに新たに絆・愛・力が生み出されて最高の時間、それが面会だよ。だから、帰る道すじは、面会のことを何度も思い返しつつ、さらに深く満たされる道すじでもあり、来る時の道すじの風景がより豊かな色彩と雰囲気の風景に見える道すじになる。そうして、面会を重ねる度に、暁子の存在が近くなり、豊かになり、その生身のぬくもりの豊かさとともに絆・愛が豊かに積み重なっていく、そんな感じだよ。

今回のカレンダーは、今までにないくらい詩と絵が響き合っている、という感じがいいよね。この「面会室パートⅡ」が最初にあるというのもいいと思うし、そして最後が「神様からのプレゼント」というのもいいと思う。今描いている絵は、カレンダーに載せても、公開はせずに暁子の仕事部屋に置いてもらうつもりで描いているよ。題名は「クリスマスを一緒に過ごす日」。

いつも抱きしめ愛してる。

最愛の暁子へ、待ってる。　　文昭

体のことでいいこと二つ

〔暁子から文昭へ　二〇〇八年二月九日〕

文昭、寒い日が続いているけど、元気にしているかしら？

私の部屋掃除というより、改造というか、前から資料があふれてどうにもならない状態だったので、気持ちよく生活と仕事のできる空間づくり、かつ、使いやすく、ちらからない片付けをしているので時間もかかるの。

部屋は住みごこちが、よくなりそうよ。収納空間もだいぶ増えたし。仕事場の片づけが終わったら、あとは、毎日のそうじを少しずつやって、維持できるかどうかね。

食生活も、前に比べたら豊かにまた楽しくなったわ。自分のやりたいようにしていると、本当に魚を食べないので、セサミン（ゴマからつくる）にＥＰＡの入っているサントリーのサプリメントを飲んでる。

東京新聞に阿佐谷のことが、パール街中心に載っていて、知らなかったお店のこと、何軒か知ることができたわ。

その一つが、「ぶどうの木」。はがきか手紙に書いたと思うけど、ケーキと和菓子、おしゃれな食器等を売ってる。あと、私は肉はあまり買わないけど、普通は「西友」で、おいしいのを買おうと思ったら浜田山まで行って買っているけど、阿佐谷にもおいしいお肉屋さんはあるのね。「吉沢商店」、いつも通り過ぎていたところだけど、手作りソーセージは最高に美味しい。それから、イタリアンレストランのトラットリア・エムズのランチがおいしいと書いてあったので、立ち寄って食べてみたら、まあまあおいしかった。あと爆笑問題の太田光の連れあいがやっているハーブティーの店、ウィッチ・ムーンがあるというのでここにも立ち寄って、ちょこっと、ハーブティーを買って飲んでみたけど、おいしかった。コーヒーをよく飲んで、日本茶はほとんど飲まないのね。紅茶も少し。……ハーブティーがあれだけおいしければ、ハーブティーのほうが、体にはいいよね。コーヒーより。

最近、体のことでいいことが二つあったわ。一つは、「カーブス」という、アメリカからやってきたジムというべきか、トレーニングをするところに通い始めたこと。

私の体は今さら鍛えるという体でもないと前にマッサージの先生にも言われたので、私なりにほどよい運動ができる場があればよかったのだけど、「カーブス」はぴったり。体がかたいので、ストレッチも苦手なのだけど、筋トレからストレッチまで、コンプレックスを抱くことなく続けられるのがいいのね。

もう一つは、お化粧方法でね、佐伯チズという美容アドバイザーのやり方に、かなり納得のいくものがあったので、少しずつこのやり方をしてみようと思っているの。

寒い毎日を、なんとかのりきって下さいね。あと、文昭が送ってくれた一万円で、この万年筆を買いました。今まで、何十年も使い捨て万年筆を使ってきたけど、せっかくのところでインクが切れたりするので、万年筆はうれしい。

先日、若松孝二監督の「実録・連合赤軍」を見ました。一人ひとり殺されていった若者たちへの追悼と鎮魂の思いが伝わってきて、そして、あの事件のすべてを目をそらさず見届けた映像に感動しました。

最愛の文昭へ　　暁子

日常的なことをするだけで精一杯

〔暁子から文昭へ　二〇〇八年二月十八日〕

文昭の手紙、今日十六日に受けとりました。私の希望としては従来と同じように、速達にしてくれたほうが、うれしい。日曜日までに届くからね。

絵画の入選、おめでとう。忙しかったでしょうに、よく入選（二位）できたね。入選は、自信になると思うから、よかったと思う。

風邪気味だとのこと、気をつけてと言っても仕方ないような感じだけど、疲れないようにしてね。文昭は、やりすぎて失敗することがあるような気がするから。

昨日は善福寺公園まで、散歩をしました。

このところ東京では、暖かいので、散歩にはちょうどいいの。行く前に成田図書館にまわってから行ったのね。だけど、きちんとしたイスとテーブルがないので、長くはいられない。

今日は十九日、午後からクリニックに行くことになってる。たぶん薬の副作用で手足に力が入らず、何をしても時間がかかるので、毎日の食事作りが仕事になってる。いつまで続くのか……。

睡眠のほうは、同じ薬だけど二つ飲むようにしてるから、やっと眠れるようになったので、ほっとしてる。日常的なことをするだけで精一杯という感じなの。

セレネースの副作用を調べたら、不眠というのも焦燥感というのもあったので、やっぱり注射のせいだということがわかった。薬を飲まなかったのが悪かったので、仕方ないけど、睡眠がなんとか解決すると、次は動作がかんまんだとか、人と話していてもテレビを見ていても、本を読んでいても、イライラしてくるということが次に気になってくるものだね。

今日は、この辺にします。

最愛の文昭へ　　暁子

寒さの中で

〔文昭から暁子へ　二〇〇八年二月二十八日〕

暁子、今日は、火曜の二十六日。朝から驚くほどの暖かさだった。ずーっと冬の寒さが続いていて、この冬の初めて訪れた暖かさなので嬉しかった。いつも朝、行進で手を振りながら工場に行くまでの間、手が切れるように冷たかったのが、今日はそれが無い暖かさが嬉しかった。根本さんからのハガキには、近所の梅の花が咲いたということが触れられていた。二十日に、暁子に電話をして、阿波根《あはごん》昌鴻《しょうこう》*さんのことが取りあげられている朝日新聞を読んでくれるように話したとかで、最後に書いていたのは、「暁子さんは元気元気でした。色々と頑張っておられるようです。今すぐ、彼女に向かって三回頭を下げて下さい!!　おたがいすごいヨメさんを持ったものです。ではまた」ということだった。それは、僕も全く同じ思いだけどね。

もう少しで、暁子もトイレの「結露」の水を拭くことから解放されそうだね。僕も実はこの一冬、「結露」に悩まされていた。今の新しい居住棟は、中央に廊下があって南と北に居室が並んでいる形なのだけど、その北側の居室に入っているので、当然、外の壁は陽が当たらず冬の外気と同じ温度になる。居室の温かい空気が触れる壁は、水滴ができて、さらに床に流れ落ちて、暁子と同じに、毎朝拭くのが日課になっていた。窓を二センチぐらい開けておくと壁側の空気が冷えて結露ができないけど、部屋全体も少し室温が下がるから、体調によっては結露ができても閉めたりはしていたけどね。

僕のしもやけも、ここ数年は、一冬に一、二度なりかけるぐらいだったから、ちょっと油断するとすぐに足の指にできたりする今年の冬は、それだけ寒さが厳しかったことを実感している。居室では、風邪予防のために平日は夕食後すぐに、休日は、八時半から十一時半までと十二時半から三時半まで、そして夕食後、布団を敷いて横になってもいいことになっている（昨年は十二月からだったけど、今年は一月中旬からと遅かった）けど、僕は平日は大体九時の就寝まで、休日も多くは、布団に入って横になると何をするにも集中できないので起きて机に向かっている。防寒のために着れるだけのものを着て、毛布の掛けは許可されているのでそれをして。ただ、僕はあぐらではなく正座で座るので、足がどうしても毛布から出てしまうので足の指に、しもやけができやすい。でも今は、工場も前の工場よりも暖かくて、靴下も重ねばきをしたりしているので、以前のように悪化したりしないので大して心配はいらないよ。もちろん、必ずマッサージ等して悪化しないように注意していることもあるから。春が来れば、このことからも解放されるから、もう少しだよね。

今の居室は、前の独居房と比べると広いのが一番いい。まだ建てられて二年ぐらいで新しく明るいのもいい。前の独房は、三畳ぐらいで狭くて本当に圧迫感があったから、今のように四畳ぐらいだと、どうにか圧迫感なしに過ごせる感じだし、新しく明るくて、何より照明が明るいのがいいよ。活字を読むのも読みやすいし、絵を描くのも描きやすい。

今日の昼食は、マーボー豆腐、夕食は、焼きハンバーグだった。ここで出る食事の中では、マーボー豆腐、マーボーナスは好物なほうだよ。ハンバーグは、あまり多くはない僕が作れるものの一つだよ。

暁子が書いてくれる料理は、目の前に浮かぶようで、僕も楽しみだよ。食事に気をつかっているのは、僕も嬉しいよ。睡眠、運動と共に生活の大事な土台だから。そして僕も制約されている中で大切にしていることだよ。

外の運動のことがかなり整理できたことで、再審への時間を増やしつつあるところだよ。今年は、例年以上に絵画展への取り組みが強くなって、再審・釈放へ向けた大衆運動も新たに拡大していけそうなのも嬉しいよ。それが何といっても、二人の、何より暁子への励ましになると思うから。

暁子からの便りが心を豊かにしてくれてる。大変なことが多いけど、一日一日、心豊かに、だね。

いつも抱きしめ愛してる。

最愛の暁子へ　　文昭

＊阿波根昌鴻　沖縄県伊江島で米軍基地に対する闘いを終生続けた平和運動家（一九〇一〜二〇〇二年）

第三章

国境を越えた運動の広がり

［二〇〇八年七月九日〜二〇一六年八月二十三日］

訪米で、アメリカの仲間と（2011年7月）

病院での読書

〔暁子から文昭へ　二〇〇八年七月九日〕

入院したのが六月二十日なので、もう二十日ぐらい病院での生活を送ったことになるわね。

あなたの手紙は、ずうっと受けとっています。いろいろ心配させているようで、ごめんなさい。

病院の生活は、単調で、読書をして過ごしているけど、ＯＴと言って、作業療法として、ヨガをやったり、庭づくりをしたりするのに参加したりしてる。

結構、元気なので、安心して下さい。

今、読んでいる本は、宮尾登美子の『天涯の花』。その前に読んでいたのは、小林多喜二の『蟹工船』。

結構おもしろかった。

ただ、『党生活者』の中で、主人公が、同じ党員である女性が、任務として自分といっしょになり、生活を支えるためにキャバクラのようなところに行くことをすすめたりするのを、自分は全てを革命に捧げているのだから、その女性がそういう選択をするのは当たり前だというふうに考えているので、その辺は、全くナンセンスだと思ったわ。

それでは、今日はこの辺で。　　暁子

母が言いたいこと

〔暁子から文昭へ　二〇一〇年九月六日〕

はがきに書いたように、母がいつも言う「明日」というのは、「明日、家に帰りたい」という意味であることをリハビリ療法士の女性が教えてくれました。その人が言うには、「明日帰りたい。本当は今日だけど」と母が言ったそうです。母に会いに行くとはじめ、沈黙によって母がぶつけてくるのは「不満」というか「拒絶」のようなものなので、いったんはちょっと辛いんです。それからあれこれ話してやっと少しずつ心が開くという感じね。一日は母の誕生日（七十八歳）なので、パジャマとオルゴールカードを持っていきました。母にはがきで、「家に帰れなくて辛いね。ごめんね」と書きました。ここから、対話がもう少しできるようになるかもしれない。結局、母の言いたいことは「家に帰りたい」がすべてなのね。母には九月二十四、二十五日に会いに行きます。

吉永小百合の「原爆詩」の朗読、聞けてよかったね。何の感想も書いてなかったけど、よかったのかしら？

最愛の文昭へ　　暁子

開示写真が示す僕の無実

〔文昭から暁子へ　二〇一〇年九月十三日〕

暁子、今日は、月曜の十三日。今週は楽しみな面会だね。今日届いた十日付のはがきに書いているように、面会で結婚記念日を過ごす、そんな面会になるので、とても楽しみにしているよ。

今回の結婚記念日は、これまでにない最高の形で迎えられる感じだよね。何より暁子が自分のリズム・ペースを大切にして、無理をせず、睡眠もたっぷりとって、一つひとつに前向きに取り組みつつ、常に自分のなかに豊かな力が養われるように過ごしてくれていることが一番嬉しいことだよ。

ひとことで言うと、前は、思いだけで抱きしめる、という感じだったけど、今は、心や体のぬくりを感じ、それらを感じ合いながら抱きしめ合っている、という感じになってきた、そんな感じだよ。

今回の結婚記念日を一つの大きな通過点に、もっともっとそんな感じで、二人が豊かに生き、豊かな力、豊かな未来を一つひとつ手にしていく、そんなふうにしていけたらと思っているよ。

暁子がどんな姿で、どんなふうに会いに来てくれるか、どんなふうに会話を交わし、思いや愛を交わし、豊かな時間を過ごせるか楽しみにしているよ。

僕からは、そのための第一弾として、先月、今のところ僕にとって最高の絵と言うことのできる暁子を描いた絵を贈っているけど、今回はその第二弾として、二人の子どもの絵を贈るように用意をしているよ。

雨の日、黄色の雨具を着た二人の女の子が、通学か通園の帰り道、笑顔で会話を交わしているという、暁子が贈ってくれた「世界の子ども」の写真を絵にしたものだよ。人と人が、心を通わせ会話する、その時の表情の本来の姿が、素晴らしく表現されていて、それを絵としても表現できたので、暁子も、間違いなく喜んでくれると思っているよ。

その姿は、暁子のものでもあるし、僕らのものでもあるし、今の若い仲間はじめ前向きに生きているみんなにも共通するものなので、二つ目の結婚記念日の贈り物にしたよ。

お母さんが、二十四日に、三十分だけだけど家に帰れることになったこと、僕も心の中で万歳‼を叫んだよ。これも暁子からの結婚記念日の贈り物というところだよね。

「明日は」と言っていたことが「家に帰りたい」ということで、本当は「今日、帰りたい」ということだけど、「明日」と言っているというお母さんの言葉を聞いて、お母さんのその気持ちの全部を受けとめ、帰れるように相談し、先生のＯＫを取ったということに暁子の暁子らしい素晴らしさを感じているよ。

今回のお母さんの言葉、本当は今日だけど、つつましく明日と言っている、ということを聞いて、暁子にいろいろと優しい言葉をかけていたお母さん、そのお母さんがそのまま生きているんだ、ということを教えられたよ。

三十分というのは、お母さんにとって本当に短くて、胃ろうをしていて、移動時間も含めて、流動食を摂れないからなのだろうけど、なんとか、水分とか糖類などを口から摂《と》って、点滴が可能なら点滴をして、滞在時間を少しでも長くできれば、と思っているよ。家に帰る満足感、安心感、リラックスが本来の力を甦らせる、「家の力」ということがあるというから、食べる力が甦る、ということも考えられるから。

十日の岩井さんとの面会、画期的だったよ。本当は、話したいことが山ほどあったのだけど、今回開示された写真のことにかなり時間をかけたので、他の重要なことにあまり踏み込めなかったのは残念だったけど、長い時間をかけたことで、写真については決定的な事実をつかむことができたよ。

これまで開示されていた〔一九七一年十一月十四日当日の〕東急本店前の写真で、鉄パイプの先が、何か歪《いび》つに写っていて、写真の写りのせいなのかとも思っていたのが、鮮明な開示写真のせいで、それは、長い間握っていたことによって、巻いた紙がよれよれになったもので、実は（僕としては無意識的に）握り直して、それまで先端だったほうを握り、それまで握っていたほうを先端にした、そのため、長い時間握っていて巻いた紙がよれよれになったほうが先端になって、歪んだ感じで写っていたことが分かった。そのことをはっきりさせたのが、今回初めて開示された、グランド東京の一室から一郎丸〔警官〕が、僕が代々木八幡方向から東急本店の角を曲って、先の写真の方向に向かった姿を写していた写真だった。そこには、まだ握り直す前の、最初から握ったままの状態で、したがって先端のほうの巻いた紙が、巻いているのが判るほど紙が緩み、したがって紙がより破れやすい状態なのに全く破れていない状態を、はっきり写し出す形になっていた。これらによって、最初からずーっと長時間握っていたところがよれよれになるほど握り続けていた同じ鉄パイプであり、握り直す前の東急の曲がり角において、元々の先端部分が全く破損した状態はなく、現場で殴っていれば、とりわけ供述にあるように激しく殴っていれば、少なからず破損が見られるものの、それが全く見られないことから、僕が紛れもなく殴打をしていないことを示す、決定的な無実の証拠ということだよ。本当に、ついに発見した新証拠ということだよね。今回の一郎丸の写真の記載時間は、他の佐藤、横山の写真と厳密に比較すると四～五分遅い時間であることが明らかで、それによって、東急曲がり角の一郎丸の写真がＰＭ三：二八で、その後の東急横、バリケード近くの佐藤の写真がＰＭ三：二六になっているという矛盾も解明される。このことは改めて詳しく書くよ。

十一日の丸木美術館での反戦反核展二〇一〇のオープニングも、今までになくよかったんじゃないかなと思っているよ。絵は何を出展したのだろう。今日、松尾君からの便りがあって、「暁子さんの詩の朗読はますます磨かれて、既にエンターテーナーです」とあったよ。

山川さんが写して送ってくれた、前の面会の時の暁子のワンピースの座っている写真、立っている写真、ジーパンとＴシャツの写真、そのまま抱きしめたくなるような暁子だった。面会、楽しみにしてる。

いつも抱きしめ愛してる。最愛の暁子へ　　文昭

星野への弾圧は世界の問題

〔暁子から文昭へ　二〇一〇年十一月十二日〕

今、十二日の午後一時になるところ。午前中は、眼医者に行ってきました。コンタクトをはずす時に、角膜に傷をつけてしまったのです。あんまり心配はなくて、この二日間、二時間おきに抗生物質をつけていたら痛みはなくなりました。でも、面会の時は、久しぶりに目がねをかけていきます。

十一日、昨日は、母に会いに川西に行ってきました。九時東京発の新幹線で行って、四時四十一分米沢発で帰ってきました。三時間ぐらい母といっしょにいました。母は、本当によくて、対話ができるのです。笑顔も見せてくれました。

「暁子が来てくれてよかった」とはっきり言ってくれました。自分のことを「白髪になって」「指が痛い」とはじめに教えてくれました。指の褥瘡《じょくそう》はかなり治っていました。

文昭の希望通り、カレンダーの私の絵を見せて、「誰かわかる?」と聞いてみたら、「暁子」と答えてくれました。「いい絵だな」と言っていましたよ。

「腹へってねえが?　何か食べてったらいいんでねえが」とか心配してくれました。「次いつ来るか」とも聞かれました。今の母は、私の生き方もちゃんと認め受け入れた上で対応してくれるのです。

六日の労働者国際連帯集会は満席で、途中から学生が壇上にあがって〔座るスペースをつくって〕進められました。

私が印象に残ったのは、アメリカの黒人労働者でマイケルといったと思うけど、「労働組合の運動は、狭い利害の問題にとらわれてはならない。反戦や人類愛に基づき闘わなくてはならない」という発言でした。

交流会では、アメリカ、韓国、ドイツの労働者に一人ずつカレンダーをプレゼントしました。アメリカのゼルツァーさん（国際連帯の交流ができるようになった中心的な人）が、「星野への弾圧は無実が分かった上でやっている弾圧、ムミア*の問題といっしょに、アメリカに来て訴えて、世界の問題にしなくてはならない」と言ってくれています。来年の七月にはアメリカに行くことになるかもしれない。今度こそ、英語の学習も本格化しなきゃね。

最愛の文昭へ　　暁子

＊ムミア　アメリカの元ブラックパンサーの政治囚ムミア・アブ＝ジャマル。警察官殺害をでっち上げられ死刑囚に。その後終身刑とされ再審を闘っている

「希望――被災した人々と共に未来を」の絵

〔文昭から暁子へ　二〇一一年七月十八日〕

暁子、今は月曜の十八日、午後七時になったところ。今頃、暁子は何をしているだろう。時差を考えると、サンフランシスコは今、十八日になったばかりの午前一時くらいだから、昨日までの全日程を終えて、グッスリ眠っているところだね。どんな夢を見ているのだろう。訪米で出会えたいろいろな人と夢の中でまた会っているかもしれないね。

今日は「海の日」の休日なので、残念ながら楽しみにしている暁子からの便りは届いていないので、いろいろ想像するだけでこの手紙を書き始めている。今週、木曜に書いてくれる滞在記中心の手紙を楽しみにしているよ。

絵画展とか、僕らが企画し参加する企画だけでなしに、パンフを見ると、その他にも参加したくなるような企画がいろいろあるけど、僕らの企画が一人でも多くの人が参加し、成功していたら、と思っている。特に、星野関係の絵画展、ホシノ・ムミア集会が成功していればと思っている。実際に参加して、絵を見、会場や集会で暁子の話を聞くことで理解を深め、心を動かされ、星野と国際連帯に取り組むことにつながれば、と思っているよ。星野の広がり、国際連帯の深まりを暁子が実感し、それが新たな力になってくれることを心から願っているよ。

今日は、昨日まで日本列島が三五度を超える猛暑から一転して、超大型台風六号の影響で三〇度を切るような涼しい日になって、久々に過ごしやすくて、今夜は僕もグッスリ眠れそう。ただ、この台風六号、暁子が帰ってくる二十日に関東に接近する予報が出ているので、無事に成田に着くことができるのか心配しているよ。

日本では、朝から、女子サッカーが米を下して奇跡的に優勝したことがニュースになっている。相手が米だったので、米での反応はちょっと微妙かもしれない。女子サッカーは冷遇されていて、アルバイトとか苦労も多く、女性労働者のチームとも言えるから絶賛に値するものだけど、資本や権力が自分たちに都合のいいように利用することには批判が必要だね。

この三連休は、学習しつつメッセージを書くことを中心に、今年の文芸コンクールに出品する絵を描いていたよ。今年は、大震災、原発事故があり、それを契機に大恐慌、大失業、戦争の動きも深まっているなかで「希望――被災した人々と共に未来を」という題名で、そのことをテーマにした絵を描いている。二十一日までの期限なのでどうなるかな、という感じもあるけど、かなりいい感じで仕上がりつつある。

下のほうに波が砕けていて、そこからハトが何羽か飛び立って、その色が上に行くにしたがって黄色に変わっていく。砕けた波が徐々に青色の小さな花になり、それが色とりどりの花になって、その花々に囲まれて母子がいる。そしてその傍らには、二人の母親が、一方が男の子、一方が女の子を抱きしめ、シャガールの絵ではないけど、波間から飛んでいる。見る人には、亡くなって天国に上っているような、助かって生きているような姿を描く、という被災した人々への、僕の心からのエールという感じの絵だよ。中心の男子像の母親は暁子に似ている。抱いている女の子も国籍不明のような顔立ちだけど、思うように描けたかな。

この絵もそうだけど、今、暁子と一緒に、全ての人々が人間らしく生きられる社会をめざすなかで、僕らがその全てを解き放つように、日々を充実させ生きていることが一番嬉しいよ。

いつも抱きしめ愛してる。最愛の暁子へ　文昭

アメリカで広げた星野の闘い

〔暁子から文昭へ　二〇一一年七月二十三日〕

今日は二十三日、日本に二十日の夜に帰ってきました。サンフランシスコではあまり深く眠れなかったせいで、二十一日は昼も夜も眠っていました。

サンフランシスコから出した手紙と重なると思うけど、八日間の旅行の報告をしますね。

十三日は、夕方の四時ぐらいに成田を出発しました。

今回の訪米の一行は、全部で七人です。

ホテルに着いて、荷物をおろし、絵画展会場のバレンシア518に行きました。ホテル近くの中華料理

屋で食事……カリフォルニアのお米に何種類もある中華料理を選んで、ご飯の上にかけたもの。あんまりおいしいとは言えない。食事は安くて量が多い。

気がつくのは、黒人も多いし、中国人、アジア系も多く、ホームレスも目につく。日本とちがってきれいな格好をしている。若い女性もいる。

二時に、ゼルツァー夫妻と、バレンシア518で待ちあわせました。ゼルツァーさんは、日本での一〇四七名の首切り反対の団結まつりで動労千葉と出会って以降、動労千葉の国際交流の中心に立っている方です。今回の私たちの訪問・集会の準備も、中心になってすすめてくれた方です。七〇ぐらいある企画のすべてを、ゼルツァー夫妻がとりしきっています。

組合が、ホテルでピケットを張って闘っているということで、支援にかけつけました。看板をそれぞれ手にもって、私たち七人を入れると二〇人ぐらいの労働者がホテル前を円を描くようにぐるぐるまわって抗議をするのです。組合の労働者からは歓迎され、私たちのミーティングにも参加して下さった方がいました。労働協約を求める要求闘争ということでした。日本だったら、ホテル前でこんなことをやったら、すぐ機動隊が出てきそうだけど、アメリカはその辺は自由なんだね。

二日目、十四日は、十五日の準備。

十五日、絵画展は十三時から二十一時まで。瀬戸さんと私が遅れてお昼ぐらいに行くと、会場には、絵も詩も、きれいにセッティングされていました。

すぐ、お客さんが入ってきて、なんとか英語で説明すると、涙ぐんでいる人もいました。

四時からはレセプション、飲んだり食べたり団欒《だんらん》の時間です。三〇人ぐらい集まっていました。和美さん〔ゼルツァーさんの連れあい〕の希望で、私が文昭の一〇枚の絵の説明をしました。何を描いている絵だとか……詩との関係だとか……みんな熱心に聞いてくれました。

そして六時三十分、The meeting from Hoshino to Mummiaがはじまりました。司会はゼルツァーさん、はじめに皆川さんが訪米のためにつくってくれたDVDを三十分見ました。なかなかよくできています。その後私が二十分ぐらい話をしました。通訳を入れると四十分になるので、結構大変です。私の詩、「僕のヒロシマ」を英語で読みました。これはみんなシーンとなって聞いてくれました。文昭のアピールは瀬戸さんに読んでもらいました。

後はジャック・ヘイマンさんからムミアさんの話をしていただきました。最近、連邦高裁が、陪審員に量刑判断する正しい情報を教えなかったことに対して、六か月以内に死刑か有期刑かを判断するやり直しを命令した。六か月以内にやり直しをしない場合は仮釈放すべきである、しかし州の裁判所が六か月以内に決定を出した場合は死刑もあり得る、そんなわかりにくい話でした。

あと三人ぐらい労働運動関係の人が話したけど、ジャック・ヘイマンさんの話も含めて結構長くて、予定していた動労千葉の佐藤さん、狩野さん、ムミアとの交渉の間に入ってくれているキャロルさんなどの発言はとりやめに。討論の時間にあてられました。三人ぐらいの方が発言して「星野絵画展をサンフランシスコだけではなく、日本人街とかいろいろなところでやってはどうか」という意見も出されました。

その後、食事。とにかくアメリカ人は、よく食べよく話す。ゼルツァーさんの案内で行ったお店は、とてもおいしかった。ビールで乾杯。集会は、とても盛りあがってよかったと、みんなの一致した意見です。山本さんも「大成功でしたね」と言って下さいました。

十六日は五時三十分に起きて、キャロルさんの車で、サンクエンティン刑務所に向かいました。ゴールデンゲートブリッジを越えてすぐのところです。八時三十分ぐらいに着きました。この話は、面会のためにとっておきましょう。

十二時にバレンシア518に戻って、絵画展、会場は三階。元共産党の建て物だったところを今は左翼が共同で使っているのだとか。オーナーも四年ぐらい監獄に入っていたことがあるそうで、集会にも来てくれました。お客さんが来ていて、文昭の絵に感動したと表明してくれた青年もいました。

夕方、イラク戦争で息子を殺されたシンディー・シーハンさんが、ヒロシマ・ナガサキの行動に参加することになっていて、彼女と夕食をともにしました。星野のことを話さなきゃならないという気持ちが先立って、辛い気持ちをかかえる、彼女の心境をわかってあげられなかったので、ヒロシマ前に手紙を書こうと思っています。

夜はフクシマの集会。司会はゼルツァーさん、核に反対の学者が話した後、討論。日本の訪米団も前に行き自己紹介。ゼルツァーさんと山本さんのはからいで、私も一言発言しました。この集会も五〇人ぐらいかしらね。

終わってから、アラン・サブロウ・ホーリーと奥さんのローリーが、いっしょに、私たちの泊っているホテルに来て、金山さんたちの部屋に集まりました。ローリーが料理をつくってきてくれたのです。豆ご飯と鮭の魚料理と野菜とソバのいため物。ビールを山本さんたちがさがして買ってきてくれて、楽しいひとときを過ごしました。サブロウとローリーから花束をもらいました。次の日に、私たちがブラックパンサーの集会に行くつもりだと言うと、サブロウもローリーもびっくりしていました。二人とも黒人で、私たちがその集会に参加することを、とても喜んでくれたようです。

翌日サブロウは仕事（地下鉄）を休んで私たちにつきあってくれました。車で送ってくれたのです。ジェロニモという、獄中二十四年で出所してからも黒人解放のために闘って亡くなった人の追悼集会でした。オークランド公園。サブロウは知っている人を見かけると、星野の話を正確に話してくれました。だから、私は、次々にあいさつに来る方の対応で精一杯でした。獄中三十年で出てきたという人にも会いました。サブロウの話ではブラックパンサーで獄中四十年、まだ入っている人もいるということでした。

日本人で獄中三十六年の文昭が闘っていることは、サブロウにとって特別の意味を持っているようでした。サブロウが主催者に話してくれたので、私たちはのぼりを立てて署名を集めました。サブロウは夜のクルージングもつきあってくれました。

クルージングは、一九三四年のゼネストを記念しておこなわれていて、一五〇人ぐらいの参加者でにぎわっています。ボートで景色をながめながら夕食を楽しんだりする中で、一九三四年以降の闘いの歴史が紹介されます。ゼルツァーさんのはからいで、私も一言アピールをしました。日本とアメリカの帝国主義に対する闘いを共に闘おうというようなメッセージ。もちろん文昭のことも言いました。

十七日は、六時三十分に間にあうように、六時に集合して、ＩＬＷＵ〔国際港湾倉庫労組〕ローカル10の事務所に行きました。ハイヤリングホールに行き、労働組合の闘いの成果として、仕事が分配される様子を見学しました。私たち動労千葉が来ていることがアナウンスで紹介されると拍手が起きました。日系の労働者（三世）もいて、話がはずみました。最後は、プレゼントした星野Ｔシャツを着て記念写真。

この後は朝食をとってから中国人街に行こうという話になって歩いていきました。中国人街もにぎやか。

テレグラフヒルにあるコイトタワーを見学しました。それは一九三〇年代にスペインだったと思うけど、芸術を金持ちだけが楽しむのではなくて、労働者に解放しようという運動があったようで、その壁画運動の影響を受けて、アメリカでもあった壁画を集めたところ。労働者・農民の労働の様子等が描かれている。そこで絵葉書をたくさん買いました。絵としては、あまりおもしろくないかもしれないけど、文昭にとっても興味深いと思ったから。労働者が、マルクスの本に手をかけている絵などもありました。

その後、買い物。私は、安いＴシャツ、チョコレート、飾り物をカンパをもらった人へのおみやげに買いました。

夜は、ゼルツァーさんとの食事。私たち七人と、ゼルツァー夫妻と、ゼルツァーさんのところに泊まっているオーストリア人の夫妻。

オーストリア人のマークとの話。「なぜ日本人はこんな状況になっても大人しくしているのか」と聞かれました。マスコミが、二万人の青年が立ち上がっても報道しないこと、連合が原発支持にまわっていること、青年を中心に今立ち上がってきていること等話しました。

翌日十八日は帰る日です。九時三十分に、サブロウがすいかを持って別れのためにホテルに来てくれました。赤と黒と緑の毛糸で編んだ帽子をもらいました。Red is blood（血）、Black is people（人民）、Green is ground（大地）、という意味のこめられた帽子です。大切にしようと思います。

大畠さんと友だちになれたことも収穫でした。いい人です。

そして、日本時間で二十日の夕方、無事、日本に着きました。着いたら、すぐ横になって、夜中に起きてシャワーをあびました。そしてずっと眠って、活動を開始したのは二十二日でした。

これで報告は終わりです。なんとか、文昭も追体験できたかしら?

アメリカに持って行った絵、文昭が知りたいと思うので書いておくね。
・ラベンダーの季節を迎えた北の大地／詩も英訳しました。
・暁子への想いを重ねる牡丹／出会い―英訳
・あかばなの咲く丘から沖縄の海を眺める／祈りの碑に―英訳
・米沢の秋―近い未来を想う
・八月のひまわりとゆり／僕のヒロシマ―英訳

・暁子の絵を飾った、誕生日のテーブル
・暁子と歩く春の小道／春の小道―英訳
・アフガン・カブールの姉妹
・五月、雨の日、帰る道の会話
・ゴーヤ、シマナー、シマトーガラシとマンゴー、スターフルーツ

以上です。

今日はこの辺にするね。

最愛の文昭へ　暁子

素晴らしい訪米、本当によかったよね

〔文昭から暁子へ　二〇一一年七月二十五日〕

暁子、今日は月曜の二十五日、午後七時半ぐらい。

素晴らしい訪米だったようで、本当によかったよね。僕も、ワクワクしながら一緒に体験できたようで本当に嬉しかったよ。

素晴らしい出会いがあって、貴重な体験ができたことが最高の「おみやげ」だね。

そして、それらの出会いや体験が、通訳の瀬戸さん、米田さんの助けを借りながら、暁子が努力して手にした英会話を使って、自分で直接話したり会話できたことが大きかったんじゃないかな、と思っているよ。それに、金山君、狩野さん、仙田君、大畠さんも加えた七人、それに後から山本さん、佐藤さんも加わって、周りにみんながいてくれたことも心強かったんじゃないだろうか。

絵画展では、なんとか英語で説明すると涙ぐんでいる人もいたとか、そして、和美さんの希望で一〇枚の絵のこと、詩との関係とかを暁子が説明して、みんな熱心に聞いてくれたとか、僕の絵に感動して手紙を書いてくれた青年もいたとかで、絵画展としても大成功だったようで本当によかったよね。

そして、ホシノ・ムミア集会では、ゼルツァーさんが司会で、皆川さんのDVDもよかったようで、それを導入部に暁子が思いを十分伝える話ができ、僕のメッセージをみんな熱心に聞いてくれ、ジャック・ヘイマンさんがムミア闘争について詳しく話してくれ、討論では絵画展を日本人街とかいろいろな所でやっては、という熱心な意見も出て、その後の食事会も盛りあがって、山本さんも「大成功でしたね」と言うぐらい大成功で本当によかったよね。動労千葉のミーティングは討議に意味があったようだし、シンディーさんと話せてよかったよね。

アメリカでも影響を受けた、一九三〇年代に労働者に芸術を解放しようという運動というのはメキシコのことだと思うけど、その頃の労働者、農民の姿を描いた壁画を集めたコイトタワーに行って、僕のためにたくさん絵はがきを買ってきたそうなので見るのを楽しみにしているよ。

二十日は、さすがに疲れと緊張からも解放されて、ベッドに倒れ込んで、夜中にシャワーを浴びてから、一日、昼も夜も眠っていたとか、しっかり疲れをとったようなので安心したよ。

今回の訪米は素晴らしかったと思う。たくさんの体験とたくさんの交流ができて……。

星野〔闘争〕にとっても、僕らにとっても、何より暁子にとっても、活動し、日々を生きる大きな財産になったと思ってるよ。持っていった絵と詩、書いてくれて、僕も満足のいくものだった。

帰って来てまたスケジュールがビッシリだけど、無理をせず休養を十分にね。

いつも抱きしめ、愛してる。

最愛の暁子へ　文昭

二・五徳島刑務所包囲デモ

〔暁子から文昭へ　二〇一二年二月七日〕

昨日六日、夕方の六時近く、徳島から家に戻ったら、文昭の手紙が届いていました。手紙の中で文昭が言っているように、廊下や居房（自室）にストーブを置くということはどうしても必要なことだから、申し入れでもきちんと言うようにしようと思う。湯たんぽや懐炉はもちろんだけどね。

二月五日の徳島包囲デモは、本当に大きなものを切り開いたと思う。文昭を分断して、無期の獄中に閉じ込めていることの大きさ、そして、そのことを正面から見据えて、とり戻す闘いに立ち上がったとき、いかに大きな力が生まれるか示されたと思う。みんなが言っているように、文昭と一体になってデモを闘ったことで、まず身近になったし、文昭をとり戻せるという確信が生まれたことも大きいと思う。参加者は六〇〇人。

五日、私は、みんなといっしょにバスに乗って入田支所に向かいました。バスは四台。窓に「星野希望バス」と書かれた紙が貼られています。

シュプレヒコール、デモコールの原案を私と神藤さんがつくりましたが、音楽をつけるには、リズムコールにしなきゃいけないと言われて、急遽《きゅうきょ》えびちゃんに頼んで、バスの中でリズムコールをつくってもらいました。「湯たんぽを入れろ」「受刑者も人間だ。受刑者を人間扱いしろ」は、全部のフレーズに入れました。「街」の六人が太鼓部隊。狩野満男さん、増上さんも太鼓です。デモの写真見ていると思うけど、黄色い星野ののぼりと赤い組合旗が立ち並んで、みごとなデモでした。デモコールでは、「原発なくせ!」「非正規撤廃!」も入れたのだけど、坂を登りはじめたところからは、星野一色に。「星野を返せ!」のコールが、山に響きました。

刑務所の正門は門が閉められ、マスクをした二〇人ぐらいの刑務官が警備。刑務所裏に居房が見えるところがあって、みんな、あなたに声をとどけようと、声の限り叫びました。泣いている人もいました。「星野さーん! 元気ですか」と呼びかけたコールもありました。隣近所にビラ入れやあいさつまわりをやったせいもあって、拍手して見送ってくれた家の人も二軒ぐらいありました。

解散集会。はじめ、私がお礼と、文昭には必ず声が届いていること、団結の力で勝利できるということ、三・一一フクシマ、五月オキナワに立ち上がっていこうと発言しました。文昭にかわって、たくさんの人と握手をして、お礼も言いました。みんな「こんなデモは、はじめてだ」「感動的なデモだった」と言っていました。

六日、差し入れ行動に行く二〇人といっしょに、貸切バスで文昭に面会。帰りのバスで、文昭に皆さんの声がはっきりと聞こえたことを知らせると、皆拍手喝采でした。このことは、あっという間に伝わって、帰りの空港で出会った人は、もう知っていました。「入田支所で集会をしていた時は、遠くで何かやっているという感じで聞こえて、だんだん大きくなって、刑務所の裏に行った時は、何と言っているかも、はっきり聞こえたよ。一時から三時までは、ちょうど午睡の時間で静かなんだ。みんなと僕も会いたかったけど、みんなとぐっと距離が縮まってうれしかった」。そんな文昭の言葉を伝えたのです。

四日と五日の午前中、私は、徳島で開かれた労組交流センターの総会に出席しました。はじめに、来賓のあいさつということで、私があいさつしました。みんな「よかった」と言ってくれているので、ほっとしています。

みんなの発言としては、現場での闘いの報告が圧倒的に多かった。フクシマ、オキナワ、〔大阪〕八尾北からの発言が印象に残りました。動労千葉の田中委員長は、「動労千葉は、外注化を止められなかった労働組合の歴史を覆そうと闘ってきた。日本の労働運動は、左に分裂した労組が組織を拡大した歴史を持たない。われわれが組織を拡大したとき、労働運動は復権する」と訴えていました。

動労水戸の石井さん、北海道交流センターの労働者からの発言に続いて、郵政非正規ユニオンの斎藤委員長は、「星野奪還のために徳島に来ました。何よりも大事なことは星野さんを取り戻すということです。沖縄を闘ったことで三十七年も獄中に入れられてる。こんなことを許せるのか。当たり前のこととして取り戻さなきゃいけない。明日のデモをやり抜こう」と、熱烈に星野をアピールしてくれました。

金山さんが面会できなかったことは、残念だよね。交渉してくれた和久田弁護士の話では、処遇統括が「四日と五日にあったことを、総合的に判断した結果、面会を認めることはできない」と言ってるとのこと。デモに対する報復だよね。許可されたデモであるわけだけどね。徳島刑務所包囲デモには、広島の下田礼子さん、東京の八十六歳の女性も参加しています。

文昭の体調のこと、面会で話せなかったので、手紙で知らせて寄こしてください。じゃ今日はこの辺で。元気で。

最愛の文昭へ　　暁子

六〇〇人の「集団面会」

〔文昭から暁子へ　二〇一二年二月八日〕

暁子、今は、六日の面会が終わった午後八時。

三日も含めた今回の面会は、労組交流センター総会と徳島刑務所包囲行動が同時に闘われるという中での面会で、当然そのことがほぼ全てになるだろうから、どんな面会になるだろうと思っていたけど、本当にいい面会だったと思う。そうしたことを話題にしつつ、会話が弾んで、満たし合えるような楽しい面会になったと思っているよ。暁子も同じだと思っているけどね。

今回の行動は、ひと言でいって、暁子が「孤立無援」に近い状態から始めた闘いが大きく結実して、六〇〇名が参加し、みんなが共に闘うものになった、そのことで、さらに多くの人たちが共に闘う展望を開いたということが、僕にとって一番嬉しいことだよ。それは身近で暁子（僕ら）を見てきたみんなの素直な気持ちだと思うし、その意味では僕が最も感じているものだよ。和久田さんとの面会のなかで、「暁子さんと『よくここまで来た』としみじみ話し合った」と言うように。

今日手元に届いた、暁子の四日の総会と五日のデモ前の、暁子のすばらしい発言を読んで、その感じをより深めているよ。

その上で、僕は、この間、暁子と心から信頼し合い、愛し合い、どんなことにも自分たちの全てを解き放って、いろいろな困難を乗り越えることを糧に、創造的に、豊かに、満たし合って生きていると心から感じられるようになっている。そしてそうなることで、同時にみんなとの間でも同じような質、内容を手にしつつあるということを実感できたことが大きいと思っている。そのことを大切にし、より深め、強めていきたいと思っているよ。今回のことで暁子との距離が一層近く触れ合えるほどに感じられるとともに、みんなとの距離がぐーんと近くなった感じがしている。

暁子が総会発言でも言っているように「ひとりの痛みを皆の痛み」とする、「ひとりへの攻撃を皆への攻撃」として共に、一つに立ち上がり、絶対に許さず、非妥協に闘うことで、分断を打ち破って団結を強化し、拡大していくことが核心中の核心だと思う。

全国労組交流センターが、暁子も言うように、七〇年闘争、分割・民営化以来の新自由主義と闘う国鉄・階級的労働運動、安保・沖縄・三里塚・原発・戦争との闘い、それら一切の闘いを圧殺し潰そうとする星野無期を自らの正面課題として絶対に許さず、覆し、星野解放を実現していくものとして、今回の徳島刑務所包囲闘争に取り組み、貫徹したことは、星野〔闘争〕それ自体を画期的に飛躍させると同時に、階級的労働運動・革命闘争をも画期的に飛躍させるものだ、ということだと思っている。

なかでも、〔労組交流センター総会での〕暁子の発言はすばらしい。

二十四年間、面会、手紙で必死に生きて、血を通わせ、生命を支え合い、会えない時もいっしょに生きることを大切に積み上げてきた、手を握ることもできない結婚のあり方を望んでいるわけではないけど、しかし現実に奪われている中で、すべてを奪い返す一歩一歩をあきらめずにやってきた。その中で絵と詩によって、二人の愛と豊かさを表現できることは二人の自信になった。人は団結によって蘇る。文昭と私も愛によって蘇り、支え合い、現在に至っている。無期によって愛を奪うことはできなかった。星野をつぶすこともできなかった。本当に日々勝利してきたのです。星野＝暁子闘争として、文昭と共に生きて、文昭を取り戻すことに人生をかけている。そのことは同時に、みなさんと共に九九％の労働者人民の力で人間を解放していくことと一体のものです。五日のデモは、獄中三十七年の文昭と、全力で団結し合流する画期的闘い、それを通して、文昭の不屈の三十七年の闘いがみんなのものになる闘い、ナショナル・センターとしての出発点として成功させ、三・一一〔福島〕、五・一五〔沖縄〕につながる本格的飛躍を共に実現しよう。階級的労働運動の力で、今そこにいる文昭を奪還して、必ず合流をかちとろう。

本当にそうだよね。そして、何より、暁子がそのことを確信をもって言っていることが嬉しいし、その発言の全てがみんなの心をつかみ、それがみんなの血、肉となっていくものとして五日のデモになって、それが、心の叫びとなって僕にも届いた、ということだと思う。

今日、暁子から届いた、三日から六日までのことを詳しく書いてくれた手紙を読んで、そのことが伝わってきた。僕がみんなの声が聞こえたことを暁子が伝えてくれて、みんなの感動も何倍にもなった、というのも嬉しいよ。

面会でも話したように、入田支所での集会から、遠くにマイクの声が聞こえて、ああ、集会を始めているなとその声を聞いていて、その後、シュプレヒコールの声が段々に近づいてきて、真南でのみんなの声は驚くほど聞こえて、「星野さんは無実だ」「星野さんを返せ」「労働者の力で取り戻すぞ」など、みんなの声は本当に感動的で、暁子がみんなとそうしたように、みんなの顔を見ることができ、握手できたような、合流できたような実感を持つことができたよ。

その意味では、今、友人面会ができない中で、集団面会を実現した、という感じだよね。

それにしても、前回面会できた、僕のために中心になってやっている金山君が今回面会できず、他の友人面会も認めていないことは本当に許せない。面会することで友人たちがどれほど一生懸命、僕を取り戻すために力を注いでいるかを見れば、友人面会させないことが直接、どれほど再審を妨げるか、ということだよね。友人面会は絶対に必要だと思っている

今回は、上下町で絵画展に取り組んだ福崎さんが、広島から徳島まで歩き、増上さんと共に四日のプリズン・ウォークを取り組み、暁子や八代さんも加わったことも嬉しかった。

みんなからの報告も楽しみにしているよ。僕の言葉を支えに職場で闘っているという阿佐谷の女性も来てくれたね。

子宮頸ガン、胃ポリープの検査結果良かったね。無理せずに。

いつも抱きしめ愛してる。　最愛の暁子へ

私たちの出会いは奇跡のようなもの

〔暁子から文昭へ　二〇一二年九月十五日〕

文昭、今日は九月十五日、お昼過ぎたところ。文昭の手紙は、昨日金曜日に受けとりました。文昭の手紙が金曜日に届くと、いいタイミングで手紙が書けるのでいいね。詩が、一つできたので、書きますね。

母の背中に

「田舎だから　捨てられてる！」
お母さん！
思わぬ　あなたの　強い言葉の中に
奪われた者の　切ない悲しみを
私は見て
一瞬　黙ってしまいました
小さなアパートの　コンクリートの　すき間に

今年も　ゆりの花は　咲いて
ほおずきも　実って
その生命力は
どんなに　あなたを　喜ばせたでしょう

あの　津波が　なかったら
庭に　ほおずきが　実って
自慢の　花畑も
どんなに　きれいだったかを
日ごと　語る　あなたに
生命あることの　大きさを
さとすのを
私は　もう　やめました
生き生きと
孫たちの　お弁当を　つくる　あなたの
小さな背中に
お母さん！　生きていて　くれて　ありがとう

明日　生命あることが
あたり前では　ないことを
教えてくれた　お母さん！
ありがとう

母は、今回、自分の世界にいることが多かったですね。別れ際に「暁子か？」と確認していたけどね。介護タクシーを頼むと一往復で一万円ちょっとかかるけど、介護タクシーの「どんぐり」さんも、とてもいい方なので、助かります。写真を撮ってくれて、後から、ケースをつけて送ってくれるんだよ。胃ろうの話は「伸子さんの場合は、胃ろうにしてよかったと考えたほうがいいんじゃないか」と言っていましたね。私もそう考えることにしました。まだ母は、いろんなことを認識することができるからです。九月一日が母の誕生日、その日に届くように送った花と手紙が飾ってありました。介護士さんが言うには、私の手紙を見て、とても喜んで、意識もしっかりしていた……とのことでした。

昨夜は、動労千葉の外注化阻止に向けた総決起集会がありました。異動命令が、ちょうど前日来たそうで、みんな「若い人に、こんな外注化は受け入れさせるわけにいかない」と、怒っていました。青年部も参加していました。動労千葉の一般の活動家の話を聞く機会はあまりないので、よかったと思う。星野全国再審連絡会議から檄布を持っていったのだけど、壇上で、青年部に渡しました。「外注化阻止と星野奪還を一体に闘う」とアピールもしました。気合いの入った集会でしたよ。

文昭が、私たち二人のことを書いている文章を読んで、何が今までとちがうのかはっきりとはわからなかった。文昭の文章がわかりにくいのは、大事なことを後から言うこと、センテンスが長いこと、主語が二つも三つもあるので、何を言いたいのか、わからなくなるんだよね。……で、何回も読んだけど、結局わからなかった。

「化学変化を起こしている」というのも、わからない。

わからないなりに、文昭が言っていることを書いてみると、私たち二人の出会いは、文昭が病気との格闘の中で、いっしょに生きてくれる人がほしいと希望し、それを受けとめていっしょに生きる決断をした私の存在によって成り立っている。それはあたり前のことではあるのだけど、自分が無期の中で、そんな希望を持ち、実現しようとする人は、あまりないかもしれない。また無期の人と、あえてつきあいいっしょに生きようとする人も、あまりいないでしょう。だから、私たちの出会いは、奇跡のようなものと言えるでしょう。そして、人間が人間らしく生きられる社会をめざして生きていること、生きることを共有する中で、二人が、生きるにあたってぶつかっている困難も解決してきたし、解決できると思っているということが大きいよね。そして、二人の関係を無期であっても豊かなものとして表現してこれたし、形成してこれたということ、これが大事だよね。手を握りあうことができないこと、体を重ねあわせることができないこと、それは本当に辛いことなのだけど、心を深く通わせることで、心の満足を得ることはできると思う。文昭は今までも言ってきたように、目でぬくもりを感じあうとか、そういうことを大切にしたいのでしょう？ 「体でも触れあってる」と言っていたように。私のほうは、その辺になると、あきらめの境地が強いような気がする。

でも文昭は、今月のカレンダーの私の絵のように、自分の愛する人の絵として作品を描いていて、その世界は、確かに、心でも体でも触れて描いた作品になっているんじゃないかしら？

文昭の言っていることは、今までと何かちがっているとは思えないけど、「ぬくもりを感じあうこと、それによって全面的に全てを通わせ、満たしあい喜びを深めること、そのことを一つひとつ大切にしていきたい」。そんな文章は久しぶりかしらね。これは、性的な結合によって得られることを、それを奪われている私たちが実現していこうと言っていることだからね。絵や詩の世界で実現できたらうれしいわね。

今日は、この辺にするね。くれぐれも元気で。秋になり、よっぽど、しのぎやすくなりました。明け方寒い日もあると言っていたから、ほっとしています。風邪に気をつけてね。

最愛の文昭へ　暁子

怒るべきものに怒る

〔文昭から暁子へ　二〇一二年九月十八日〕

今日は、結婚記念日の十七日。もう午後八時を回ってる。

今さっきまで、明日からの面会で暁子に贈る絵を仕上げていて、完成させて、この手紙を書き始めているよ。

暁子が、誕生日とか、記念日とかはできるだけ一緒の時間を過ごすようにしたいという、なかなか素敵なプランを立ててくれて、今年の二十六回目の結婚記念日をそのように過ごすために、記念日の今日は祝日で会えないけど、今日から徳島に来て、直ぐ近くで過ごして、明日から三日間会って過ごせるようにしてくれてとても嬉しいよ。

暁子も、カレンダーづくりの本番過程に入って、今年は絵とセットの詩をつくることに挑戦している分、異議審の書類提出と二十八日の高裁包囲デモを含めたスケジュールもあり、少し心配なぐらい忙しいし、僕も全学連大会のメッセージを書き、陳述書を書き、絵も残りの二枚を描きあげなければならないといういまだかつてないような忙しい時間のなかで今年の結婚記念日を迎えるけど、今年はこれまでになくいい時間を暁子と迎えられるように思っているよ。

獄中に入ってから、特に拘禁症との闘いということも大きくて、そこで問われていたことも結局は、星野攻撃の全現実と正面から向き合い、獄壁をうち破りつつ、本当に星野無期に勝っていく、現実を変える力を獲得するために、ただひたすら格闘するということで、それは焦りとか緊張とかをともなうものだから、意識的に心の余裕を大切にしたりしながら、そうすることで、一歩一歩だったけど、やっとこれでやっていけるというものをつかみとることができたという実感をもつことができるようになっている。

そのことによって、自然な心の余裕がうまれて、前向きにもなって、これまで不十分な形でしか向き合えなかったり、やり残して向き合えていなかったことにも取り組めるようになっていて、それは全てのことに言えることだけど、そのなかで暁子が僕と一緒に生きることを選択したこと、そうしてあらゆる困難をのりこえ一緒に生きてきたこと、その暁子の素晴らしさに改めて向き合いつつ、暁子と心を通わせること、ぬくもりを感じ合うこと、全てを満たし合うことを大切にするということだよ。

それが前の手紙で書いたことだよ。

手紙で言っていることについては、今回の面会でも暁子はよくわからないという顔をしていて、手紙でもそう書いているけど、そういうことだし、暁子が、自分ではこう受けとめていると書いている通りでもあるよ。

ずーっと僕のなかで思っていたこととして、怒るべきことに怒る、許せないことに許せないと思うこと、それが人間的感性のリトマス試験紙のようなもので、怒るべきものに怒る感性を常に磨くことによって、暁子のことも本当に受けとめることができる、ということがあった。逆に言えば、いろいろ理不尽な現実に負けて、それらを許すような形で感性が曇れば、暁子のことも本当に受けとめることもできなくなるということとしてあって、だから僕にとって、怒るべきものに怒り、闘うべきものと闘って、人間的に生きる、そうして人間的感性を磨くことによって、暁子のこと、一緒に生きるその素晴らしさも受けとめることができる。そうして全面的に満たし合うことができる、ということがあった。

敵をはっきりさせ、怒るべきものに怒り、曖昧《あいまい》にせず、それを変える力を信頼し、その力で勝利していくことに確信をもつこと、そこで負けると、必ず後退し、腐敗していくことにもなる。

どんなことでも、特に、生命に関わること、何よりも一緒に生きることに関わることの全て、心を通じ合い、満たし合うことの全ては、限度をもうけたり、諦めたりしてしまえば、やはり大切なものを手にできない。現実にはいろいろな制約、困難があるけれども、それでも決して見切りをつけたりせずに大切にし続けること、それが必ず生きていく。あらゆることに力を解き放って豊かに生きていく、前向きな力になるのだと思っているよ。

それは、お母さんの生命に向き合う場合も同じだと思っている。暁子が、胃ろうがお母さんにとって必要なことと思えてよかったよ。

福島はじめ、全ての人々の生命と向き合う場合も。その意味では、暁子がわかりづらい僕の書いていることから、そのことを受けとめてくれていることが嬉しいし、今回の三編の詩も、そのことが脈打っていることがいいのだと思う。

残り二日の面会でそのあたりのことを、会話を通して深めることができたらと思っているよ。

今回のシースルーの涼しげでセクシーな姿の暁子、本当に素敵だったよ。

ぬくもりまで伝え合って、満たし合えるような時間がもてればと思ってる。

絵、喜んでくれればいいけどね。

動労千葉の外注化・出向阻止の十四日の集会で暁子が檄布を渡し、あいさつもしたということ、よかったよね。みんな喜んでくれたと思う。

動労千葉と星野のつながりが大きく深められるきっかけになったと思う。

資本とその権力が、あらゆる形で社会から利潤をむさぼることによって人間生活、人間的社会、その生命までも徹底的に破壊していることを、生産、社会を担っている労働者人民の団結した力で絶対に許さず、変えていく、誰もが持てるものの全てを解き放って人間らしく生きられる社会を実現していく、そのなかで人間としての全てを解き放つことができるようになって、暁子の大切さ、一緒に生きていくことの素晴らしさに改めて向き合えるようになっている。そのようなものとして、奪われた、奪われているものの全てを、一緒に生きていくことの全て、心を通じ合い、ぬくもり、生命を交感し合い、満たし合うことの全てを、改めて大切にしていきたい、奪い返していきたい、そう思ってる。

残り二回の面会、素敵で素晴らしい暁子と、豊かに満たし合える時間にしたいと思ってるよ。

いつも抱きしめ愛している。

最愛の暁子へ　　文昭

みんなのこと

〔暁子から文昭へ　二〇一二年十月二十八日〕

文昭、元気にしているでしょうね。今日は十月二十八日、午後から街宣の予定だったのだけど、雨が降ってきて中止にしました。奥深山《おくみやま》農園の収穫祭も今日あって、群馬はあまり降ってないようね。奥深山さんは、前回は医者の外出許可は出なくて参加できなかったけど、今回は参加して楽しい時間を持てるようにしたいよね。

奥深山さんのほう、裁判の再開攻撃は一応阻止できているようだけど、奥深山さんの精神的バランスや体調は、今ひとつみたいね。

文昭の手紙、読みました。全力疾走後、気分が悪くなったこと、心配だね。医者の意見聞くことができますか？　できたら聞いてみて下さい。

カレンダーは、完成しています。文昭には、完成する前のものを、米田さんが送ってくれているのだけど、もう見ましたか？　よくできていると思うけど、文昭の感想聞かせて下さい。詩の感想もね。

十・二一は、ハピちゃんの一回忌でした。荻窪のライブハウスでやりました。六〇人ぐらい集まりました。狩野さん、森口さん、田代さん、北島君、私、修ちゃん等の他は、ハピちゃんの小学校から美容学校までの友だちが多かったです。はがきでも伝えたけど、修ちゃんの絵、よかったです。

ハピちゃんが好きだったビートルズの曲が流れて、七夏ちゃんもバンドをやっているから、ハピちゃんのために唄をうたいました。

裕子さんが何度もお礼言っていました。

二十三日は、国賠ネット[*]〔国家賠償請求訴訟を闘っている人々のネットワーク〕のシンポジウムがありました。桜井昌司さんが国賠をはじめたので、みんな応援団なのだけど、みんな国賠がいかに難しいかの話になってしまう。桜井さんとしては、「負ける気はしない」と、前向きに闘っていきたいと言っていました。新しい事務所も開くとか……。

浅野さんと三人で川西の母のところに行ってきました。二十四日、この日は母に会っていたのは三十分だけだったけど、母はとても元気でした。にっこり笑って迎えてくれて、「今日退院できるかもしれない」と、ごきげんなのです。……安堵の中で、気持ちの余裕もできているみたいで、浅野さんにも笑顔を向けていました。二日目は、前日よりは、やや苦しそうな表情で、でもやっぱり笑顔は向けてくれて、「暁子といっしょに東京へ帰る」と言っていましたね。母が「東京に帰る」といったのは初めてのことです。介護士さんから「東京に行って何したい？」と聞かれて「おしゃべり」と答えていました。介護タクシーのどんぐりさんが、前回帰省した時の写真を額に入れてくれたので、母のタンスの上は、よりいっそうにぎやかになりました。私が誕生日の時送った花、私のはがき、文昭の絵などがあるからね。この他にも壁には絵が飾られています。

二十六日は、椎名さんが企画したゼルツァーさんを招いての集会がありました。四〇人ぐらいでした。

ゼルツァーさんから、「アメリカでは、〔大統領〕選挙が近づいているが、私たちには選択肢がない。なぜなら、二人とも全く同じことを言っているからだ」という提起が出されて、いろんな意見が出されました。

運動の中で、世の中を変えていくという意見が多かったですね。運動の代表を選挙に立てていくという意見もありました。ゼルツァーさんは「私たちは今革命の条件をつくり出している」と文昭と同じことを言っていましたよ。

昨日二十七日は、動労千葉の労働学校で、金元重さんの〔韓国の〕民主労総の闘いについての話でした。民主労総は、いろんな失敗もありながら、正規職が非正規撤廃の闘いをやっていくんだね。DVDを通してもリアルな現実を見ることができました。

文昭の体のこと、ちょっと心配です。無理はしないようにね。

十一月の面会は十九日、二十日、二十一日に行きます。母のところには、二十七日、二十八日に行ってくる予定です。

茨城での絵画展が一月十日、十一日にあります。茨城大学のすぐ傍のギャラリーのようです。十二月十三日～十六日に、神奈川で絵画展があります。十四日は、椎名千恵子さんを招いた星野集会も予定されています。私も行く予定です。

棄却決定後の大変さを乗り越えて、文昭が前向きな姿勢を示してくれていることに大きく支えられています。示しているというより、大きな飛躍を文昭が勝ちとったことにです。昨日、労働学校で交流会に田中委員長も参加していたので、文昭からの伝言、伝えました。「来年の労働者集会で発言してもらおう」と言ってくれた人がいて、田中委員長は「発言してもらいたいと思っている」と言っていました。「お願いします」って言っとけばよかったね。メール、出しておこうと思います。やっぱり、十一月労働者集会で発言できるかどうかというのは、大きいからです。

元気で。最愛の文昭へ　　暁子

＊桜井昌司　布川事件元被告。無実の罪で無期懲役刑となり獄中二十九年、仮釈放の後、再審無罪をかちとる。国賠訴訟も勝利した

解放の曲「フィンランディア」

〔文昭から暁子へ　二〇一二年十月三十日〕

暁子、今は月曜日の二十九日、午後六時を回ってる。今日は満月で、もう東の空に出ているはずだけど、窓からの視界が限られるのでまだ見えない。

二十四日の米沢は一二度（最低が五度）ぐらいで寒くて、ストーブをつけたとか、もう紅葉も進んでいるのかもしれないね。

お母さんがにっこり笑って迎えてくれて、言葉もようく聞こえたということでよかったよね。

「昨日退院する予定だった」と冗談も言っていたということだから、お母さん自身も、持ちまえの冗談が出るほど心身の状態がよかったということなんだと思うし、嬉しいことだよね。

ここで、夕食後の五時半から六時まで音楽を流していて、ほとんどは歌謡曲・演歌なのだけど、今日は珍しくＮＨＫ・ＦＭの「音楽遊覧旅行」という番組で、映画の「ダイハード」の主題曲になっていたシベリウスの「フィンランディア」を久々に全曲聴けて嬉しかった。この曲は「フィンランド讃歌」といった意味で、歴史的にはロシア帝国主義の「属国」化されていたフィンランドの民族解放を求める曲で、僕も好きで、高校時代にレコードを持っていてよく聴いていた。ちなみに、ロシア革命時にレーニンの民族自決尊重（一つになる過渡として）によって、他の「属国」が自らソ連邦に加わったなかで、フィンランドは独立を選択している。この曲は今でもフィンランドの人々には支持されているのかもしれない。

高経大〔高崎経済大学〕でストライキ中（再建自治会として一九六九年当時）大学自主管理していて、「解放放送」の際に、その前後にこの「フィンランディア」を使っていた。大学の話が出たところで、面会でも少し話したように自治会執行部のほとんどが闘争で退学になって（僕は「戒告」だった）自治会が非合法化された。それでも「退学処分」された執行部が学内集会を開いては学外に排除されるという状況が続いて、その状況を突破するために、僕がマイクを持ち込んで学内集会を開くことで「在籍者自身の決起」をつくり出した。そのなかで僕も「代議員会議長」として加わり、「大学祭実行委員会」を全学的に形成して、大学祭終了後のその大学祭実行委員会集会で「選挙管理委員会」を選出。

選挙を行い、僕が副委員長の自治会再建に至った。その頃、椎名千恵子さんは、高経大にも顔を出し、同時に自分の大学で頑張っていて、当時その話を聞くのは嬉しい話だった。

だから椎名さんには「戦友的」な感じがあるから、三・一一を契機に立ちあがって、今の時代の先頭に立っていることが嬉しいし、そのなかで暁子との交流を深めていることが特別に嬉しいよ。

暁子が送ってくれた十・一の三里塚の写真に二人で並んで写っているけど、今日、コピー写真を送ってくれた元木さんが「ずーと一緒に座って集会参加していました。姉妹みたい」と書いていたよ。面会でも暁子が「感性が似ている」と言っていたし、育った風土や方言も近いから、それだけでも姉妹のような近しさを感じ合えるのかもしれないと思っているよ。

阿佐谷市民講座の桂木さんから、今回は、「汚染地帯の小さな村で行われたニーナ先生の結婚式。ニーナ先生はクラスノポリエ市の小学校で教えている」という、緑の中を本当に幸せそうな表情で皆に囲まれて歩く、シャガールの絵のようでもある「チェルノブイリ子ども基金」の絵はがきがおくられてきて「この写真のように、いつか暁子さんと星野同志の結婚式をあげ、沢山の花と緑と、吹く風を受け、みんなで祝福し、喜び合う日を必ず、必ず実現しましょう」と書いてくれたよ。

暁子も言うように、一人ひとりとの交流の積み重ねを大切にしていきたいよね。

今は、火曜日の三十日。さっき暁子が二十八日に書いてくれた内容いっぱいの手紙が届いて、ちょっとハイな気持ちで書いているよ。全力疾走後、気分が悪くなったことを伝えて、心配させてしまったようだけど、それ自体は、本当なら走った後、時間をかけて呼吸を整えれば何の問題もなかったけど、直後に運動時間が終わってそれが出来ず、一種の酸欠で気分が悪くなったということだから全く心配することではないよ。暁子が言うように機会をつくって医者に意見を聞いてみるよ。

カレンダーが完成して、暁子が上手くできている、と言っているので僕も見るのを楽しみにしている。みんなの感想も。

米田さんから、カレンダーの特製品を送ります、という便りが届いているけど、今回嬉しかったのは、これまで米田さんからの便りは事務的なものだったのが、初めて「各戦線に向けての文昭氏のメッセージはいつも拝見しております。全てを的確に言いつくした文面には励まされております」とあったこと。暁子から米田さんについてデザイナーとしてしか聞いていなかったから、そんな文面を書いてくるとは予想もしていなかったので嬉しかったよ。

今回は、絵もまあいい仕上がりだと思うし、何より詩が生命をもったものになっていることで、みんなへ大きな力を与えるものになるのは間違いないと思っているよ。

二十八日は、街宣と奥深山農園の二手に分れて、街宣は雨で中止で、農園のほうも奥深山君が外出許可がでず、残念だったよね。一応、裁判の再開をブロックしているわけで、何より〔病気の奥深山さんが〕免訴を求めることは全く正当な未来を開くものなので、そこに希望をもって、出来る範囲で栄養管理もして生きぬいてもらいたいと思っているよ。

田中七重さんから、二十日、六名で街宣し、今年に入ってから、もうすぐ七十九歳の女性が反原発から百万人署名に関わる全てに参加して一番多く署名を集めている、という嬉しい便りがあって、そのなかでこの時期の金モクセイの香りは、そちらでは無理でしょうかとあったけど、このなかでも結構、香っているよ。

ハピちゃんが亡くなってもう一年が経つんだね。一周忌には、暁子や修など近しい人間の他、小学校から美容学校まで多くの友人たちが来てくれ、みんなのなかに生きてくれていることが嬉しいよね。お母さん、気持ちの余裕ができているように感じられるということが嬉しいよね。初めて「暁子といっしょに東京に帰る」と言ったということ、いろいろな意味で嬉しかった。「東京に行って何したい?」と聞かれて「おしゃべり」と答えていたということも。ゼルツァーさんと再会して話せてよかったよね。棄却決定後の大変さを乗り越えて前向きな姿勢をかちとっていることに大きく支えられていると言ってくれていること、僕にとっての支えだよ。風邪気をつけてね。いつも抱きしめている。

最愛の暁子へ　文昭

一体感を感じた包囲デモ

〔文昭から暁子へ　二〇一三年九月九日〕

今は八日の朝、十時。みんなの声がどのぐらい聞けるかワクワクしている。伊藤美子さんからの便りでは一周コースの道路使用許可が出なかった、とあったからどうなのかなと思っている。どうにか天気がもちそうなのでよかったよね。

今回の面会は、どんな新しい服で来てくれるのか楽しみにしていたけど、僕が暁子の絵を描く時に使う柿色の服を着てくれてて、嬉しかったよ。ノースリーブだったのは特にだけどね。

暁子は白はもちろんだけど、どんな色もその色なりに似合うよ。柿色は明るく鮮やかだけど派手過ぎず、絵にする時にはピッタリの色で、暁子が着るのにもなかなか似合う色だよね。

最近は、面会の度に、いい面会になるという実感がある。それは、日々を充実させ、手紙や面会での会話が充実していることがあって、絆・愛の深まりということがあるからだと思ってる。

今は、八日の午後三時。前回は一周コースだったのと、東からの風向きのせいで、支所での集会から段々に近づいてくるまでよく聞こえたのが、今回は午後一時台は、おそらく県警のヘリだと思うけど近くを飛び続けていて遠くの声は聞こえず、結局、午後二時前後の三十分ぐらい声が聞こえたよ。『デイズジャパン』の女性カメラマンが撮った母と子の写真を題材にした絵のデッサンをしながら耳をすましていたよ。今回は距離があって鮮明に聞こえるというふうではなかったけど、「星野さんを解放しろ」とか「冷房を入れろ」とかの声を聞き取ることができたよ。「釜山港へ帰れ」も。便りで来ると言っていた一人ひとりの顔を思い浮かべつつ、獄壁をこえた一体感を感じる時間を過ごすことができたよ。

今は、三回目の面会の九日午後七時になろうとしている。今日の面会では、昨日のことをいろいろ話せてよかったよ。昨日は、いろいろ配慮して門前行動にしたとかで、どうりで聞き取りにくかったはずだよね。花を一本ずつ持って集まろうという話になっていたということで、たくさんの花を抱いて来てくれた暁子の姿に感動したよ。それと、今日の差し入れ行動にも黒島君、松尾君はじめたくさんの友人たちが暁子と一緒に来てくれたことも嬉しかった。そして何より、八日は三〇〇人近い友人たちが全国から集まって声援を送ってくれたことが嬉しかったよ。労組交流センターの拡大運営委に集まった数十名、書記長はじめ全国からたくさんの友人たちが来てくれたことはもちろんだけど、新田君への事前弾圧に怒って関西から九〇人が来てくれたことが感動的で嬉しかった。全国水平同盟の結成をかちとった西郡《にしごおり》の人たち、佃さんも。八日は、みんなの声を聞きながら、一人ひとりの顔を思い浮かべたりして、心一つに過ごせたのがよかったよ。僕にとっては、暁子と一緒に獄壁を打ち破って、みんなと心一つに闘い生きることをずーっと求めて来たと言えるだけに、星野を階級の、自らの事として捉え取り組み、国鉄・反原発・諸闘争と一つに共に闘うようになって、八日行動に来てくれたことは本当に感動的で画期的なことで、心一つになれたよ。

本〔『無実で39年　獄壁をこえた愛と革命』〕は本当に素晴らしいものになったと思う。友人・仲間にとって感動的で力が湧くと同時に、手にとった誰をも感動させ引きつけ組織するものだから、そのようなものとして生かし切るのが大事だよね。

二〇一三年八月二十九日の監査官への苦情申し立ての要旨は次の通り。

私の再審は、当日のリーダーとして、「現場」を左に見て通り過ぎ、その先の十字路に止まって、バラバラになったデモ隊を再結集させ再出発しただけで、警察官を殴打せず、火炎びん投てき命令をしていない私を、物的証拠がなく、供述調書のみを証拠に無期刑とした確定判決をめぐって争っています。そもそも供述調書が、当人が「目撃していないにもかかわらず誘導・強制された」と公判で証言しているものであり、当日の私の服装が薄青で、供述にある「きつね色」の殴打していた人物とは別人であることが明らかになり、現場を離れた直後の私が写っている「一郎丸写真」の私の持っている白い紙の巻かれた棒に殴った痕跡がなく、厳島《いつくしま》鑑定によって、数か月後に極めて詳細に述べた供述調書そのものが本来あり得ないものであること等を明らかにすることで、確定判決そのものが破綻する段階に入っている。その上で、三〇〇人近い弁護士を含む現時点で三万余の署名が集まっていて、全証拠開示、再審・釈放を求める社会的運動に発展しています。

この運動を中心的に担って、私の社会復帰のために献身的に働いているのがいま面会はもちろん、文通まで禁止されている友人たちだ。友人たちは、妻・暁子が病気をのりこえるのを助けるなど、私と妻を支え、一日も早い社会復帰のために献身的に努力してくれており、その友人たちとの面会・文通を禁止していることは、社会復帰のために友人たちとの面会・文通を原則認めている新法に反しており、直ちに改め、認めるべきです。

また、友人たちが、私の社会復帰のために、全国から徳島に集まって社会復帰を、また人間らしい獄中処遇を求めて訴えるという、その極めて人間的、倫理的な行為を「対監闘争」と悪意をもって批難し決めつけ、面会・文通を認めないことも新法の趣旨に反しており、直ちに改め認めるべきです。

以上は、文書による申し立てで、八月二十九日には口頭で、Ⅰ　暑さ対策①冷房②上窓開放③就寝前の拭身④矯正処遇日のうちわ使用、上着脱、Ⅱ　寒さ対策①暖房②カイロ使用③ジャンパー、オーバー、セーター類の使用④ユニクロ、ヒートテック購入、Ⅲ　面会時間の延長、を申し立てたよ。文書、役立てばいいけどね。

今回の面会では、暁子の顔や肌、体がグーンと近くに感じられたのが嬉しかった。心が近くなった、ということでもあるよね。こんな感じを大切にしていければ、と思っているよ。今は本を売るために忙しくなるけど、詩のほうもいいものができればいいね。来年用の絵も詩が並ぶように大部分は縦の絵になっているからね。また詩に合わせた絵のリクエストがあれば描くよ。いつも抱きしめ愛している。

最愛の暁子へ　　文昭

ナツメとムクゲ

〔暁子から文昭へ　二〇一三年九月十三日〕

今日は十三日、今日のような日は、Summer doesn't disappears（夏は去らない）。

日本語では、

秋来ぬと　目には　さやかに　見えねども
　風の音にぞ　おどろかれぬる　　　（藤原敏行）

そんな歌があるね。この歌は、短歌を習っている山川英之さんから教えてもらったもの。

文昭に見せた花束の中に、山川さんがホテルに預けてくれたムクゲとナツメがはいっていたんだけど、どの花かわかったかしら。ムクゲは文昭が聞いたから、私が指でさしたのでわかったと思うけど。ナツメの実は直径二センチぐらい。食べられるのだけど、おいしくない。小さなりんごのような味。

会場〔徳島刑務所包囲デモの出発点〕での私の発言の最後に、「明日の差し入れ行動に参加する人は、花を一輪持ってきてください」と頼んだのです。花束を持ってきてくれた人もいて、ちょうどいいぐらいの量だったね。

皆川さんが十八分のＤＶＤをつくってくれました。さすがにプロだね。必要なことは全部入っていて感動的なＤＶＤになってる。

酒井弁護士との面会、よかったようだね。

和久田弁護士は、午後から面会に行ったのだけど。「立ちあいをつける」と言われて、抗議した上で、立ちあいつきの面会を拒否して、文昭に会わないで帰ってきたんだよ。残念だったけど、正しい判断だったと思うよ。

京王デパートに行って、文昭に約束した服をさがしたら、いいのが見つかった。サマーセーターとブレザーとスカートのセットなのだけど、全体が淡い色で、文昭の絵の世界にぴったりなのね。お値段的にはそれぞれ一万ぐらいで計三万。高いけど、文昭からの送金一・五回分で買ったと思って購入したよ。今度着ていくから楽しみにしていて。

文昭が「デモの声が聞こえた」と言ってたと報告したら、みんな本当に喜んでいたよ。

「釜山港に帰れ」の歌のリードは〔東京西部ユニオン〕鈴木コンクリート分会の吉本さんがひき受けてくれたんだけど、刑務所前に来たら、あがってしまったそうで、キーが高すぎて、高音部分、自分でも歌えなかったそうなのね。でもCDを聞くと、みんななんとか必死で歌っていたから、よかったと思う。

文昭の監査官申し立ての要旨は、たぶん面会・手紙を国賠で提出することになると思う。

私に来てほしいという話が結構あって、九月二十二日福島、十一月に関西、九州、岩手、十二月に神奈川に行くことになってる。

九州と岩手で、十一月に救う会が立ちあがることになってる。

九州は絵画展の成功の上に会を発足させるのね。十一月二十三日に。岩手は、中村徳三郎さんの友人の岡田幸助さんが頑張ってくれている。北海道救う会の総会に来てくれて、私の話を聞いて下さり、宮城の絵画展にも参加して、絵画展のやり方を学習し、東北のクリスチャンが集まる会合で、チューターとして文昭のことを講演して、何人か関心を持って下さる方が出てきたようなのね。いつになるかは今調整中。

十月は、文昭の処遇の見直しもあるね。徳島行動は、刑務所の処遇をよくするためにやっているのだけど、逆に働かなければいいけどね。

茅原さんの彼の片岡謙二さんが、がんが転移していることがわかって、治療を受けている。私が紹介した温熱療法もやっているんだけどね。今日、治療を終えて帰ってくるというので、「さしみを買ってくるから来てよ」と言われて、伺うことにしているのね。八木谷さんは九十九歳で亡くなったけど、後を茅原さんが継いで頑張っているよ。

今日はこの辺にするね。元気で。

最愛の文昭へ　暁子

沖縄闘争の報告

〔暁子から文昭へ　二〇一六年五月二十二日〕

今日は二十日。文昭の手紙は夕方、帰ってから読みました。

沖縄の報告をしなければなりませんね。

五月十四日は、和田さんといっしょに、デモ前に沖縄タイムス社に行って取材を受けました。その記事は、ちょうど十五日の朝刊に掲載されました。その後デモに合流。夜は沖縄集会。本土からの人が大半です。基調は富田晋君。私も発言しました。民主労総が二名参加することになっていたのだけど、税関でストップされ、会場に着いたのは集会の最後ぐらいでした。

翌日は、星野暁子講演会のビラまきを、手分けしてやりました。午後は、平和行進を終わった人を中心に県民大会。人数の発表が二五〇〇人。

伊波洋一さんが参議院選に出馬するということで、伊波さんの話がありました。あと平和行進団の話がありました。

照屋寛徳、玉城デニー、糸数慶子等。県議会選挙候補者の紹介があって、選挙で勝っていこうという集会だったよ。

そして夜は、ＩＪＢＳ労組の集会と、星野暁子講演会。星野暁子講演会のほうは、一二〇名の参加で半分は沖縄の人たち。みんな静かに聞き入ってくれました。時々拍手。感動して聞いたという方が、その場で言ってくれたので、よかったと思う。アンケートにも書いてくれたしね。平良修さんはまとめで、「暁子さんの講演をテレビで放送できないか」と言っていましたね。屋我さんという八十一歳の女性と出会いました。屋我さんは署名用紙をいつも持ち歩いて署名を集めて下さっているとか。元基地労働者だそうだよ。十四日の集会に来て下さって握手した手を離せませんでした。平良修さん、悦美さんはもちろん、島田善次夫妻も来て下さいました。辺野古を闘っている人たちも結構多かった。

目の見えない方も参加していました。

琉球新報と沖縄タイムスが記事を載せてくれたので、コピー送るね。

沖縄タイムスの記者と話した時は、「沖縄のことをどう考えているんですか」という質問がメインでした。でも報告の記事は、その辺納得したものとして書いてくれているのがよかったと思う。

今日は、この辺にするね。

最愛の文昭へ　　暁子

星野が沖縄に根づいている

〔文昭から暁子へ　二〇一六年五月二十四日〕

暁子、今日は、面会一日目の二十三日、午後七時を回ったところだよ。今日の暁子は素晴らしく素敵だったよ。表情もとても生き生きしていたし、顔も体も全体にちょっとふっくらして、肌が張っていて、暁子の今の充実感がにじみ出ている感じで、本当に素晴らしく素敵な暁子だったよ。

直接には、今日の面会の中心だった、沖縄闘争の成功と、何より暁子講演会の成功が暁子の充実感になっている感じだよね。

沖縄タイムスの記事はちょうど十五日の朝刊に掲載されて、その記事を読んで来てくれた人も多かったんじゃないだろうか。カラー写真付きだったからインパクトもあったと思う。

民主労総の税関でのストップは、沖縄闘争が民主労総と結合することで真の勝利を開くことへの恐怖だよね。だから、そのことに闘いの勝利を逆に確信させるものだよね。

今年の県民集会は、二五〇〇人ということだったけど米軍属の米国人による島袋さんレイプ殺害によって、沖縄の怒りはさらに根底的で大きなものになっていくと思う。

一人ひとりの、語れないほどの怒りの体験が沖縄には数え切れないほどある、ということだと思う。安倍や政府の公式態度である米軍基地の存在を前提にした「米軍の綱紀粛正」は許しがたいペテン、居直りだし、翁長知事などの基地を前提にした「県外移設」や「地位協定改正」も弾劾されるべきことだよね。

沖縄米軍基地が日米安保の下で、中東・東アジア・朝鮮・全世界における戦争のための最前線基地として存在し機能している限り、どれほど通常の日常生活が営まれていても、戦争の島として戦火そのものの渦中にあって、戦争を担わされる米軍兵士、元兵士が沖縄において、レイプも含めた戦争行為に走ることを生んでいるという現実を、決して許せないものとしてごまかさずに見すえ、立ち向かわなければならないと思っているよ。

それを体現するのがＩＪＢＳ労組、沖縄大、沖縄労組交流センターを基軸とした全基地撤去・非正規撤廃・国際連帯の闘いであり、階級的労働運動であり、星野の闘いだということだよね。

今年の沖縄闘争は、その闘いの大きな突破口を開いたということだよね。

暁子の講演会に一二〇人が参加して、その半分が沖縄で、さらにその半分が初参加の人だったということ。

絵画展を重ね（昨年が六〇〇人、条件が少し悪かった今年が四〇〇名ということもすごいよね）、それをテコに、和田さんが積極的に絵画展参加者に働きかけたりしたことが広がりを生み、さらに沖縄タイムス、琉球新報が紹介してくれたことでさらに広がったということもあったのだと思う。

そうしたことによって星野が沖縄でこそしっかり根付いている、ということを感じるよね。

特に、辺野古―基地、非正規・貧困との闘いの最前線であるからこそ、無実・無期、四十一年投獄にも屈せず、労働者人民の団結の力を一〇〇%信頼して、その団結の力で世の中を変え、戦争、搾取、貧困のない、誰もが人間らしく生きられる社会を実現しようとしている星野（文昭＝暁子）の闘いが、みんなの希望となり、未来への力になっているということだよね。

屋我さんのことは本当に感動しているよ。面会でもっと話したいと思ってるよ。

今回の絵には暁子からの、もっとリアルに描いていいという意見も出たけど、一番力を入れた、娘を爆撃で失った父親の悲しみと、女の子の無念さは描けたと思っているよ。一度見るための絵画ならリアルに描くこともあるけど、カレンダーとして毎日見るということを考えると、そして絵画ということを考えると、あえて、残酷さをリアルに描かずに爆撃で死んだ女の子の無念さと父親の悲しみを描くことに挑戦して描くことができたかな、と思っているよ。どうかな。

今回の手紙はこれで終わるけど、続きは、残り三日間の面会で、ということだよね。

暁子が今を本当に充実して生きていることが、表情、会話から伝わってくるので、残り三日間、楽しみにしているよ。

いつも素晴らしく素敵な暁子を抱きしめ愛してる。

最愛の暁子へ　　文昭

暁子の詩

〔文昭から暁子へ　二〇一六年七月五日〕

暁子、今日は、三里塚集会〔三里塚闘争五十周年・東京集会〕の翌日、四日。午後一時になったところだよ。突然の猛暑が襲って来たという感じなので室内の集会は正解だったよね。一％が金儲けし潤うために九九％に失業、非正規、貧困、生活苦と戦争の犠牲を強いる以外にないほど、資本主義が生存する正当性を喪失し、その命脈が尽きていて、そうした彼らにとって絶望的なものとして空港建設―第三滑走路と市東さんの農地取りあげがあることをはっきりさせ、そのことへの怒りを全ての労働者人民の怒りとして拡大・発展させることにこそ勝利の道がある、そう思っているよ。

この土、日が徳島でも三五度を超えるような、突然の猛暑到来という感じになっているけど、その一週間前の土、日が寒いぐらいの気温で、所内で一気に風邪が流行し始め、先週から、季節外れの「インフルエンザ対策」によって、この暑さのなかで常時、マスクを付けることになっているよ。

今日届いた暁子のはがきに、「一つの闘いが終わると疲れがドーッと出ます」とあったけど、何でも全力で精一杯やるのが暁子だから、尚更そんな感じになるのだと思うので、そんな時は、しっかり栄養のあるものを食べて、ゆっくり風呂に入ってストレッチをして、たっぷり眠るようにしたほうがいいよね。

僕も、朝早く目が醒めても、読む誘惑を抑えて疲れている時は、たっぷり心身を休めるようにしているよ。

このところ、十亀さんの短歌が朝日新聞の「歌壇」に載っていて、今日見たら、「護送車の中から赤児見てをりぬ人屋《ひとや》にはなきその輝きを」が「馬場あき子選」で載っていたよ。第一首目に。そして「評」に、「第一首の作者は、三十年前の迎賓館ロケット弾事件の有罪判決が確定した。護送車の中から見る風景が格別だ」とあったよ。

獄中にあって、当たり前のものが奪われる、という状況の中で、当たり前のものが輝きを増すということで、その心境は僕も共通のものだから、十亀さんの歌に共感するものは大きいよ。

前の手紙にも、外の喜び、苦しみが中では二倍にも数倍にもなる、ということを書いたけど、僕の絵にも、十亀さんの歌にも共通するものなので、これから獄中でどんな歌を詠むのか楽しみにしてるよ。

その意味では、暁子の詩は、星野闘争を共に闘いつつ、獄外にも獄中にも身を置くという深い所から作られるものなので、僕自身も感動するものだし、みんなの心も打つんだと思う。

今日届いた和田さんの手紙にも「暁子さんの詩がますます素晴らしくなってきて、読むのが楽しみです」とあったよ。

バングラデシュにおける、日本人九人が死亡した銃撃事件、ＩＳとの関連も報道されているバングラデシュ人グループによる銃撃と、それを制圧しようとした政府軍による銃撃が重なることで、多くの犠牲が出た事件だよね。

ユニクロ・柳井がバングラデシュ労働者に過酷な労働条件・低賃金を強いることによって、搾り取るだけ搾り取って、世界で有数の富を手にしているように、日本の資本が、ラオス、カンボジア等と共に世界有数の低賃金であることを狙ってバングラデシュに侵略し、今回犠牲を出した国際協力機構（ＪＩＣＡ）がその侵略・進出のつゆ払いの仕事をしていたということをはっきりさせ弾劾することが絶対必要だと思っている。犠牲になった人の思いは「国際貢献」としてあっても、その役割は日本の資本・政府の侵略・進出のつゆ払いだったことは、はっきりさせなければならないと思う。

二十七日、二十八日、お母さん、「東京から来て、お母さんに会いに来たんだよ」というと「ありがとう」と言ってくれたとか、嬉しいものだよね。

暁子も言うように、聞きとれるのが一番だけど、たとえ意味がわからなくても、何かいろいろしゃべってくれるだけありがたいと思わなきゃならないんだろうなと思えるようになったことが、大きなことだと僕も思うよ。

山形での絵画展、山形の救援会のみんなが一生懸命取り組んでいるそうで、昨年の教訓も生かして昨年以上の成功をかちとれるといいよね。

出版されるという原発労働者が書く手記〔八里原守『無の槍』出版最前線発行〕の表紙に、僕の絵がほしいということなので、暁子が言うように、そのための新作に挑戦してもいいかな、と思っているよ。

原発労働者として求めるものは、核、放射能のない自然豊かな社会なのかなと考えると、自然を描くのがいいのかな、と考えているよ。

今月の面会で暁子に贈る絵は、二年前のコンクールに出品し今年初めに戻って来て、手元に置いて少しずつ手を加えていた絵に、この土、日に集中して手を加えて、仕上がったので、その絵にしたよ。もう少し手を加えようと思っているけど、暁子の表情がこれまでで一番というぐらい、いい表情に描けているので、暁子も喜んでくれると思っているよ。

この手紙では、あえて詳しくは書かずに、面会で初見してもらおうかな、と思っているよ。

今日届いた、平良さん、鈴木さんの六・一九の発言、素晴らしかったよ。

特に平良さんの発言は、牧師といったことから離れて、一人のウチナンチュ、一人の人間として、僕（ら）に全面的に向き合って心からの言葉を語ってくれて、胸に響くものだった。鈴木さんの発言もそうだけど。

いよいよ選挙戦〔七月参議院議員選挙に鈴木達夫弁護団長が立候補〕もラストスパート。

鈴木たつおさんが主張するように、新しい労働者人民の党をつくること、人間労働を担い社会を動かしている労働者人民が団結し立ちあがれば、一%から全てを奪い返し、力を合わせ誰もが人間らしく生きられる社会を実現できる、それを共に実践する新しい労働者人民の党を今回の参院選でつくっていきたいよね。

来週、五日間の面会、まず、その選挙戦の報告を楽しみにしてるよ。何より夏姿の暁子、笑顔の暁子を抱きしめる面会にしたいと思ってるよ。

暁子も熱中症、気をつけてね。

たっぷり睡眠をとって、心身を一番いい状態にして、充実した日々を、だよね。

いつも抱きしめ愛してる。

最愛の暁子へ　　文昭

ヒロシマ八・六の闘い

〔暁子から文昭へ　二〇一六年八月七日〕

文昭に頼んでいた獄中の一日の生活（何時に起きて、仕事時間、食事時間、運動時間・何分か）の報告は、次回お願いしますね。獄外の人が獄中に思いをはせる時、こういう内容は結構大事なんです。

ヒロシマから、昨夜の十一時ぐらいに帰ってきました。今年のヒロシマは暑かったけど、それほどではなくて、最後までデモをすることが出来ました。

五日は、分科会に途中から参加、四時から青年労働者集会に出ました。徳島の青年が司会をやった他に、二名発言していました。原君は、自ら障害者だということを語りつつ、相模原事件のことを語っていてよかったです。

相模原事件のことを語る人は多くて、非正規化、外注化の中で団結が破壊された中で起きた。責任は安倍政権にある……という意見が多かった。

安倍政権の政策の中にある、弱者切り捨ての政治に影響を受けたということはあると思う。

六日の全体集会では、文昭のアピールを読みあげ、スピーチもしました。

民主労総からは二名参加、全体集会の時に署名をもらいました。カンパもいただきました。民主労総は、民主労総と動労千葉が、日本の労働者集会と韓国の大会を世界に呼びかける国際共同行動を、と動労千葉に提起して、いっしょにやろうということになりました。この提起に対して、十一月集会は実行委員会をつくって大衆的にとりくむことになっています。

今月は、韓国に行くことになりそうだよ。

十日にゴッホの展示会があるので、見てこようと思っています。

じゃ今日は、ここまでにするね。

最愛の文昭へ　暁子

獄中の日常生活

〔文昭から暁子へ　二〇一六年八月九日〕

暁子、今日は、長崎の八・九の日、午後一時半を回ったところだよ。東京も含め全国で猛暑が続いていて、徳島も、今日と昨日が三七度で、ちょっとクラクラする暑さだよ。このところ、〔依頼された〕アピールを書くことが続いていることもあって、ちょっとクタクタという感じでいるよ。でもお盆前に、一段落したので、一息ついてお盆休みに入ろうと思っている。とはいっても、お盆休みには絵を描く予定ではいるけどね。

面会で触れたヘルニアは、先週の健診で相談したら、初期のヘルニアで、腹筋の運動をしなさい、ということだった。

この一年ぐらい、立ち仕事をしていて、特に便秘と重なったりすると下腹部（盲腸のあたり）に段々に痛みがでるようになっていたので、そのことへの回答だった。

筋トレで一番弱いのが腹筋だと思い当たるところもあって、その強化を始めてるよ。

早速、ここでの生活について書こうと思う。まず平日。起床はＡＭ六時四十分で、就寝、これは全日同じだけどＰＭ九時だよ。

ＡＭ六時四十分に起床して、布団をたたみ、軽く掃除をして、顔を洗い、口をすすいで、直ぐに「点検用意」の号令がかかって座って待たなければならない（待つ時間が結構長い）。時計が無いので、はっきりしないけど、AM七時頃に点検があって、その後「配食」で、食事が配られる。この時間を利用して、入れ歯をいれたり、コンタクトをいれたりするので、人より忙しい。

朝食は、ふりかけ（これは一袋）、つくだに、漬物等がひとつまみほど二種（まれに納豆、豆腐、卵等）とみそ汁（具は日替りでナス、ダイコン、玉ネギ等、いろいろ）、と白米・麦が七：三ぐらいの飯。

その後、食器は全て「炊場」で洗うので、箸のみ洗い、簡単に歯みがき、トイレを済まして、AM七時三十分の「出役」前に「出役用意」で座って待つ。この時に、夏場は毎日、冬場は隔日、パンツ、シャツ、靴下の洗濯があり、二週間に一回、パジャマ、シーツなどの洗濯があるので、用意しておいて、部屋から出た際に廊下の、各工場のカゴに入れる。

「出役」は、工場ごとに順番が順転になるので、早ければ僕らはAM七時三十分、遅ければAM七時四十五分～五十分ぐらい。居房棟を出たところで整列、人数番号を一人ずつ言ってから、行進して工場へ。

工場の検身場で居房着を脱いで裸に。居房着のジャンパーやズボンの月一回ぐらいの洗濯の時はここで洗濯カゴへ入れる。称呼番号を言い、口を開け、左右の耳の穴を見せ、手の平、足の裏を見せて検身。そして、検身場は、居房着をハンガーでかける所と工場着をかけている所が分かれていて、検身はその中間で行い、検身が終わると、工場着を着て、靴をはいて工場へ。

帰りは、この逆の順番で、入浴、シャワーのあるときは、それをして帰る。

工場に出ると整列、点呼、安全標語の唱和をしてバイクブーツ、紳士靴、工事用ヘルメットの三班に別れているので各班ずつ分かれて席について全員で安全点検をして仕事開始。

ＡＭ九時三十分とＰＭ二時三十分各十五分の休憩があり、正午から三十分、昼食と休憩。

運動時間は三十分あって、入浴日は工場で、それ以外は、グランドか体育館。僕は工場（休日の居室も）では筋トレ、グランドではジョギングかソフトボール、体育館では卓球をやっている。

最近は入浴日でも、まれに運動がグランドか体育館になることもある。冬のグランドは寒いので、ビニールハウスの退避所があり、夏の暑さの退避所は藤棚の下にミスト（霧）が、昨夏から出るようになっている。休憩時はお茶のみだけど、今夏から午後にスポーツドリンクがコップ一杯、そして教育的処遇日*に一本が出るようになっている。

テレビ視聴が、雑居は毎日、独居は、土、日と火、水、木の五日間できて、平日は、ＰＭ六時三十分から二つのチャンネルの選択制、土、日は加えて午前中に、ＤＶＤ、正午にのど自慢とか。

終業は、通常ＰＭ四時、拭身して、ＰＭ四時三十分還房で、点検後夕食。入浴日は工場の順転なので一番早くてＰＭ一時、遅くてＰＭ四時。

休日は、起床、朝食が一時間遅れ、夕点検がＰＭ四時、夕食、ＰＭ四時十分。午前、午後に十五分運動があって、午睡時間がＰＭ一時〜三時にある。

今年のお盆休みは、十一日が「山の日」の祝日、十二日が教育的処遇日、そして、十七日までの休日、七日間の休日なので、久々にゆっくりできるよ。

もっとも、二十三日からの面会のために絵も描かなければならないし、「獄壁を越えて」の感想も書かなくてはならないし、おそらく、全学連大会、九月行動とかへもアピールが必要だね。

でもこの連休なので、暁子と会話したり、愛し合うための時間を大切にしたいと思っているよ。

このところの暁子は、ちょっと忙しいのが心配だけど一緒に前向きに日々を充実して過ごしている、ということがあるので、抱きしめて満たされるものがより深く感じられるよ。お母さんは、ちょっと残念かもね。

暑さが続くので、熱中症とか、体調に十分気をつけてね。特に、たっぷり睡眠をとって、心身のコンディションを第一にね。面会楽しみにしている。いつも素敵な暁子を抱きしめ愛してる。

最愛の暁子へ　文昭
＊教育的処遇日　出役がなく、房内でテキスト等による「矯正指導」が行われる日

僕の絵

〔文昭から暁子へ　二〇一六年八月二十三日〕

暁子、今日は、面会一日目の二十三日、午後六時になったところだよ。この数日、台風が次々に発

生して、絵画展に影響が出ないか、面会への飛行機が飛ぶかどうか、ちょっといらいらしていたよ。台風九号が昨日東京だったので、どうにか今日の出発にはよかったけど、絵画展の最終日、ということでは、来場者が雨のために二一名だったのは残念だったよね。

でも、絵と詩展としては、五日間で三七〇名の来場ということで大成功だったと思う。何より、暁子をはじめみんなが、詩画展の開催を通して労組やあらゆる人々に働きかけてくれたからだと思う。

面会でも言ったように、僕も絵画展に来た人たちにいろいろ話しかけられたら、どんなにいいだろうと思うけど、それはさしあたっては暁子に話す以外にないね。

僕の絵を見て一番の感想は「刑務所のなかで、どうしてこんなに明るい絵が描けるのだろ」というのが多くて、それへの僕の答えは、戦争に反対し、誰もが人間らしく生きられる社会をめざして労働者人民が団結して立ちあがれば、必ず搾取と戦争を推し進める権力者を倒すことができるという確信と力を磨けてきたからで、そうした人間的共同性に満ち満ちた世界を描いているから、ということだよね。

今日の面会の最後に出た、最近の絵が時間に追われたりして丁寧さにかける、という問題も面会のなかで話し合えればと思っているよ。確かにそういう傾向はあるけど、僕自身のなかでは、日々闘い勝利している、前進しているというなかで描いているものなので、時間制約というなかにあっても、徐々に、思うような世界＝絵が描けている、という思いはあるんだよ。

十一日から十七日までの連休をどう過ごしたかは、今日の面会で話した通りだよ。連休前の手紙に、水戸三十周年史、杉並絵画展へのメッセージと、詳細な生活の様子を書いて、その前から連続してアピールを書いたりしていたこともあり、連休中は、たっぷり休んで、じっくり読みたいと思うものを(党学校通信、五十年史、人類六〇〇万年史等)読んで過ごしたよ。今回贈る絵や、九月徳島、全学連大会アピールの準備をしながら。

それにしても、台風が連続していくつも発生した影響で、連休の後半からずーっと、高温高湿度でこれまでの夏でも一番と言っていいほどだよ。シーツが汗でぐっしょりするというのは初めての経験だよ。

熱中症で死者が出ないためにはクーラーが不可欠になっていると思う。

防寒面では、緊急処置として、インフルエンザ対策という形で、布団に入った生活を採用しているけど、疥癬《かいせん》の発生というように、実質的な「万年布団化」によって不衛生を引き起こしていることもはっきりしているので、緊急処置に頼るのではなく、根本的な対応として、さしあたっては、居房棟、廊下にエアコンを入れるのは緊急の課題だと思う。

細かな改善はいろいろやっているけど、エアコンの導入は不可欠だと思う。

たくさんの暑中見舞が届いて、この酷暑のなか励ましになっているよ。ますます九月が楽しみだよ。

今月の絵は、「朝とれたての夏野菜」、とうもろこし、トマト、オクラ、クワイ、新鮮な感じに描けたかな。久々に、絵画クラブで描いたものをベースにして描いて、本当はもう少し盛りだくさんにもしたかったけど、それなりに時間をかけて丁寧に描いたので喜んでくれればと思っているよ。

今日の暁子は、一か月以上会っていなかった分、素敵に輝いて見えたよ。

前日からの仕事をAM三時まで頑張ったということで、何度も小さなあくびをしていて、そんな暁子を見るのも初めてだったので、かわいくてよかったよ。

残り三日の面会、充実した、楽しい面会になればと思っているよ。

まだ暑さも続くけど熱中症とかに気をつけてのりこえたいね。

たっぷり睡眠をとって、心身を一番いい状態に、を第一にね。

いつも素敵な暁子を抱きしめ愛してる。

最愛の暁子へ　　文昭

第四章

遺された最後の手紙

［二〇一七年九月八日〜二〇一九年五月二十六日］

東日本成人矯正医療センターで、従兄の誉夫さんと

謝ってほしい

〔暁子から文昭へ　二〇一七年九月八日〕

今日は九月八日、金曜日です。いつもなら届いていていいはずの文昭の手紙が昨日届かなかったので、ちょっと心配しています。

もう何年も、文昭への手紙は、自分がどう思っているかではなく、どこそこに行ったとか、何があったかなどを中心にした手紙になっていたと思う。なぜそうなってしまったかについて、今日は書いておきたいと思う。

二つあって、一つは、私が生理の時、セックスはしたくないと言ったことに対して、文昭が、私が強く言ったにもかかわらず、認めようとしなかったのです。セックスのない二人にとっては、これは実際にセックスの時どうなるかと同じ重さを持っていて、私としては強姦されるような気がしたのです。もうひとつは、詩でも書いているのだけど、互いを見せることについても、私がもう疲れて嫌になっているにもかかわらず、文昭がずうっとあきらめないことにうんざりしたのです。これも無理やりということであると、強姦されるような気がしたのです。

これらのことがあって、私はこれを、文昭が性的に未熟だというふうなことで割り切ることはできず、文昭が外にいるなら、絶対もう離婚だと思っていました。そして、文昭に心を開くことができなくなってしまったのです。それにもかかわらずよくやってきたと、自分でも感心します。

文昭は、今も生理中に女性がセックスをしたいなどと考えていますか？　これは、女性一般の問題ではなく、「私がしたくない」という問題なのです。

私としては、文昭に謝ってほしいと思っているのです。そして、それがなければ、文昭とセックスをするなどということは考えられないし、文昭が出てきてもいっしょに生活するなどということは考えられないのです。

カレンダーですが、詩は書きました。

星野富弘さんのように、絵に添える言葉、私としては、満点ではないけど、いいことにしました。昔のように、言葉があふれてくるということがなくなったのです。

最後の文昭の絵三点、やっぱり急いで描いたせいで、雑になっているので、こういうことなら一か月に一枚のペースで描いたほうがいいと思いました。

三浦綾子の『道ありき　第二部　結婚編』を読んでいます。小林多喜二の「母」を描いた本をはじめに読んで、別の読書プランがあったのだけど、ついおもしろいので三浦路線にはまっています。

私が文昭に、私がつっかえていることを書こうと思ったのも、三浦綾子の本を読んだからです。

最愛の文昭へ　　星野暁子

暁子の思いを大切に

〔文昭から暁子へ　二〇一七年九月二十日〕

暁子、今日は水曜の二十日、午後七時を回ったところだよ。

暁子の「独白」とも言えることを書いてくれた八日の手紙は、昨日十九日に届いたよ。

結婚記念日、散歩に出てケーキを買って、ワインは前日寝る前に飲んだら眠れなかったので、飲んだつもりで祝うつもり、とあって、僕も気持ち的にはその暁子と同じ時間を過ごすつもりだったけど、結局暁子の「独白」と十五日以降、今日まで格闘を続けて、それを手紙として今日書きあげて、僕が強いた暁子の長い胸のつかえをおそらく解消していく力になってくれるんじゃないかな、と思えることで、やっと、結婚記念日を暁子と一緒に祝う気持ちになっているよ。


前の僕の手紙に、これまで活動の忙しさのなかで、暁子の手紙が、こういうことがあったという報告が主で、そのなかで暁子がどう思ったとか、何を考えたということがあまりなかったのに、このところ活動を控えた静養中心の生活の余裕のなかで、暁子が感想とか、どう思った、どう考えたとか書いてくれるようになっていることが嬉しいと書いたことに対して、それは暁子に、心につっかえるものがあったからだと本当のことを言ってくれたことにまずは感謝しているよ。そして、それが、僕が言ったことに、そして僕が行ったことに、心を深く傷つけられ、そのことを抱えつつ長い間頑張ってこなければならなかったこと、そのことに僕が気づかずに、それを長く強いてきたことに、本当にすまなかったと思っているよ。本当にごめん。

普通に会話できていれば、おそらく暁子をそこまで苦しめることにならなかったと思っているし、その意味では、様々な制約のある現状だからこそ、より暁子の気持ちを汲みとって、僕の言いたいこともきちんと伝わるようにしていきたいと思ってるよ。

僕の真意は、暁子が「生理中はイヤダ」ということに対して、「生理中でも、性感が高まって喜びが大きくなることもあるようだよ」と言ったのは、もちろん、一般的にそんな例もあるようだよという話として言ったわけだけど、限られた時間のなかの会話ということで、この話はそこまでで終わってしまって次の話題に移ってしまった記憶だけど、そのことで暁子の生理中はイヤダということが認められず、踏みにじられた、言ってみれば強姦されたとも思える思いが残って、それが長い間、心の深い傷となって心が開かれず苦しむことを強いていたこと、改めてすまなかったと思っているよ。もし、余裕のない面会ではなく、普通に会話できる状態だったら、以下のこういう会話に間違いなくなっていたと思う。その僕の話を受けて、暁子が「それでも私は生理中はイヤダ」と言って、それに対して僕は「そうか。そうだよね。暁子は生理中は大変だからそうだよね」という会話になっていたと思う。

なぜなら、その当時、生理が女性にとって、全く普通に生活できるほど軽い場合から、寝込んで何も手につかないほど重い場合まであるとか、そのなかで暁子の場合は寝込むほどではないけど大変、という話もしていて、それでスポーツ新聞で、生理とか女性の症状も含め健康を漢方で保つ連載記事を書いていた茨城の上杉さんを、少しでも助けになればと紹介して、暁子も相談に行って試してみたりしていたんだよね。

僕にとっては、一緒に生きていく、ということは、全てに一緒に向き合いのりこえていくということなので、生理の大変さにもそういうふうに向き合っていたということだったけど、「生理中はイヤダ」というのにああいう話をしたという意味で、どこまで暁子の生理の大変さを理解しているのかが問われることでもあるとも思っているよ。

ただ、僕がその時に何故そんな話をしたかというと、生理中も出産もそうだけど、差別的な社会通念のようなものとして、「不浄なもの」「けがれたもの」とか触れてはいけないものと言われることに対して、そうではなく、どのような状態でも変わらず、愛し、そして交わりたいと思っている、ということを言いたかったということでもあったんだよね。暁子の全部を。

だから、面会で求め合うということも大切にしてきたし、大切にしていきたいという気持ちには変わりがなくて、これも暁子の気持ちに変化があることでもあるので、また面会で言葉にして聞けるものでもないので、態度で示して、暁子が望んでいればいいし、望んでいなければ止めればいい、そういう思いではあったけど、その過程で暁子に自分の思いが踏みにじられるような思いを強いていたということについても、本当にすまなかったと思っているよ。

その上で、暁子が胸のつっかえがとれるようなことになれば、愛し合い、求め合うということを取り戻し、大切にしていくことができれば、と思っているよ。

僕らが獄壁というか、ガラス窓で隔てられているなかで、なお大切なものを大切にするというのは、直接触れ合える状態とは大きく違って自然な状態ではないし、それでも大切なものを大切にすることは、大きなエネルギー、高まりが必要な奇跡のようなものだから、だからそれ自体は誰にも誇れるほど素晴らしいものと言うことができると思うけど、そのような大きなエネルギー、高まりがあってのものなので、無理をするものでもないし、時には、気持ちが高まって可能な状態の時に大切にできればば、と思っているよ。

このように書いてきて考えさせられたのは、暁子にとって、今の社会のなかで生きていて、具体的にどういうことがあったのかまで話してくれていないけど、暁子がこれまで伝えてくれていることから、自分の意志に反して性的行為を受けたようなことがあったんだろうなと受けとめられるところがあって、そう受けとめると、僕が暁子の「生理中はイヤダ」をストレートに受けとめない言葉を投げかけたことに、暁子が、言葉だけのものとは言え、「強姦」に等しいと感じたのが理解できる。また、そのように暁子が言っていることを受けとめると、今の社会のなかで、性的な差別や虐待・暴行が女性を襲い、暁子や女性の誰もがそれと無縁ではないことに対して、そのことを、労働者民衆全体、人間そのものに向けられたものとして、その痛み・くやしさ、苦しさと向き合い闘い、そうすることによって人間性、共同性、団結を形成し、それらを絶対に許さず、それらを生み出す社会を暁子と一緒に、みんなと共に変えていきたい、改めて強くそう思っているよ。

力を合わせ、誰もが人間らしく生きていくための人間労働、それと一体の生殖（愛し合い、子どもを生み育てていく）を、力を合わせ本当に実現していきたいと思っているし、日々一緒に、生き闘うなかで、それを実現していく力・内容を手にしていくことができれば、と思っているよ。

以上、数日格闘して書きあげたものだよ。暁子の胸のつっかえが解消していく力になってくれればと心から願っているよ。

検診、肺がんについては「異常なし」ということでよかったよね。他も同じであれば、と思っているよ。

面接については、暁子の言っていることも受けとめつつ、いろいろ考えているよ。

三浦綾子は『氷点』ぐらいしか読んでいないけど、心の奥底に迫るようなものだよね。

お盆休みだけの拭身許可、全国から毎月要望書を出し、声をあげることでの、ささやかだとしても大きな前進だよね。

コンクールの「母子像」の絵は、僕の暁子への思いと、暁子に絵で子どもに母乳を与える姿を心に刻んでもらいたいという思いを込めたものなので、微笑をたたえた暁子が、子どもに母乳を与えていて、その全体をいろいろな花で包み込んでいる、暁子も喜んでくれるだろうものに仕上がったよ。

今回の「返答」とも重なるし、今年の結婚記念日へのプレゼントでもあるよ。

やっと涼しい日があったりして過ごしやすくなってホッとする季節だよね。だからといって無理はしないでね。

この手紙で、暁子に長い間強いていた胸のつっかえが解消して、新たに、一緒に愛し合い生きる、そうして未来を豊かに開いていく出発点にできればと思っているよ。

いつも、素敵な暁子を、抱きしめ愛してる。

最愛の暁子へ　文昭

ちゃんと受けとめてくれたね

〔暁子から文昭へ　二〇一七年十月二日〕

今日は十月二日、文昭の手紙は、九月三十日土曜日に受けとりました。文昭がちゃんと謝ってくれたので、私もようやく踏み出せるという感じです。

三浦綾子の『泥流地帯』によると、身売りされた女性も、生理の日は仕事が休みだったそうだよ。

二日目の面会、日にちがたってしまうと、何を話したか忘れてしまいそうだけど、私が言いたいことは話すことができたので、よかったと思っているよ。そのことで言いたいことは、前回の手紙に書いたしね。

人間にとって性愛というのは大きいものだと思う。

私が、心にたまっていたものを、ようやく、文昭にぶつけることができて、文昭が、ちゃんと受けとめて謝ってくれたこと、これからの関係も変えようとしてくれていること、そのことがうれしいです。

三浦綾子の本は、『この土の器をも』『道ありき』『塩狩峠』『泥流地帯』（上・下）読みました。あと『母』もね（小林多喜二の母のことを描いた小説です）。今『銃口』を読んでいます。人間への温かい視線、鋭い洞察力、好きです。

三浦綾子は、七年の教員生活をしてから、敗戦を経て、十三年間脊椎カリエスにかかり、今の夫とそっくりの恋人を病気で失ってから、今の夫と出会い、病気がなおるまで五年待って、結婚したそうだよ。『この土の器をも』には、その結婚生活の様子が詳しく記されています。

『泥流地帯』（上・下）は十勝岳の火山爆発で、貧しいなか懸命に生きている兄弟にも泥流が容赦なく襲いかかってくる、その人間の運命を問いかける本です。

皆川さんからの紹介で、ユーチューブで「囚人に優しい国」見ました。ノルウェーの刑務所の様子です。刑務所を訪問すると、受刑者とテーブルを囲んで食事をすることができます。部屋は、テレビはもちろんパソコンもできるし、音楽も聴くことができます。重刑の受刑者が収容されている島があるんだけど、そこの生活も快適で、仕事をしたり、料理をつくったりもできるし、自分の家に帰省することもできます。受刑者が、「ここに入ってから、ようやく社会復帰について落ち着いて考えることができるようになった」と語っていたのが印象的でした。

　徳島刑務所が、刑務所のお風呂場とか室内とか食事を紹介している記事が、徳島新聞に載りました。徳島刑務所でも受刑者の高齢化が深刻になっていて、介護職員を雇っている状態、介護を必要とする受刑者は三人いるという内容でした。もっといるような気がするけどね。ノルウェーの刑務所を今のように変えるためにがんばった学者がいるんだけど、彼の話では、一般市民が裁判にかかわるようにしたのがよかったと言っていましたね。裁判にかかわると、モンスターではなく普通の人が事件を起こしているのがわかるようになったそうだよ。日本の裁判員裁判とはちがうんだと思うけど、みごとな変革でした。

　二十九日は、松元ヒロさんの「ひとり立ち」を観ました。満席。残念ながら席が後ろのほうなので、目がよくない私としては、感動がもうひとつでした。でもヒロさんの人をコケにして笑いをとるのではなく、自分か権力者をコケにして笑いをとる「ひとり立ち」は絶好調で、拍手喝采でした。

　九月三十日は、松永優さんの染色展を見に行きました。松永さんの作品は藍と金粉のコラボなのだけど、明るくなったような気がしました。

　今日はここまでにします。

最愛の文昭へ　　暁子

「ブラインド・タッチ」を見ました

〔暁子から文昭へ　二〇一八年三月二十二日〕

今日は三月二十二日、今午後二時二十分、遅めの昼食を食べてからこの手紙を書いているよ。昨日東京は、雨、みぞれっぽかった。雪が降っているところもあったみたいだよ。徳島はどうだったのかしら？　三月になったと言っても、こんなに寒ければ、カイロも必要だよね。今日はお天気で、寒さもおさまっているよ。

十九日に、「ブラインド・タッチ」（初日、坂手洋二作・演出）見に行きました。久しぶりに、とても感動した芝居になっていました。感想は以下の通りです。

久しぶりに感動した芝居だった。モデルとして見た時に文昭と人格がちがうことへの違和感がなかった。男が獄中にあった十六年間、存在をかけて向きあってきた二人であることが伝わってきたし、上野〔男の友人〕が囚われたままであることの男の苦悩も伝わってきた。二人が愛を甦らせる葛藤を真実たらしめているのは、激しい政治状況とその中での言葉をそのまま切りとって大きなバックとして包みこんでいるからだと思った。十六年前、一回目の公演の時、「おもしろさに走った」と言っていた人がいたが、それはあたらない。〝物語〟が普遍化したことでおもしろくなったのだと思う。しっかりモデルになっていることを確認できた。

坂手さんの話では、十六年前の上演の時は岸田今日子さんが「言いにくい」とかいう理由で、大切なせりふを三ページ分くらいは削ってしまったそうだよ。今回、坂手さんの演出で、完成版で取りくんだのを見てみると、深いラブストーリーであることが伝わってきたよ。

感想にも書いたけど、〝女〟のほうはいいのだけど、〝男〟のほうが、人格が変えられていることが、私には納得がいかなかったけど、今回はじめて納得しました。二人は、どちらかというと、女性がリードしているようなカップルなんだよね。二人の愛を求めるがゆえの葛藤が普遍性を持ったということが大きかった。そうなってくると、やっぱりあの芝居のモデルは文昭と私だということになるんだよね。

絵は三点、劇場の一番いいところに飾りました。「カレンダー」と『愛と革命』も売ってくれるということなので持っていっています。

文昭にも見せたいよ。カーテンコールもありました。演劇の持っている力というものも大きいものだよね。

当日配られたリーフにも坂手さんのブログにも、以下のことが書かれていました。

「ブラインド・タッチ」は、一九七一年の「渋谷事件」を背景としている。今も獄中にある星野文昭さんは、明らかに冤罪である。文昭さんと暁子さんの獄中結婚に設定をお借りしているこの劇に携わりながら、私の申し出を承諾してくださったお二人に心から感謝すると共に、文昭さんの一刻も早い解放を願っている。

〔弁護士の〕酒井さん、鈴木さんの面会、充実した面会になってよかったね。動きがあった場合は、すぐ弁護団がかけつけられるように、体制をとっています。

文昭が私が薬を飲んでいるかどうか心配しているということ聞きました。薬は飲んでいます。薬を飲むと九時まで寝ていたりはするけど、用事がある時は七時ぐらいに起きます。目ざまし時計が四個あって、少しズレて鳴るので、これをとめる間に、目も醒めるという感じだね。

しもやけ、よくなってよかったね。でもまた寒くなったから、ぶり返さないといいけど。

仮釈放を求める私の申入書、見てくれましたか？　文昭が手紙で言ってきていることを結局書くことになりました。四月は帰住地〔出所後の住居〕のことを中心に書きます。子どもがほしいと運動したことも書こうと思っているよ。

弁護団も、次回は、帰住地のことを中心にすえた意見書になると思うよ。

ヘルニアの具合、その後どうですか？　痛みもあると言っていたから、少し心配しているよ。

さて、今日はこの辺にしようかな。

四月の面会は、二十三日からだから桜はもう散っているよね。今年も、阿佐ヶ谷市民講座のみなさんといっしょに、花見をすることになっています。

寒さも、あともう一息です。元気で。

最愛の文昭へ　　暁子

「ブラインド・タッチ」は二人の物語

〔文昭から暁子へ　二〇一八年三月二十八日〕

暁子、今日は火曜の二十七日、午後七時を回ったところだよ。休みまでは結構寒いぐらいだったのが週明けからはグーンと春らしい暖かさになって、月曜の朝、工場に出る時に五分咲きだった桜が、今日仕事を終えて帰る時には一気に満開に近いような七、八分咲きになって、あまりのスピードにビックリだったよ。昨日も今日も二〇度ぐらいの春の陽気そのものだったので、ちょっと爆発的と言ってもいいような開花になったのだと思う。今冬は寒さが厳しかった分、待ちに待った桜の開花はもう少しゆっくり咲いてほしいようにも思うけどね。

東京も、一緒のようなものだと思うので、昨日届いた暁子の二十二日の手紙では、今年も阿佐谷市民講座の皆さんといっしょに花見をすると言っていたけど、散る前にできればと思っているよ。

二十一日の東京も、雨がみぞれっぽかったそうだけど、徳島も先週末、日曜まで結構寒くて、カイロを使っていたよ。カイロのぬくもりと、暁子の体の温かさが重なるような感じもあるよ。

十九日に「ブラインド・タッチ」の初日、見に行って、久しぶりにとても感動した芝居になっていたということ、本当によかったよね。

役者も「若手」に変わって、坂手さんの演出で、初演では岸田今日子さんが「言いにくい」ということで削ったせりふを復活させて本来の脚本で演じたことで、新たな感動が大きくなったのだと思うけど、見て受け止めた暁子自身の心が、長い間、心にフタをしていたことから解放されて僕との愛・絆が甦ることを通して、みんなとの絆も甦り、そうすることで暁子自身の心が甦《よみがえ》ったということが大きいように思っているよ。

そうしたことによって暁子が感想の中で書いている「見た時に文昭と人格がちがうことへの違和感がなかった。男が獄中にあった十六年間、存在をかけて向きあってきた二人であることが伝わってきたし、上野が囚われたままであることの男の苦悩も伝わってきた……」ということなのだと思っているよ。多分、僕も最初に見た時にそう思うだろうような、僕や暁子と違う人格ということへの違和感が無かったというのは、二人の愛の物語として表現されていて、それが脚本と役者の演技によって表現されているからなんだと思う。十六年、互いに存在をかけて向き合ってきたなかで十六年の互いの苦悩や苦闘、そこでの怒りや葛藤や喜びを互いに身を置き合うようにして共有し合うことによって二人の愛と絆を深めている、ということを表現しているからなんだと思う。

そして「二人が愛を甦らせる葛藤を真実たらしめているのは激しい政治状況とその中での言葉をそのまま切りとって大きなバックとして包みこんでいるからだと思った」ということもその通りだよね。激しい政治状況ということも含めて、現実のなかに二人がしっかり身を置いて、全ての労働者民衆にかけられている状況・現実を二人も含めた全ての労働者民衆が一つに置かれた状況・現実として向き合うということによって、人間としての魂、労働者民衆としての魂を甦らせ磨くことによって二人の魂を不断に甦らせ磨き、深め豊かにしているということなんだと思う。

だから、「おもしろさに走った」という人がいるけど、そうではなくて、そのように二人の物語を普遍化したことでおもしろくなったのだと思うし、しっかりモデルになっていることを確認できたということだよね。

暁子が、「女のほうはいいのだけど、男のほうが人格が変えられていることが私には納得いかなかったけど、今日はじめて納得しました」ということも、僕もそうだけど、そのような二人の愛の物語として、ということだよね。そのようなものとして僕も納得できた感じだよ。

「二人の愛を求めるがゆえの葛藤が普遍性を持ったということが大きかった、そうなってくると、やっぱりあの芝居のモデルは文昭と私だということなんだよね」と暁子自身が確認できたということ、僕もそのように確認できたことが大きかったと思っているよ。

その意味では、坂手さん自身が「ブラインド・タッチ」について書いてくれていることは大きなことだよね。みんながブラインド・タッチが表現しているものを理解し、共有する助けになるとも思っているよ。

酒井さんと鈴木さんとの面会は、再審と更生保護委闘争*を一体に闘う、そのなかで更生保護委とどう向き合うかの内容を深めるものとしてとてもよかったし、今の僕らのことを共有してもらうということでも、とてもよかったよ。

今日、工場で確認できたことだけど、次の観察官との面会があった時に、「特別発信」の手続をして弁護団に特別発信できる、ということなので、すぐに知らせることができそうだよ。

暁子の申入書、暁子にしか書けない切実な思いが書かれていて、更生保護委の心も十分に動かすものになっていると思ったよ。次は、暁子も弁護団も、帰住地のことを中心に書くということ、僕も、僕のやることをさらにやっていこうと思っているよ。

薬を飲んでいて、早く起きなければならない時は、時間差で鳴るようにした目覚まし時計を四つ使っている、ということで安心しているよ。

ただ、今、暁子が心に長い間フタをしていた状態から暁子自身を解放して、暁子本来のものを甦らせている、二人の愛と絆を甦らせている、みんなとの絆・団結を甦らせている、ということが一番嬉しいことで、僕はもちろん、何より暁子にとって大切なことだと思っているよ。三日前に咲き始めた桜は、今日は早くも満開だよ。無理せず体調第一にね。素敵な暁子をいつも抱きしめ愛してる。

最愛の暁子へ　文昭

＊更生保護委員会闘争　刑期三十年を超えた無期懲役囚として二〇一七年に四国地方更生保護委員会に対して仮釈放を求める運動を開始した

「告知違反」で「調査」に

〔文昭から暁子へ　二〇一八年五月七日〕

暁子、今日は連休が開けた月曜の七日。この連休は、暁子が四月三十日の手紙であらためて暁子が長い間、心に溜めていたものを僕にぶっつけ、それに僕が正面から謝ることで、それを暁子が受け入れてくれたこと、そうすることで暁子の本来の姿を、そして二人の愛を甦らせてくれたということに包まれた充実した連休だったよ。

沖縄の報告、楽しみにしてるよ。その沖縄、月一回の暁子の発言もあるということだけど、今、その発言の準備中かも知れないね。

暁子の発言は月一回、とみんなが心を配ってくれているのも嬉しいことだけど、みんなの心配りには、暁子が更生保護委闘争に中心的に取り組めるように、ということもあるのかもしれないね。

実は、今、「告知違反」ということで、「調査」ということになっていて、そのために工場には出ず居室も変わっていて、そのせいで、この手紙も、工場の発信日と違って明日火曜の発信になるので、この手紙が早めに届いて驚くかもしれないね。

三月、四月と本格的に始まったバッグ製作がかなりハードなものになっていることは、暁子に余計に心配させないように控え目に書いている面もあるけど、その疲れの蓄積があって、本当に疲労困憊《こんぱい》状態で、いつもは必ず目を通す、連休中の指示が書いてある告知の文書、特に今回は祝祭食の菓子を、正月の連休のように連休終わりまでに食べる、のではなく、配られた日の夕食時までに食べる、という部分を読まず、見落としていて、三日昼に配られた「キャラメルコーン」を、直近の連休、正月の連休と同じく連休終わりまでに食べればいいものとして、三日の夕食後も食べていたことについて、「告知違反」ということで「調査」になり、現在「調査中」ということになっている。

夕食の一時間後ぐらいでもあったし、事情も話したので、「指導票」くらいのことなのかなと思っていた僕にとって、「調査」ということになってビックリだった。今日の段階でまだ「調査」そのものもなく、どういう結果になるかは今のところ全く分からない。今のバッグの製作は今のところ僕にしかできないので、「元の工場に戻る」ということだけは決まっているようではあるけどね。

確かに、理由はどうであれ、「告知」を読まず、直近の正月と同じと思い込んで、その告知の指示の夕食までに食べずその一時間ほど後まで食べていたことの非が僕にある、ということは、その一点だけ取り出せばそう言えると思う。

でも、後で詳しく触れるように、全く新たな職種・バッグ製作をゼロから立ち上げることがどれほど大変かということを考えれば、徳刑がバッグ製作を指示し、「トップも期待していて、オマエにしかできない」と言われることで当然強い責任感でやって、真実、告知を読む気力もないぐらい疲労困憊して読まず、夕食一時間後まで食べていたとして、その一点だけの非を責めるというのは、とても公平で正しいと言えることではないよね。

バッグ製作をゼロから立ち上げることがどれほど大変かはだいたい想像つくと思うけど、実際、洋裁の縫製、バイクブーツの縫製を合計三十年やっているといっても、バッグ製作は全くゼロからの挑戦で、製品として完成度の高いものにするには、その数十の工程の一つひとつについて曖昧《あいまい》さを残さずトコトン詰めて考え精確に仕上げていかなければならない。だから、初期のこの三月、四月は、夜寝ていても頭に浮かんで考えるということも多くて寝不足にもなるし、実際の製作でも集中力とエネルギーを使うので、本当に全精力を使う感じにもなって、ここまでやる必要があるのかと思うぐらいだったけど、初期はそういうものだから、三月、四月をそういう形でやってきたというところだよ。一時は、過労とストレスで不整脈も多くなって、このままでは命にかかわってくるな、と自分で少しブレーキをかけることもあったけど、さすがに二か月にわたると疲れが蓄積して、明らかに体力、気力が落ちて、四月面会の二十六日、何か気がかりがあるように見えた日、三個製作の最後の壁にぶつかって、それをなんとかやりとげたのが連休の間の一日、二日だった。その時、告知も読めない、読む気にもなれないぐらい疲労困憊していたというのも想像できると思う。

普通、何十個も作って完成度の高いものになっていくけど、今、四個、五個ぐらいで完成度の高いものになっている、というのは、本当に精力とエネルギーを注いでいるからだし、その分疲れも半端ではないということだよね。

だから今は、不整脈のことも含めて、過労に気をつけ、健康に気をつけなければならないと思っているよ。

初期段階を終えて、課題は基本的に解決したので、これからは、これまでのようなことも少なくなっていくと思うので、安心してくれていいと思っているよ。

こうしたバッグ製作のゼロからの立ち上げを考えれば、一点の非だけ取り上げて、その非を責めるということがどれほど不公平なものなのかは明らかだと思う。

刑務所が「規律・秩序」を保つために、「非を正す」ことが必要であっても、そのやり方が誰もが納得するような公平なものでなければ、結局、反感、不平を当該の一人だけではなく、全体にも生むことになり、「規律・秩序」を崩していくということを本当に考えなければならないことだと思っているよ。大きな責任をもってやっている全体を見るべきだよね。一つの非だけを見るのではなく。

もう時間がないので、ここまでにするよ。

今回のこともものりこえて、そのことも糧に暁子と一つに、みんなと一つに、星野の解放とみんなの解放へ、未来を開いていきたいと思っているよ。

体調第一に、無理しないようにね。

いつも、抱きしめ、愛してる

最愛の暁子へ　　文昭

コンタクトレンズ届いているよ。ありがとう。

そして、誕生日を祝う、素敵な面会、ありがとう。

やっぱり「健康第一」にね

〔暁子から文昭へ　二〇一八年五月二十二日〕

文昭、今日は面会一日目。刑務所の敷地に入る道路に立って、山や木々を見渡すと、本当に気持ちいいよ。日ざしはあるけど、風もあるからね。四月から六月までは、文昭も寒さや暑さに苦しめられることなく、過ごしやすい毎日を迎えているといいけど。

懲罰のことがあったので、今日はその話になったね。まず思うことは、いくら大切な仕事だからといって、そんなに疲れる働きかたは、やっぱりもうやめてほしいのです。文昭が、自分の健康を犠牲にしてやっても、それを評価してもらえるわけではないし、それは、それ以前の問題として。やっぱり九時─四時で切りかえるような考え方が必要だと思う。ある意味でほどほどでやらなければ、健康維持もできないというふうになってしまう。たぶん文昭は、私が文昭と同じ状況になっていたら、私と同じことを言うでしょう。懲罰はないほうがいいけど、無理なあり方を気づかせてくれたとも言えるよね。文昭に何を言えばいいのか迷ったけど、私としては健康を第一にした生活を文昭にとり戻してほしいと思っているよ。

刑務所の仕事は責任あるものとしてあるのかもしれないけど、やっぱり健康第一に考えないと、行きづまってしまうと思う。

このまま続いていけば、倒れるなんてこともあったかもしれないよ。仕事開始時間は、八時三十分だったかしら、終わるのは四時？　その時間が過ぎたら、パァーと切りかえる。仕事中もちょっと体を動かして（もし、できるならだけどね）気分転換をはかる、最低こんなことができなければ、体が固まってしまうよ。

疲れない仕事のしかたを考えて下さい。

文昭も私もやりすぎて失敗するということがあるから、まずは健康優先プランを考えて下さい。その上で、刑務所がとった方針は、刑務所の仕事を全身全霊で担っていることを考えたら、ちゃんと対応しなければならないと思うよね。懲罰は不当だと思うよ。

〔仮釈放要求の〕要望書は五〇〇〇通を超えました。〔新聞に載せるための〕意見広告カンパもようやく五〇〇万円を超えました。半分だからね。あともうひと声だよね。

宮城では、鈴木さん、秋葉さんなど文昭の同級生が頑張ってくれているみたいだね。FMの番組にも二十分ぐらい放送されたんだよね。

十六日に観た韓国映画「タクシー運転手　約束は海を越えて」の話はもうしたかしら？　記憶があいまいになっている。「光州蜂起」の話なんだよね。タクシー運転手が、ドイツ人のジャーナリストをお客として、光州に運ぶのだけど、軍の弾圧で死傷者が出る惨事に。光州で何が起きたかを伝えるために、このジャーナリストを国外に送ろうとするのだけど、生命がけの闘い。「小さな女の子が自分の帰りを待っている」と言って、自分だけソウルに戻ろうとするのだけど、思い直して迎えに行くのね。そしてジャーナリストを乗せて出るのだけど、軍に追われてもう駄目かと思っているところに、他のタクシーの運転手が四台ぐらい、車でガードしてくれて、なんとか脱出できて、ドイツ人のジャーナリストは日本に出発することができるのね。これは実話で、そのジャーナリストは、生命の恩人であるタクシー運転手をさがすのだけど、見つからない。受けとったメモの住所もウソだったのね。「タクシーの修理代」を払いたくてもそれもできない。そのジャーナリストは光州の真実を伝えたということで賞をもらうのだけど、タクシー運転手に会うことなく亡くなったのね。感動的な映画でした。特に圧巻は、仲間のタクシー運転手が、ドイツ人のジャーナリストを逃がすために、発砲される中、車でガードする場面だよね。

十八日の午後三時から、弁護士会館で〔仮釈放を求めての〕記者会見しました。五社が参加、掲載はされなかったけど、活発に質問していました。

今日はこの辺でやめるね。元気で。

最愛の文昭へ　　暁子

六・三高松集会とパレード

〔暁子から文昭へ　二〇一八年六月五日〕

今日は六月五日、面会を終えて帰ってきたところです。修ちゃんはフェリーで帰るということで、元木さんの車で見送りました。修ちゃんは元木さんの話では、来た時は元気がなかったそうだけど、石井君と話していっしょにお酒を買い出しに行ったりする中で、元気をとり戻した感じだよね。

四日はこんぴらさんに登りました。七八五段の階段をなんとか登りました。途中、戸村さんに会ったり、伊藤登美子さんや荒川みどりさんとも会いました。四日は、本当は申し入れを予定していたのだけど、相手側の都合で六月十五日に変更になったため、空いたのです。

さぬきうどんを食べて、ビールも軽く飲んで、高松駅に戻って、そのまま徳島駅行きのバスに乗ったら、徳島に着いたのは午後六時。結構かかるんだね。修ちゃんや石井君が元木宅でバーベキューをしていたので、私も遅れて参加しました。

六・三集会は、後半に、群読が入ったり、歌が入ったり、スペシャルトークが入ったりするので、舞台監督が必要なのに、金山さんも十一時三十分過ぎないと到着できないということで、どうするか問題になっていたのだけど、皆川さんが前日から行ってくれて、当日みんながそろう頃には、最低必要なリハーサルができたのが本当によかった。

群読は、青年四〇人が、私の詩を読むのだけど、これもなかなかよかった。どの詩を読んだかは、後で教えるね。読んでいる間に、音楽を流しスライドを見せることになっていたので、それも結構うまくいってよかった。歌は私が作詞した「あの坂を登って」を、群馬の田島さんの娘さんがソプラノで歌った。

丸尾めぐみさんが歌うのを聞き慣れているので、丸尾さんのほうが歌の情愛を出していると思うけど、彼女も一生懸命難しい歌をうたってくれました。

次の、坂手洋二さん、高橋和也さんと私の「スペシャルトーク」では三人が登場する前に、「ブラインド・タッチ」で演奏された「ラブミーテンダー」をかけ、スライドを見せてから登場。お二人を紹介して、お二人にあいさつをしていただきました。

そして、すでに準備してある質問をして、応えていただいたのだけど、二十五分の時間で足りなくなると困ると思って、文昭への思いを聞くのは最後から真ん中に持っていったら、ちょうどその辺で時間になったのでよかったです。お二人がどのような話をしてくれたかは、別に手紙を書きます。今覚えているのでは、高橋和也さんが「励まそうと思って来たのだけど、逆に励まされた」と言っていました、平良さんの話を聞いて。

交流集会は、坂手洋二さんと高橋さん、弁護団と、家族を中心にする小さな一〇人ぐらいの会と、運動を中心とする大部屋に分かれてやりました。高橋さんが「最初は台本を見てもチンプンカンプンだった。宅下げが何かもわからなかった。読み返していくうちに愛の物語だということがわかって、それなら自分はやれる」と思ったって言っていらした。「坂手さんの芝居は出たいと思っていて。せっかくの機会に出れないというのでは役者として駄目だと思った」そうです。

パレードは、どういうふうにするかはいろんな議論があって、でもうまくいきました。高松では、デモは歩道を歩くことになっていて、信号も止まらなければならないので、隊列が分断されるので、それがちょっと大変だったけどね。

私が最後に出した、黄色の布をカットしてみんなに渡し、シンボルカラーにするという案も採用されました。風船を持ち、ボードを持ったり、文昭の絵は二〇人ぐらいが持ちました。歌は歌詞カードをつくり、ソリダリティー、とり戻そう星野、WE SHALL OVERCOME、ふるさと、花、イムジン河など書いてあるのだけど、イムジン河以外は、みんな知っているので、みんなで歌いました。隊列ごと、歌をリードしてくれる人を決めて歌ったのです。それに呼びかけを入れ、シュプレヒコールのかわりに、「星野さんを釈放しましょう」「あなたの力が必要です」「パレードに参加して下さい」、こんな言葉を唱和しました。パレードも、イメージがなかなかつかめない中、やる中ではっきりしてよかったのではないかと思うよ。

さて、今日はこの辺にします。元気で。

最愛の文昭へ　暁子

僕は魂、暁子はエンジン

〔文昭から暁子へ　二〇一八年六月六日〕

暁子、今日は面会一日目の五日、夕方から雨が降り始めていて、明日も朝と夕方が雨のようだけど、昼は降らないような予報になっているので、面会の時には雨が上がっていればいいよね。

今日は、六・三の高松のことがほとんどの面会だったけど、昨日岩井さんとの面会で詳しい話を聞いていたことで、今日の話も噛み合って楽しい面会になってよかったよ。

何より六・三を成功させたこと、特に、暁子の司会で坂手さん、高橋さんとのスペシャルトークを成功させたことの暁子の高揚感が伝わってきてよかったよ。

そして、今日一緒だった修の話、近況を聞けて一安心だったよ。修自身も言っていたけど、創作に向かって前向きな気持ちになっていることがよかったと思っているよ。修自身も、星野のこと、沖縄のこと、アイヌのことなど、思いを深めつつ、創作のテーマを深めているようなので、必要なのは第一歩を踏み出すことだよね。踏み出せば、間違いなく、表現することの喜び、創造することの喜びが甦ってくると思うので。

今日は、面会二日目。夕食は、レトルトのハンバーグだった。そういえば、昔、挽き肉ときざみ玉ネギと食パンをちぎって混ぜ、塩・こしょうを入れ、形を作ってフライパンで焼いて作っていたのを思い出したよ。ソースは市販のソースを使っていたけど、暁子は自分で作るのかもしれないね。

暁子が面会で、六・三に触れた手紙を書いたと言っていたので、今日届くかな、と待っていたけど、届かなくて残念だったよ。本当はその手紙にそってこの手紙を書けるのが一番だったけどね。

さすがに今回の面会は、三日に減った上に、月曜が岩井さんとの、火曜が修との面会で、暁子と二人だけの面会は今日の一日だけだったので、とても満足いくまで話す、とはいかなかったけど、でも内容のある、いい面会だったよね。

でもやっぱり相当時間が制約されるので、今はそれは仕方ないにしても、制約される分、言ったことがうまく伝わらなかったり、話し足りないと思うことも出てくると思うので、話のなかでよくわからなかったとか、疑問に思ったこととかがあれば、心にしまっておかずに書いてもらいたいと思っているよ。

絵のほうは、暁子は、コンクールに出したもう一枚の、暁子が授乳している絵を期待していたようだけど、それは全体に色が薄いので、もう少し手を加えて完成度を上げたいと思っているので、待たせてしまうけど、九月ぐらいまで待ってね。コンクール出品の作品を描く季節ということもあるし、何よりも、僕らにとって記念すべき絵になると思うので、大切に仕上げようと思うので、暁子にも了解してもらいたいと思っているよ。そういう経験を絵のなかで暁子が経験する、そんな思いで描いた絵だけど、暁子が子どもにおっぱいをやりながら、こちらを見ている、そしてその暁子と子どもがいろいろな花のなかにいる、そんな絵で、僕としてはかなり満足のいく、暁子も喜んでくれるものになっているると思っているよ。今回の絵も暁子が喜んでくれてよかったよ。今回は面会が近接していたので、時間的にはちょっと窮屈だったけど、難民となってその大変さに思わず涙を流しながら、それでも生きていこうとしているロヒンギャの少女、暁子も知っていたように、『デイズ・ジャパン』の表紙の少女だったけど、それに何より、瞳に涙をいっぱい浮かべて、頬にも流れている少女は初めての挑戦でもあって難しかったけど、それでも未来へ生きていこうとする少女を、満足のいくように描けてよかったよ。どんな詩を暁子が書いてくれるのか楽しみにしているよ。

先月贈った「学ぶ場を取り戻したアフガンの少女たち」の話も、次の星野新聞に載るということなので、とても楽しみにしているよ。

今回の六・三、更生保護委へ、絵画展でつながった人、組合、地域やあらゆる層に要望書を集め、直接行動の力、申し入れの力、あらゆる力を結集して、星野の解放・仮釈放への大きな飛躍点にできたように思うよね。六・一五の申し入れも、今まで以上に更生保護委への力になると思うし、波状的に力を強めていくことが鍵だよね。そして同時に再審闘争も何としても動かしていく力にもしていきたいよね。

今回の六・三は、みんなが、目の前にある、星野の解放・仮釈放を獲得するという目標に向かって、向自的に、積極的に取り組むことによって、僕と暁子が切り開いているものを自らのものにしつつ、一人ひとりが自らの本来の力、姿を甦らせる、それは星野だけでなく、全ての闘い、労働者民衆の生命さえ奪う、改憲・戦争、働き方改革と闘い、人間本来の社会を奪い返していく力を獲得していくものでもあるけど、そういうものとして取り組んだことが何よりも大きなことだったんじゃないかと思っているよ。そして、そうだからこそ、暁子が言っていたように、一人ひとりの創造的な力、大衆的な力も解き放つものになったということだと思うよね。

内容的な中心として平良さんの沖縄と星野の講演があり、暁子が司会するという形で、坂手さんと高橋さんとのスペシャルトークを通して、「ブラインド・タッチ」がより大きな広がりをつくっていくというその特別な意義・意味を共有することができ、青年たちの、暁子の詩の群読によって、またパレードによる歌やシュプレヒコール、絵画を掲げたり様々な試み、というように、みんなの創造性が、企画力が発揮でき、解き放たれるものになったことが大きいと思うよ。

そのなかで、特に、暁子の企画力・創造力がみんなと一体に発揮され、解き放たれたことが僕にとって嬉しかったよ。

岩井さんからは、高橋和也さんが六・三に参加したのは暁子が頼んだから、と聞いていて、坂手さんに「ブラインド・タッチ」を頼んだということとともに、暁子の行動力に脱帽する思いだったけど、暁子から実際は、高橋和也さんから、「ブラインド・タッチ」の打ち上げの場で、集会があるのなら参加したいと言ったのだという話を聞いて、彼の真摯《しんし》さを感じると同時に、「ブラインド・タッチ」の持つ力、星野の持つ力を、改めて感じたよ。

今日の面会で、僕の存在やアピールが星野の魂だとすれば、暁子の存在や発言・行動は星野を広げるエンジン、ということを言ったけど、それは、面会でいろいろ話していてそう思ったということだけど、もっと正確には、僕と暁子が一緒につくり出しているものそのものが星野にとっての魂で、暁子はその魂をもって、星野を広げ、行動をつくりだしている力・エンジンと言っていいと思っているよ。

前の手紙で詳しく書いたように、僕の方は慢性疲労は解消して本来のペースを取り戻しているよ。今回の面会での暁子の表情や顔、白の初夏の服の姿を見て、言葉を交わすことで、心も体も満たされる感じだったよ。その暁子を、いつも抱きしめ愛してる。

最愛の暁子へ　　文昭

「人間万歳だ」と平良さん

〔暁子から文昭へ　二〇一八年六月十二日〕

六・三集会は、感動の渦をつくり出した集会として、大成功しました。昨夜は運営委員会があったのだけど、いろんな観点から総括しあいました。青年企画の私の詩の群読もよかったのだけど、そのバックのスライド・照明・音楽など、合わせるのは大変だったんだよね。スペシャル企画でも、坂手さんと高橋さんと私が出ていく前に、ラブミーテンダーの曲がかかり、スライドを写し、照明も合わせる、こういうことが全部うまくいったのは、皆川さんが前夜から行ってやってくれたおかげなのです。金山さんは、十一時四十五分ぐらいにならないと着けないし、私も記者会見が十一時三十分からあったりで、バタバタだったのです。最後、通しでリハーサルができてよかった。平良さんは、はじめ、珍しく言葉につまるところもあったのだけど、最後はいつもの平良さんに戻って、本当に感動的な講演をしてくれました。

「辺野古を闘っているだけではすまない。辺野古の核には日米安保がある。この日米安保と闘ったのが星野さんだ。私たちは虫けらのような闘いをやっているんではない。愛に満ちた正義の闘いをやっている。人間万歳だ」。こう話されたのです。

スペシャルトークの中で坂手さんは、「七一年十一月十四日の闘いというのは、戦後二十五年、まだ二十五歳の、沖縄に行ったことのない青年たちがあれだけの闘いをやった。時代がこんなふうになればなるだけ、あの時の闘いに立ちかえることが重要だと思うようになった」と話しておられます。

七日のお盆は椎名千恵子さんと、グルトン(西欧料理)に行ってランチを食べながら話をしました。椎名さんは「ブラインド・タッチ」を盛岡でも上演したがっていたのだけど、お金がかかるんだよね。リーディングだったらどうかなど、話があったのだけど、お金の問題で中断。「リーディング」というのは、読みあわせをすることなのだけど、「リーディング」は「リーディング」で魅力的なんだけどね。

自分たちで責任とってやろうとすると、やっぱり大変なんだよね。

八日は、「共産党宣言」についてCDを聞いて学習しました。なかなかおもしろいね。CDと言うのは、昔で言えばテープレコーダーのテープのようなもの。音を吹き込んで聞けるのね。

九日は、片山さんとの食事会、何をつくったかは、はがきに書いたけど、一応伝わったかしら？「今日の料理」を見ながら、つくっているのだけどね。片山さんも「おいしい」と言ってくれたから、「まあ、いいか」と思っているよ。

大分の佐藤福子さん、あいかわらず要望書を一生懸命集めてくれているよ。おたよりありました。

懲罰のことではYさんが、腹が立ったようで怒りの電話を徳島刑務所にかけてくれました。報告の電話がありました。

懲罰のことでは、家族の請願書を出しました。

みんなからの差し入れ、届きましたか？　四十五人ぐらい差し入れをしたそうなので、受けとるほうも大変でしょう。

大畠さんが、「私のはがき、入っているかしら？」と心配していました。入ったら教えて下さい。

その大畠さん、これからの星野運動をやっていく上で、目立つことも必要だということで、「女性五人ぐらいで、剃髪をしたらどうだろう？」と言っています。韓国では、若い女性たちが剃髪したことあったでしょう？

今月は七月二十二日に総会をやり、十一月二十五日の全国集会はもう一度高松でやることになりそうです。まだ決まっていないけど。一月二十七日に、東京での星野集会をやります。

これからの運動ということでは、要望書集めと絵画展、力を入れてやることになります。阿佐谷でも八月二十三日から二十七日までやります。
さて、今日はこの辺にしようかしら？
文昭も、風邪に気をつけて、元気で。
疲れをとったというから、安心しているけどね。
最愛の文昭へ　暁子

母の死と葬儀、納骨

〔暁子から文昭へ　二〇一八年七月十六日〕

今日は十六日、東京に戻りました。夜に運営委員会があるので、会場の日本公会堂の近くの喫茶店で手紙を書いています。

十二日の夕方、この日は電話が届かないところにいたので、電話を受けたのは五時過ぎでした。母の容態が悪いという山病院からの電話でした。医者の話でも「呼吸が困難な状態にある」という話でした。いったん東京駅に着いた頃に、「母が死亡した」という連絡が入りました。それで家に戻って、母の写真を持ったり、喪服をもったりして、東京駅に着いたのは夜八時ちょっと前、八時に一時間に一本ある新幹線があるかと思ってたらなくて、最終が八時四十五分でした。それに乗って米沢に着いたのは十時五十五分。それからタクシーで川西の「輝きの丘」まで行って、着いたのは十一時二十分、〔親類の〕加藤国雄さんが待っていてくれました。母を看取ってもらったので感謝です。手ちがいがあって、母を運ぶ車がなかなか来ないで、来たのは零時三十分ぐらいでした。母といっしょに車に乗って、葬儀屋、ナウエルに着いたのは一時ぐらいになっていたかな。

隣組の人も二人待っていてくれました。隣組長や葬儀屋と打ちあわせが終わった時はもう五時ぐらいでした。時間があまりにも遅いので、これから部落の人にダンゴを作ったりしてもらうわけにはいかないので、お金はかかるけど全部葬儀屋にまかせることにしました。

朝の六時になると、寺から和尚が来ていて、お経をあげてくれました。大河内さんも来てくれて、お金をおろしたり、昼食を食べたりしました。十三日の夜は通夜。この辺では、みんなで食事をするのだと聞いて、食事をしました。

十四日の朝、部落の人が、お焼香に来るというので、国雄さんと待っていたのだけど、誰も来ない。後でわかったのだけど、ナウエルは遠いので、近くの本家やそのまた本家に行って、香典を届けてくれたことがわかりました。

国雄さんとの打ちあわせで、家族葬にして、近所の方と、私の友人が入るぐらいにしようと決めました。十四日の午前中は、骨を焼きました。母の骨は、焼いたらもうほとんど原型はとどめていなくて、小さく砕かれました。驚いたのは、大きな骨を二人ではさんで骨つぼに入れるのだけど、小さな骨も一つ残らず拾って入れてくれたことです。汗だくになってやってくれました。

東京などでは、大きな骨を拾ったら、後はちりとりとほうきで、サッサッと片づけるのだけど、こんなに丁寧にやってもらったのは初めてです。和尚の話では「米沢の文化だ」と言っていました。うれしかったです。

告別式は二〇名ぐらいでした。私が喪主で、あいさつもしたのだけど、母に感謝していることとして、母が文昭との結婚を認めてくれたことを話しました。私の話がよかったと、後から国雄さんから言われました。国雄さんも八十四歳。このところ足が不自由になって大変なのだけど、本当に頑張ってくれました。

父が亡くなった時は、親戚の人たちに文昭のことは一言も言えなかったので、今回話ができてよかったと思っています。食事会の時に、親戚の人が「テレビに出ないと駄目だ」と言ってくれました。和尚も自分の話の中で「暁子さんも言っていたけど」と二回、私のことを言ってくれました。そして母にも「神覚浄蓮」という、いい戒名をつけてくれました。

国雄さんは、文昭が出てきて話ができるのを楽しみにしている、と言っていましたよ。

誉夫さんも来てくれました。カンパをいただきました。

ともかく、昨日、納骨を終えて、ほっとしています。お盆と四十九日は、帰ろうと思っています。

今日はこの辺にするね

最愛の文昭へ　　暁子

追伸
母は誤嚥《ごえん》性肺炎でした。痰がからむので、それを吸引する回数がしだいに増えていたのだけど、十二日午前中は安定していたそうだけど、午後から急に呼吸が苦しくなったようなのね。

お母さんのこと

〔文昭から暁子へ　二〇一八年七月十八日〕

お母さんについて、暁子から最近、痰の吸引が多くなって、これ以上多くなるようだったら病院のほうに移らなければならなくなるかもと相談員の人から言われたと聞いて、痰の吸引が多くなれば病院に移るのも仕方ないかなと思いつつ、これまでやってこれたことが継続されるのかが気がかりで、そんなことを前回の手紙で書いたばかりだったのに、お母さんが十二日に亡くなったという暁子からの電報が届いて驚いているよ。胃瘻《いろう》の手術をしてから、必要な栄養は摂れていて、体調は安定していたので、最近は暁子が会いに行ってもほとんど眠っていることが多くなったとはいえ、まだまだ長生きしてくれると思っていたし、必ず会いに行って話ができると思っていたのに、それが突然できなくなったのが残念だよ。

痰の吸引が多くなっているということだったので、痰が気管を塞いでしまった突然死だったのかも、と思っているよ。

お父さんとは手紙のやりとりが少ないながらもできていたけど、お母さんとは、いろいろ話したいこともあったのに、それができなくなったことが本当に残念だよ。

暁子と一緒に会いに行ってこの手紙に書くような話をしたかったと思っているよ。

一番印象的なのが、暁子の小学校の入学式の集合写真の、前列の暁子も、後列のお母さんもそっくりな顔で写っていて、暁子も本来の暁子の姿が伝わってきて、お母さんも本来のお母さんの姿が伝わってくる、その写真だよ。

新憲法に感動し、石川啄木に感動した当時のお母さんの、のびやかな感性がその内に生きているのを感じる。一番多感と言える少女時代、近所でも父や夫が戦争に動員されて家族が引き裂かれ、その父や夫が戦場で亡くなって生活が苦しくなるということが周囲の日常で、それを天皇のためのものとして賛美し奉仕を強制される、という人間そのものが否定される時代から解放されて、男と女も力を合わせて人間らしく生きていくことができるんだと希望を抱き生きていたんだと思うし、そのようなお母さん本来の生きる道、人生を生きてもらいたかったと、心から思うよね。

そのような希望に生きる思いが大きかった分、お父さんの浮気は衝撃的で理不尽で傷つくもので、加えて、お父さんがそのことを受けとめ、事実を認め、謝らなかったことによって、その苦しみは深まり、病を得るということになったんだと思っているよ。

暁子にとっても、そのことでお母さんが突然怒って、家の外に出されて、もうあのやさしいお母さんはいなくなった、と深く傷つくことになったことも大変なことだと思うし、入院ということもあったわけだしね。

久々に会った暁子に「大きくなったね」と言ったのも、入院で何もできなくてゴメンという気持ちを、それでも大きく育っていく暁子への感動もあったのだと思う。

お父さんにとっても、早くに両親を亡くして、兄さん夫婦が親代わりになって育ったことで、その分、夫婦愛・親子愛・家族愛を求める気持ちが強くて、だからこそ、お母さんとの夫婦愛、暁子や兄さんとの親子愛を大切にするのが本当だけど、そして「家族制度」としての「婿養子」という難しい立場ものりこえてほしかったけど、その難しさのなかで埋められないものを浮気で埋めようとしたのかな、と思う。けれども、そういうことがあっても、そして本当のことを認めることの大変さがあっても、お父さんも実際にそのような選択をしたように、お母さんと夫婦として生き、暁子や兄さんと親子として生きるために、本当のことを話し、謝罪して、誠実に生きることによって、お母さんとの絆と愛、暁子や兄さんとの絆と愛を甦らせ発展させてほしかった、と心から思っているよ。

お父さんがそのようにできないのであれば、暁子が言っていたように、お母さんは苦しみ続け、病気をのりこえるのにも困難が続くことを考えると、別れることも、そして別れたお父さんとお母さんとの親子関係はそれぞれ発展するということもありえたのかな、とも思う。だけど、お父さんもお母さんも亡くなった今は、やはり、お父さんには、謝罪して誠実に生きることによってお母さんとの本当の関係、親子の本当の関係を発展させてほしかった、と思っているよ。

だから、お母さんがいつか、「伸子も（米沢弁で）「おろか」だったし、暁子も「おろか」だった」というようなことを言っていた、と言っていたけど、暁子もそうだけど、お母さんが悪いところは何一つなかった、と言ってあげたいと思っているよ。お父さんとのことも含めて、暁子と僕も全面的に援助するので、お母さんがまっすぐに、お母さんらしく生きてほしかった。そして、そのためにも暁子＝僕と一緒に、全ての民衆が心から力を合わせ誰もが人間らしく生きられることに一番に満たされる類的共同性をもち、またその力を持つという当たり前のことを深く信頼することによって、資本家が労働者民衆の団結を破壊し、様々に分断・対立させることに対して、団結・共同性を甦らせる、その力、闘いによって、この社会を、資本・権力を倒して誰もが人間らしく力を合わせ働き生きる社会を発展させていくなかで、お母さんお父さんも僕らと共に、それぞれの本来の姿を甦らせ、生きてほしいと、今、心から思っているよ。……ここまでは、一緒に葬儀に行って、暁子ともお母さんのことを語り合い、また国雄さんはじめ参加した人たち、何よりお母さんに直接語りかけるつもりで、猛暑の三連休に書いたものだよ。

今日、十八日に、暁子が十六日に書いた手紙が届いて、亡くなった時に、誰も看取れなかったのではなく、国雄さんが立ち合ってくれたこと、何よりよかったし、遅れながらも、亡くなった日に着くことができて、国雄さんと相談しつつ、十五日の納骨までとどこおりなくやることができて、本当によかったよね。何より、お父さんの時は僕のことを話せず、苦しい思いをした暁子が、お母さんが結婚を許してくれたことなど話し、国雄さんが暁子の話がよかったと言い、親戚からも「テレビに出ないとダメだ」の意見が出てよかったよね。

以下は八・六ヒロシマ大行動に向けたアピール。

資本主義は、人間的な価値観に完全に反した姿をさらしています。大資本、大富裕層といった少数者にますます富を集中し、多数者の労働者民衆に、首切り、低賃金・長時間労働・過労死・貧困を強い、ますます搾取・収奪を強めています。そうして膨大な資本・富を抱え込んだ彼らは、その搾取・収奪の場、市場・資源・勢力圏を求め、トランプ・安倍を先頭に、戦後体制を破壊し、自国ファーストの争闘戦を激化させて世界戦争・核戦争に突進しています。

どれほど破滅的でも戦争を強行するのが帝国主義、スターリン主義です。戦争を許さず革命に勝利する力勝負の時代です。

安倍も、連合を屈服させ、労組を破壊して高プロ〔高度プロフェッショナル制度〕を突破口に過労死を推進し、命を奪うほど働かせ搾取し、戦争国家へ改憲し、沖縄・全土基地化、敵攻撃能力を持った武器輸出大国、軍事大国化、そしてヒロシマ・ナガサキ・フクシマの思いを踏みにじって原発再稼働・輸出による核大国化の野望を隠そうとしません。腐敗を極めるこれらへの日本、世界の労働者民衆の怒りは地に満ちています。しかし、ロシア革命、日本の戦後革命、民主労総の闘いをはじめ労働者民衆の闘いは、搾取と戦争をはじめ全ての攻撃が労働者民衆全体を襲うものであることをはっきりさせ、それに対して「国境も越えて団結し闘い、自国政府を打倒し、搾取・戦争のない国をつくろう！」が私たちの勝利の旗です。

力を合わせ誰もが人間らしく生きられる社会をつくる力をもつ労働者民衆からその力を奪い、命を奪うほど働かせ、殺し合いを強いる資本主義を、労働者民衆の団結した闘いで打倒し、その本来の力を奪い返し、誰もが力を合わせ人間らしく生きられる社会をどこまでも発展させていく世界史の扉を開こう。

その闘いを体現する、国鉄、星野、諸闘争、国際連帯の闘いによって、この地に満ちた労働者民衆の怒りと結合し、解き放ち、闘う労組、自治会、地域の闘いを拠点に、ゼネスト、総決起によって勝利を開こう。

八・六―九のプレスコードが解かれた写真によって人間としての目が開かれ、十一・一四で沖縄の思いと一つに沖縄闘争に立ちあがったことによって人間になることができたといえる私にとって、弾圧との闘いは、暁子と共に生き闘い、また全ての仲間の人々と共に闘うことによって、団結を拡大・発展させて、弾圧を打ち砕き、社会を変え、搾取・戦争・核戦争の無い社会、誰もが人間らしく生きられる社会をつくる力を獲得するものでした。その星野解放闘争を取り組むことによって、共にその力を獲得するものになり、星野を解放し、全ての労働者民衆の自己解放、人間解放をかちとる世界史の扉を開けましょう。

総会があるけど任せるくらいのつもりで休みを取ってね。

いつも抱きしめ愛してる。

最愛の暁子へ　　文昭

工場でたおれた

〔文昭から暁子へ　二〇一八年八月二十四日〕

暁子、今日は月曜の二十日。今回は、まず僕のことから書くことにするよ。

お盆休みが終わった十六日から昨日十九日まで、北の涼しい風が日本列島に下がってくる形で本当に涼しくなっていて、今日から再び最低気温が二五度を超える熱帯夜が続く、という天気予報だよ。

その涼しい日が四日続いたので、本当にひと息つけた感じだったけど、今年のお盆休みは、その前の四〇度近くの日々よりは気温が少し下がったと言っても、食欲がかなり落ちるし、スポーツドリンクが出たりして小まめに水分を摂ったり、サーキュレーターの風があったりするけど、体も頭も暑さで普通の状態ではないので、今までに経験したことがないことだけど、一瞬クラクラしたり、フラフラするほどだったよ。

休日に昼と夕方と就寝前に拭身《しきしん》〔濡れたタオルで体を拭くこと〕ができるようになったことも含め、この夏はこれまでにないぐらい処遇が大きく変わっているけど、今年の暑さの前には、正直、焼け石に水のようなもので、これから温暖化が進んでいくだろうことを考えると、熱中症対策としてエアコンの導入は不可欠だと思う。

もしこの夏のような処遇の大きな改善がなかったら、僕も含め何人かの命が危険にさらされたのは間違いないと思う。

そんな感じだったので、今年のお盆休みは、意識的に睡眠・休養をしっかりとるようにしたとはいっても、一方で学習をしつつ、一方でコンクール用の大きな絵を描き上げて、かなりハードなお盆休みだったよ。お盆休みのような感じではなく（もちろん「インディペンデンスデー」、大竹しのぶが熱演している「後妻業の女」とかの映画を見たりして、多少はお盆休みも味わったけどね）、猛暑のなかで大変な仕事をしたという感じのほうが強かったよ。

このことでは、お盆初めにここでは「パロール」と言われている厚生保護委への「申告書」の内容を考え、まとめていたことも特に大きかったよ。

絵の出品を取りやめて、「申告書」に取り組むことも考えたけど、学習や絵を進行させながら、もう一度「申告書」に書くことをいろいろな面から考え、特に三十年問題*に正面から取り組み、暁子やみんなの思いや取り組みに応えたものにしようということで、いろいろに考えようとした、ということだった。

そうして、絵のほうはお盆休み中に仕上げて、昨日までの土、日の二日間を使って、「申告書」の下書きを書きあげたよ。

そして二月の保護観察官の面接内容と今回の「申告書」の内容を踏まえて、更生保護委員による面接ということになっていくことを考えると、表現にはいろいろ配慮しなければならないこともあるので、さらにいろいろ考え、来週月曜に出すことになっているので、今週の金〔矯正指導日〕、土、日の三日を使って書きあげる予定だよ。

内容としては「事件」のことについて、そのことを今どう思っているのか、特に「被害者」についてどう思っているのか、受刑中の懲罰についてどう思っているのか、どのように生活しようとしているのか、という内容で申告書は書くようになっている。仮釈放に関する調査のために必要があるので、それぞれについて記載し、地方更生保護委員会に提出して下さい、と明記されている。

三十年分の思いを込めて書くつもりでいるよ。

ここまでを月曜の二十日に書いて、火曜二十一日に全学連大会と婦民〔婦人民主クラブ全国協議会〕総会へのアピールを書いて、水曜の二十二日にお母さんのことや石井君のことをはじめ、暁子が手紙で書いてくれていることと会話するような形で手紙を書き終えて、今日、木曜日に発送する予定だったのに、その木曜の二十三日にこの手紙を書いているよ。

実は、水曜二十二日のこの手紙を書き終える予定の日の午前中に、朝から胃の周辺が痛くて、今週から作り始めた新たな一セット四個の鞄をミシンで縫おうとしたら、突然体調が悪くなって、結局、医師の判断で静養のため一日「入病〔病舎に入ること〕」ということになった。今日退院して今日書きあげて、明日の「矯正処遇日」〔教育的処遇日と同じ〕に、事情も事情なので出せるようにしてほしいと頼んだのだけど、仕事の休みの「矯正処遇日」の発信はできず、月曜に今回の特別な事情を書いた

「発信日変更」を書いて出せる、ということになったよ。

暁子にとっては、お盆休みに発信がなく、今日もないとなると、この手紙が届くのが、来週の火曜か水曜となってしまうので、かなり心配させてしまうことになるので、僕としてはそのことのほうが心配だよ。

暁子にとって、僕の症状が心配だと思うけど、結局、一日、ひたすら何もせずに静養して、寝ていたので、完全復活という感じでいるので全く心配はないよ。

もう少し詳しく症状を書くと、工場に出た朝からお腹が痛くて、これまでも下痢とかで痛くなることはあったけど、これまでより強くて長く治らないので気になりながらも仕事をしていて、そのうちミシンに乗ろうとしたところで、急に体調が悪くなって、それは今まで経験したことのないもので、急に視界がぼやけてきて、チカチカして、そのうち、表現するのが難しいけど、血流とか体の流れが逆流するような感じにもなって、それがどんどん進んでいくような感じで、これは「ヤバイな」という感じだった。それで、工場担当に頼んで食堂で横になって、吐き気もして吐くことも予想されたので、洗面器も、水も「衛生夫」に言って持ってきてもらい、そうこうしているうちに工場担当も「衛生夫」にぬれたタオルを額にのせるように言ってくれたりして、段々と症状も治って楽になって、ちょっとフラつきが残るような感じだった。

そこで、工場担当が呼んでくれた医務の職員が、おおげさになるからいいと言うのに、僕を車椅子に乗せて医務に行って、僕の症状を聞いたり触診したりした医師の判断で、下痢のような便意もあると言ったこともあって、便の結果も見てみたいということで、一日の病舎での静養ということになった。僕としては、鞄の職場に新人が入って教え始めたばかりだったので、そのことも気がかりで入病まではしたくなかったのだけど、今は結果的によかったのかな、と思ってるよ。

下痢のような便意があって、その日にも三度少しぐらい出て、翌日の今日の朝には、宿便がそれなりに出た後、原因でもあった下痢の便が一気に出尽くして、体調も完全復活ということだった。

医師の見立ては、「胃ケイレン」ということだった。おそらく、この夏の暑さと、かなりの緊張と集中力が必要な仕事の疲れなどで、体が弱っているところで食当たり、腹痛になり、その症状も強く出たのだと思う。

いつもの僕だったら、我慢をすることも多いけど（もし今回そうなら、もっと悪い結果になった可能性もあるわけで）、今回はどんどん症状が悪くなる状態だったので、早目に、食堂で横になれるように工場担当に言えたこと、早めに手を打つことができたのが一番によかったと思っているよ。冷静に症状を見極めて、間違いなく悪化しているのであれば、それを防ぐために手を打つ、初めて経験する状況のなかでもそのように冷静に判断して対応できたことがよかったと思っているよ。

お母さんのことでは改めて考えさせられることも多いけど、暁子も言うように、暁子ができることを精いっぱいして、お母さんもその中で精いっぱい生きることができた、そう僕も思っているよ。

葬儀の時の写真からも、国雄さんが、お母さんの看取りや家族葬にすることなど、喪主としての暁子をサポートしてくれた姿が伝わってきて、改めて感謝しているよ。

〔葬儀で〕暁子がお母さんの位牌を持って、誉夫さんがお母さんの御飯〔枕飯〕を持ってくれていたけど、それは僕の代わりということなのかなと思っているよ。

今回の葬儀の機会に、僕との結婚のことを話して理解してもらったことが暁子にとっての支えにもなっていると書いてあったことが僕にとっても嬉しかったよ。

特に、食事の時に恵子さんと対面で座っていろいろ話せたことが良かったんじゃないだろうか。恵子さんと同じ席に並んで座っていたので、和男さんもわかったし、穏やかそうな人がらだよね、二人とも。暁子が初盆で帰るというので、二人で、家やお墓の草刈りをしてくれたというのも、暁子のことを理解してくれたようで嬉しいよね。

初盆には、お母さんから引き継いだ白玉粉のダンゴを作ってお供えしてきたということで、お母さんも喜んでいると思う。八月二十九日は、四十九日で帰って、黒ぬりの位牌をつくったり、登記のことなんかもある、ということだけど、いろいろな手続きも終わりそうなんだろうか。僕は何も手伝えなくて残念だけど。生活費のことなど、どうなっているのだろうか。

石井君〔星野文昭さんを取り戻そう！東京連絡会の青年〕が、ママチャリで佐渡まで行ってきた帰りにトラックにぶつけられて、鎖骨、肋骨を折って、肝臓にも損傷が出たとか、暁子も言うように、命に別状なく、頭を打たなくてよかったよね。肝臓のほうはしっかりと治したほうがいいと思うけど、若いから治るのも早いと思うし、骨は折れた所は逆に丈夫になるということもあるし、いろいろ制約のある生活は、活動的な石井君にとっては大変かもしれないけど、リハビリなど逆に体を鍛えたり、学習時間が増えたという具合に、前向きに今回の苦境を転化しては、と思っているよ。

毎日新聞の記事に中村巡査〔七一年十一・一四渋谷で死亡した警官、佐渡出身〕の墓が出ていたので、見に行ったというよりは、石井君のことだから、手を合わせてくる、という気持ちもあったのかもね。石井君にとって、今回のことも、次に向かっての大きな糧になることは間違いないと思っているよ。

八・五―六は、ヒロシマを核に、国際的な反戦・反核闘争を開始する歴史的なものだったと思う。

ヒロシマ・ナガサキ（ビキニ・チェルノブイリ・フクシマ）の現実を誰もなかったことにできないし、その現実を踏まえれば、トランプや安倍が朝鮮戦争から世界戦争へ向かうことを、核戦争の惨禍を、世界の労働者民衆に強いることへの怒りは真に根源的で、その怒りと力を、国際連帯・ゼネストで解き放っていけば、朝鮮侵略戦争―世界戦争、核戦争を阻止することができるし、その戦争・核戦争を必要とする米日をはじめとした帝国主義とスターリン主義を倒して、搾取・戦争のない人間本来の社会を開くことができる、という歴史的闘いが開始したということだよね。

そして、暁子が発言し、星野解放の決議をあげた意味でも歴史的なものだと思うし、このことをテコに星野解放を何としてもかちとることに実らせる、そうしたいよね。

韓国、アメリカ、イラク、パレスチナはじめ国際的発言も、国内からの発言もすばらしかったけど、特にシンディー・シーハンさんの「誓いたいことがある、それは原子力も核兵器もない世界、そしてアメリカ帝国主義はじめ帝国主義からの全世界の解放、資源を独占し人々を食いものにしている『命よりカネ』の資本主義からの解放をかちとるために活動しているすべての人々と連帯することです」

などの発言は、闘う力を磨いているのを感じるよね。ハイスクールの教師として闘い、娘さんもチャータースクールの〔教員〕労組で闘っていることも初めて知ったよ。暁子も交流できてよかったよね。僕に手紙を書いてくれるということも楽しみにしているよ。訳が必要だけどね。キムヒジョン工団労組委員長から韓国で僕の絵画展をやりたいということ、暁子も言うように絶対成功させたいよね。

鞄、運営委に持って行ってみんなに見せたら、「ほしい」と言う人が結構いたとか。そして注文を取ると僕が大変になるということで取っていない、という暁子の気遣いが嬉しいよ。

先週四個を仕上げて、さらに新たな四個を作り始めているよ。

それと、一人新しくチームに加わったので頼もしいよ。協力的だし、仕事にも前向きで丁寧なのでいい相棒になってくれそうだよ。

必要なミシンがないというのは、筒状になった革用ミシンとか、特に、今使っている「腕ミシン（丸ミシン）」は製品として完成したものを作るには、右と左のコンピューター付きミシンが必要不可欠だけど、それらがなくて、それらを使ったのと同じ完成度にするには、今の形の鞄自体がかなり高度な機能が必要な分、特にバイアステープを使う分、かなりの緊張度と集中力を使うので、それだけ疲労度も大きいものになるよ。その意味では、今のかなりのレベルの大変さを解消するには必要なミシン、道具を、と言い続けなければならないと思ってる。一人が加わって力を発揮してくれるといいけどね。

今日は二十四日、昨夕から夜半まで台風二〇号が直撃して、今までで一番と思うほど長く、強風と強い雨が続いた。

コンクールの絵は「中四国の絶景」から「熊野・丸山千枚田」を描いて、いい出来だったよ。熊野は悦美さんのふるさとだね。この手紙が届く時には絵画展が終わって、この間忙しい日が続いていただけに、少し休養期間をつくってゆっくりしたほうがいいよね。

いつも、素敵な暁子を抱きしめ愛してる。

最愛の暁子へ　文昭

＊三十年問題　二〇〇三年法務省通達で、刑期三十年を超えた無期受刑者について、更生保護委員会が仮釈放審理を開始することとなった

早く原因が分かって治療できればいいね

〈暁子から文昭へ　二〇一九年一月八日〉

今日は面会前の八日、夕べ早く寝たので、今日は早く起きて、面会日記と新年のあいさつの原稿を書きました。

明日、文昭に会えるけど、体調のことが心配です。体重は五一キロぐらいには戻っているのかしら？

食欲不振は、少しは改善されたのかしら？　医者の診療があって、医者は食欲不振のことはあまり気にしていないらしいね。それも困るね。食べることは、体の基本だから、これが具合がわるいと言っているのだから、どこか悪いところがあるんじゃないかと……考えてくれなきゃいけないよね。

新年のあいさつ文に、今年は、文昭も私も、闘いの中で輝ける年にしたいと書きました。そのためには、やっぱり、健康第一だよね。

今年は、年賀状がなかったので、楽でした。

御歳暮は、本家と徳島にだけ、お菓子を送りました。鯉のうま煮は、私は好きだけど、特に男性は苦手という人も多いのです。

干しいもと、おもちを送ってくださった方がいて、これもとてもおいしいおもちだったので、何回も雑煮をして食べました。文昭のお正月も、結構豊かだったんじゃない？

そうだ！　文昭お金ありがとう。五万円大金だね。私としては、出所する時に文昭が、まとまったお金を持っていることは必要なことだから、貯めておいてほしいと思っているけどね。

平良さんに文昭がすすめたい料理の紹介まだ送っていないので、今晩、送るようにします。

平良さんは、きびしい総括の文章を、新年のあいさつに寄せていますね。病気が進まないように、してもらいたいね。

今年は三日に大切な友人に会って、四日にも黒島保子さんに会いました。

韓国に行くということで、『新・韓国現代史』読みました。他にも読んだほうがいい本集めたんだけど、忙しくて進んでいない。

文昭の正月は、まとまった学習ができたんじゃないかしら？　寒さは、どうでしたか？　絵のほうも進んでいるといいけど。

健康を今まで守れてきたことは文昭の努力があってこそなんだよね。病気の中でもつかみ取れるものはあると思うから、前向きに考えてもいいと思う。その上で、やっぱり早く原因がわかって治療ができるようになるといいね。文昭の体調不良は精神的なものということはないんだよね。これも、わからないよね。

本家の国雄さんが、りんごをたくさん送ってくれたので、正月はりんごの味を楽しみました。それが終わってからはみかん。おいしいみかんをたくさん食べています。結構安く買えるしね。

文昭が、くだものをあんまり食べられないというのは、残念だよね。

今年をどんな年にしたいかというと仮釈放の実現の年にしたいというのは当然なのだけど、本を読んだり、勉強したりすることが、ちゃんとできる年にしたいよ。部屋の整理は当然だけどね。

じゃ　今日はこの辺で。元気で。

最愛の文昭へ　　暁子

僕の年末年始

〔文昭から暁子へ　二〇一九年一月八日〕

暁子、今日は、新年の七日、明けましておめでとう。年明け二日の手紙に年賀状が届いているとあったけど、新年初めての手紙なので、まず新年のあいさつを！　だね。

暁子は、三十一日までかかって、他の予定をキャンセルして、テグでの講演の原稿を仕上げることができてよかったよね。例年恒例の三十一日の暁子担当の料理をひき受けてくれた片山さんのおかげでもあるね。原稿を残しての新年と原稿を仕上げた新年では、迎える気持ちも全然違ってくるからね。

僕のほうも、これまで積みあげてきたものを土台にしながら新たな力にあふれるような形で新しい年を迎えることができているよ。

暁子が一番気にかけている健康面については劇的に良くなっているというわけではないけど、この年末年始六日間の休みを、体を休めることに徹しつつ（もちろん、筋トレとかをしつつ）三が日の白米とか、おせち、お菓子類とか普段食べられない栄養のあるものを食べることで胃腸の調子もよくなり体重を少しでも戻せれば、という感じで過ごしたよ。それと夏に胃腸の悪化と大幅な体重減を前にして、かなり無理をして（ご飯にお茶をかけて食べるとか）食べて、常に胃腸に負担をかけているというのをやめて、無理してたくさん食べるのではなく、胃腸にあまり負担をかけずに適量を食べる、という方法でやってみよう、ということでやっているよ。

　年末年始の特別食でもっと体重が増えることを期待したけど、思ったほど増えず、結局、五〇キロから五一キロ、一キロ増だった。年末年始も無理に体重を増やす、というのではなく（無理に食べていた時は、今までにないような「ゲップ」がたくさん出るような状態だったこともあって）、それに夏にあまりにも急激に体重が減って、元に戻すこと、また食べないと必要な栄養も摂れないということについても、一種の強迫観念にとらわれていたということからも、無理に食べすぎて胃腸に負担をかけて、それがまた胃腸の調子を悪化させて、食欲が減り、結局食べる量も減ってしまうという悪循環を脱して、適量を食べて、胃腸の調子を少しでも良くすることを第一に過ごして、体重が劇的に増えるとかはないし、胃腸の調子も劇的に良くなっているわけではないけど、「ゲップ」が異様に出ることもないし、食後の胃腸の状態も楽になって、ほんらいのいい感じに近い状態になっているよ。これで胃腸の状態もいい状態に保つことができて、体重も五〇キロを切らないぐらいを保って、少しでも増えてくれればと思っているよ。

　これは弁護士面会でも話していない、最新の健康状態というところだよ。年末年始の発信の休みがあり、その最後の発信では新年アピールを優先したりして、直近の体調の報告を、弁護士面会の体調報告で我慢してもらおうとしたことに暁子からの「異議申立」があったからね。

　年末に医務の医師の診察があり、問診をして、「当面、今の血糖の薬を一日四錠から二錠に減らして様子を見ましょう」ということだった。カルテの開示は、最初はプライバシーの保護を建前に渋ったようだけど、和久田さんに、角田義一さんの弁護人選任届と一緒に開示の意見書を宅下げしたので、カルテなどが手に入って、専門的な検討ができていれば、と思っているよ。

胃カメラの結果は、一応異常なし、ということだけど、大腸、小腸、十二指腸とかの検査は不可欠だし、それも含めて、急激な体重減の原因、胃腸の不調の原因、食欲不振・量的減退の原因をはっきりさせて、その改善のための治療、そのことによる低栄養の補充などは、粘り強く求めていかなければならないことだよね。そして、こうした体調・健康破壊が、長期にわたる冤罪による拘禁、無期刑、投獄によるもので、処遇の改善を求めつつ、早期の解放を、更生保護委と高裁に一層強力に求めていく、ということだよね。

暁子も言うように昨年は星野解放の運動が本当に大きく広がった年だったよね。一つの県で複数回の開催に挑戦して、一年間で八十数回の絵画展を組織して、そのなかで暁子も直接訴え、無実で無期確定後三十一年、獄中四十四年のあまりの権力の理不尽への怒りの声が広がり、特に、そのような攻撃を受けながら、僕と暁子が愛と絆を深め、人間的な魂、生き方を磨き、今の時代に必要なものを生み出していることへの共感と希望が、広く、労働者民衆の人々の心をとらえ、即時解放の声が広がり、それが、毎月の申し入れ、要望書の提出となり、坂手洋二さん、高橋和也さんが参加してくれた一〇〇〇人の六・三高松集会・パレード、六〇〇人が参加した感動的な十一・二五集会・パレードになって、直接更生保護委を包囲するものになり、二度の朝日新聞への意見広告も、僕らが直接把握していない広大な力をつくりだすものになったよね。

そして、〔今年の〕東京での一・二七集会・パレード、さらに、琉球新報、沖縄タイムスの広告は、劇的な反応をつくり出すものになると思う。

その意味では、今回の〔韓国〕テグ訪問と講演、絵画展も闘いの一環ということで、本当に画期的なものになると思う。『新韓国現代史』を行く準備として読んだこと、さすが暁子だなと思っているよ。

今年は、トランプや安倍を先頭に、自国資本・政府の利害をゴリゴリ前面に出して、中東、朝鮮半島・中国・東アジアをめぐる争闘戦を激化させる軍拡と戦争の動きが、安倍の改憲・大軍拡・辺野古強行でむき出しになり、それらへの怒りの決起と職場における強労働・過労死、低賃金・長時間労働、非正規化への怒りの決起が、団結を甦らせて、国際連帯の闘いと一体に、全世界の労働者民衆が一つに団結して、強欲で、理不尽で凶暴で恥知らずな資本家とその権力を倒して、全てを労働者民衆の手に奪い返して社会を労働者民衆、人間本来の力を解き放って誰もが力を合わせて人間らしく生きられるものにつくりかえていく、そうした始まりになるし、そのなかで星野の解放と全ての労働者民衆の全面的解放をかちとっていく年にしていきたいよね。

僕の年末年始は、何とか体調回復への基礎をつくることと、学習に集中することが中心で、学習は、計画としてはいろいろあったのだけど、黒島君たちの大力作の『ロシア革命・現代世界の起点』〔二〇一八年　出版最前線発行〕を集中的に読んだよ。これまでの蓄積の上に、ロシア革命について一層深めているのがいいよね。帝国主義の矛盾が、戦争・生きられない現実として吹き出し、そのことからの労働者・農民・兵士、全ての人民の解放は、二月革命の資本家・権力との妥協の道ではなく、労働者人民の団結した決起による帝国主義の打倒にこそあり、そうして労働者人民の手に全てを奪い返すことによって、労働者人民本来の、人間本来の力が真に解放されることによって、社会の全てを人間社会に値するものに創成していく、そのことに対するレーニンをはじめとしたボリシェヴィキの全面的な信頼と実践がロシア革命を貫くものだし、それは、まさに、戦争と搾取と破壊をもたらす資本主義・帝国主義・新自由主義と闘う、今に求められているものだよね。

年賀状、今三〇〇通、みんなに会えているようで嬉しいよ。というわけで、紅白も今年は、ほとんど集中して見たり聴いたりせずに過ごしたけど、僕も、島津亜矢の「時代」は楽しみにしていて、暁子も心に残ったと言っていたので嬉しかったよ。最近は「カバー曲」で紅白に出たりしていて、深い所から唄って、曲に新たな生命を吹き込む、という感じがする。十年ぐらい前に、NHKの「歌謡コンサート」で「長崎の鐘」を唄うのを聴いて本当に感動したのを覚えているよ。恒例の暁子と片山さんのおおみそかに今年は一緒に過ごしたいよね。

今ごろは、一月の申し入れも決まっていることだとは思うけど、更生保護委の面接はまだないよ。明日からの面会、とても楽しみにしてるよ。

新年最初の絵は「パレスチナ、笑顔を取り戻した少女」。「開運」一緒に飲めればと思っているよ。僕の酒は、一気に飲まずに自分のペースで楽しくという酒だよ。札幌では、おふくろさんと僕と修が飲めて、おやじさんと兄がダメだけど、飲めないかわりに甘いものを食べていたんだろうね。僕がおふくろさんを手伝って作っていたのは梅酒。

今年は本当に二人にとっても、みんなにとっても、持てる力の全てを解き放つ年にしたいよね。体調第一にね。素敵な暁子をいつも抱きしめ愛してる。
最愛の暁子へ　　文昭

韓国テグ訪問は大成功

〔暁子から文昭へ　二〇一九年一月二十二日〕

文昭、今、二十二日の午後八時になったところ。昨日二十一日、韓国テグ〔大邱〕から帰ってきました。三泊四日のテグ訪問は、大成功でした。

狩野満男さんといっしょに行ったのだけど、空港には「民衆行動」の代表のイドクチェさんと事務局長のイジェヨンさんとイジョンジェさんが、迎えに来てくれました。絵は八点手持ちで持っていって、あと一三点は、イジョンジェさんがスキャンをとって、レプリカを作ってくれました。今回は、私と広島の宮原さんは招待なので、交通費も食事もすべて出していただきました。「トコトンつきあうのが韓国流」、広島の吉永さんが言っていました。

今回、星野の絵画展と私の講演が実現したのは、昨年の八・五の広島での国際連帯集会にイドクチェさんが参加していらして星野の国際連帯アピールを聞いてくださっていて、まっさきにこれに応えてくださったのです。私も八・五、八・六には行っていて発言もしています。

十九日は、設営のできた会場に十一時に到着しました。

夜は、「教育空間」のみなさんと交流しながら、広島の二人が到着するのを待ちました。

「民衆行動」というのは、党ではないのだけど、労働組合も結集していて、テグの民主労総の役職は「民衆行動」がにぎっているそうです。彼らは民主労総の左派で、北朝鮮やアメリカとの交渉には批判的だということでした。

「民衆行動」は、マルクス主義にとりくみながら、活動もやっているそうなのだけど、「教育空間」というのはマルクス主義を学習する市民団体で、今回絵画展と集会を主催したのは「教育空間」です。イドクチェさんは「民衆行動」と「教育空間」両方の代表になっておられます。

地元のテレビ局が取材に来ていて、インタビューも受けて、その内容は十九日の夜の地元のテレビで放映されました。日本でも、インターネットで結構あっという間に広がりました。

絵画展は、なぜ、八点手持ちで持っていったかというと、航空便で送ろうとすると、手続きが大変だからです。レプリカも工夫して作ってあってよかったです。

二時から集会、あいさつをしました。日本の植民地支配の中でやってきた残虐な歴史は消すことはできない。その歴史を変えるために、文昭は四十四年間闘ってきた。韓国と日本の真の連帯のために頑張ろうと話しました。狩野さんもなかなかいいことを言っていました。インタビューの時も、星野さんの闘いによって、日韓の戦争反対の闘いが強まることを願っていると言っていました。私の講演は三十分、通訳は地元の方にやっていただきました。訳も三十分かかるので、一時間かかりました。質疑で、女性からの質問が多かったです。私への質問で、「恋愛関係はあったのですか」という質問もありました。

文昭がヘルペスになってから、できないことをあきらめるのではなく、できることは何でもやるように変わってきた……というような話をしました。

司会の人が何を話しているのかわからなかったのですが、宮原さんの説明では、私が韓国の民主抗争の話、特にテグの民主抗争の話をしたのがよかったと言ってくださったようです。

最後に、イドクチェさんから楯をいただきました。その上で、文昭への手紙もいただきました。苦労して日本語で書いたものですから、文昭も喜んでくれると思います。この手紙に同封します。

終わってから交流会。

二十日はサード〔高々度ミサイルシステム〕配備に反対する闘争現場に行ってきました。寒いだろうということで、ジンシンシェーさんがマフラーを買ってくれました。イドクチェさんはじめ、みなさんがつきあってくださったのです。ハルモニの話を聞いて、映画を見ました。日本人は私と広島の吉永さんと宮原さん、通訳の日本人が来てくれていて、しっかり通訳してもらいました。質問はないかと言われて、三、四点ぐらい質問してから映画を見て、ハルモニたちの激しい怒りが伝わってきた。日本でも辺野古で軍事基地反対闘争がとりくまれている、サード撤廃と辺野古軍事基地建設阻止そして星野解放を一体でとりくもうと訴えました。

それからテグに戻ってから、おいしい韓国料理をごちそうになりました。ここで通訳をしてくれたのは若い学生、マフラーを買ってくれた方の娘さんです。「通訳は暁子さんのはじめの話をちゃんと通訳しなかったけど、大事な話だった」と言ってくれました。

それで私は、「テグに来るというので、韓国と日本の歴史を改めて学びました。そして、あまりに残忍なことをやっているので、この歴史が消えることはないと思いました。テグに来て熱烈な歓迎を受け、複雑な思いでした。安倍政権が再び戦争を準備しはじめている中にあって、文昭の闘いがあることを知っていただいて、元気になっていただけたらうれしいです」。

そんなことを言ったら、イドクチェさんが「その回答は、私たちは韓国人・日本人ではなく、世界の労働者人民なのだ」と言われました。また別の方も「いっしょに闘った日本の同志がいる」と言われました。貴重な交流でした。

二十一日朝、三人のみなさんがホテルに迎えに来てくれて、空港でおかゆの朝ごはんをごちそうになって、見送っていただきました。

名前が覚えられないけど、仲良くなった女性三人は、なんとか名前を確認してフェイスブックで二人とつながったので、お礼のメールも出したいと思います。

イドクチェさんには、本当にお世話になりました。それから「教育空間」のみなさんにも。文昭に、テグの人たちの、本当に温かい熱烈な歓迎ぶりを伝えたいのだけど、伝わったかしら？

いただいた楯は、面会にも持っていきます。私あてになっています。今までの苦労が報われたような気がするね。特に、韓国のテグの人たちから認められたことがうれしいよね。

イドクチェさんの手紙に対する返事とみんなへのお礼を、文昭からも書いてもらえますか。

じゃ、今日はこれで、終わりにするね。

最愛の文昭へ　暁子

日韓の労働者の連帯

〔文昭から暁子へ　二〇一九年一月二十九日〕

暁子、今日は一・二七〔星野全国集会〕の翌日の二十八日。徳島は寒い日が続いていて、二十六日には積もるほどではなかったけど、窓の外が真白になって竜王山も見えなくなるほど、この冬初めての雪が降ったよ。

二十四日届いたテグ訪問の手紙は、いっぺんに、イドクチェさんはじめ熱烈に歓迎してくれたテグの地に僕を連れていってくれる手紙だったよ。

面会の時には今ひとつはっきりしなかった、イドクチェさんが代表の「民衆行動」、「教育空間」のめざすものが、マルクス主義の労働者自己解放の思想と実践を大切に、全世界の労働者・民衆の団結と解放をめざし、民主労総のなかで左派として民主労総と韓国労働運動を牽引《けんいん》しているということが生き生きと伝わってきたよ。そのダイナミズムが日韓の連帯を発展させて朝鮮戦争、安倍の改憲・戦争を阻止して、強搾取・貧困と戦争・大軍拡を不可避とする形で完全に破綻してしまっている、資本主義・帝国主義を打倒していく力にあふれたものであることを実感させてくれるものだったよ。

広島の宮原さんや吉永さんはじめ、これまでの交流の積みあげの大きさを感じると同時に、暁子と満男君の絵画展、講演、交流を通した魂のまじわりと結びつきの確かさ熱さが伝わってくるよね。僕にとってもだけど、暁子にとっても、大きな財産になったんじゃないかな、と思ってるよ。

わざわざ空港までイドクチェさんはじめ三人が迎えに来てくれた、それだけで感激だよね。全力で歓迎しますという熱い気持ちが伝わってくるよね。イドクチェさんが苦労しながら日本語で書いてくれた手紙に十二分に表現されているけどね。

僕と暁子がみんなと共にかちとっている世界を表現している今年のカレンダーのなかから、暁子が手持ちで持って行った八点とイドクチェさんがスキャンしてレプリカにしてくれた一三点の絵と詩は、本当にストレートに心に届いてくれたと思っているよ。

十九日に講演した会場で、夜の「教育空間」の皆さんと、広島の二人が到着するのを待ちながら、普通、集会とかで少しの時間会って話すのとは違って、たっぷり話し交流できたことが大きかったんじゃないかと思っているよ。

特に、独裁との長い闘いの大変さをのりこえて、今、テグの民主労総の役職をにぎり民主労総左派として、今回の詩画展を主催してくれた「教育空間」も、労働者（民衆）の自己解放闘争として社会変革・革命を労働者階級・民衆の団結、国際連帯・ゼネストで実現していくというマルクス主義の闘いに全力で取り組むなかで闘いの先頭に立っている、というのが素晴らしいよね（このことが、イドクチェさんの手紙へ僕が一番伝えたいことでもあるけどね）。

地元のテレビ局が取材に来て、インタビューも受けて、それが十九日夜に放映されたというのも画期的なことだよね。日本でも、インターネットで結構あっという間に広がったということも。

十九日、二時からの集会での暁子の発言、とてもよかったよ。「日本の植民地支配の中でやってきた残虐な歴史は消すことはできない。その歴史を変えるために文昭は四十四年闘ってきた。韓国と日本の真の連帯のために頑張ろう」と話したということ。暁子がテグ訪問を前にして、学習し、日帝の侵略・植民地支配の残虐を消すことのできない歴史としてはっきりさせ、その歴史を変えるものとして四十四年間の闘いがあることを明確にして、韓国と日本の真の連帯のために頑張ろうと呼びかける、本当に的確で素晴らしい内容だと思う。

暁子の講演は、訳と合わせて一時間の講演になったそうだけど、暁子の話と表情から伝わって来るものを感覚で捉えて、それが訳を通して心に届いて、目や表情で表現してくれる、そんな場面がよかったんじゃないかな、と思っているよ。

質問は女性からが多くて、やっぱり獄壁で隔てられるなかでどのように愛を紡いできたのかということが知りたいし、学びたいことなのだと思う。生きる力にしたい、ということなのだと思う。

「ヘルペスになってから、できないことをあきらめるのではなく、できることは何でもやるように変わってきた」ということは、その愛を紡ぐということでは僕らにとって転換点になったことだけど、その表現では本当のところがもう一つ伝わらないから、例えば「腰の回りにできたヘルペスまで全て見せてくれた」と言ったら伝わるかな、とも思うけど、でもその点は、あえてオブラードに包んでもむしろそのほうが暁子としてしっくり伝えられるということなのかな、とも思うし、そのほうがいいのかな、とも思っているよ。

司会の人が、暁子が韓国の民主抗争の話、特にテグの民主抗争の話をしたのがよかったと言ってくれたのだとか、やっぱり自分たちの闘いを理解してくれたのが何より嬉しいことだったのだと思うし、暁子にとっても学習して行ったかいがあって嬉しいことだよね。

イドクチェさんからの手紙、一生懸命日本語で書いてくれたことが、何とか思いを伝えたいということが伝わってきて嬉しかったよ。きちんと読み込むことで真意は十分に伝わってきて感動的だったよ。絵について、「労働者の苦痛の自画像、戦争の惨禍の自画像」と言ってくれ、僕の「吹き出す熱望の気、そして送り出す反戦・反帝国主義・反安倍のメッセージです」と言ってくれているのも、最も的確な感想だと思っているよ。「一人を救うために、一人を解放するために、外の世界の人々の声が集まっています。真心を尽くして力いっぱい、絵画展を準備して、一人を救う道・世界の労働者民衆を救い解放させる道だと信じるから、あなたの蒸し暑く寒い部屋を思いながら人々の足取りが集まっています。最後まで勝って徳島、沖縄、日本、韓国を、私は強く米帝国主義の影を取り除きましょう。そして、あなたの顔さえお目にかかったことのない数多くの人々が見られなくて聞けなかったあなたの魂の響きを今、聞いて見ています」とあったことが嬉しかったよ。本当に熱い思い、力が湧いてくるテグ訪問だったよね。

一・二七は大成功だったと思っている。星野解放へ切り開いているものに確信をもって、改憲・戦争阻止・安倍打倒の勝利と一体にさらに闘いを強め、絶対解放をかちとっていこう。それを心一つにできた一・二七だったと思う。体調も一歩一歩という感じだよ。暁子も体調第一にね。

いつも抱きしめて愛してる。

最愛の暁子へ　　文昭

テグで大きな愛を受けた

〔暁子から文昭へ　二〇一九年二月五日〕

今日は面会二日目、面会が終わってから、近くの喫茶店で待って、香川の日教組の須藤さん、片山さん、高橋敦さんといっしょに申し入れをしました。

私からは、文昭が言っていた、夕食のご飯を、しんがあるような固いご飯ではなく、柔らかいご飯にしてほしいということも申し入れしました。その上でおかゆにしてほしいということも。あとポケットカイロを三月まで購入できるようにしてほしいということも言っておきました。香川からは、日

教組香川三観地区教職員組合執行委員長・片山元久の名前で、
一、刑務所内の全舎房に暖房を入れること。
二、受刑者全員に湯たんぽの使用を認めること。
三、ダウンジャケットなどの防寒着の使用を認めること。
四、受刑者全員への十分な医療と健康診断を認めること。
を申し入れました。

ご飯のこと、しんがない柔らかいご飯を出すのは、あたり前のことだから、実現してほしいよね。たぶん、大釜でたくのだろうから、慣れない受刑者がやっているのではないかしら？　丁寧に教えてあげれば、すぐに解決することだと思う。

それから、面会でも伝えることだけど、二月十五日の申し入れの前に藤田弁護士が面会に行くけど、面会後に、冬の暖房のこと、医療データの開示のことなど申し入れのための時間をとりたいので、面会時間は一時間ぐらいになるそうです。文昭も話しはじめると止まらなかったりするから、自覚しておいて下さい。

それから、文昭がテグについて書いた手紙、読みかえしたら、これを返事として送るということでいいような気がしました。ただし、ヘルペスのことでは、ためらいもあります。私が話したのはこのことではなく、写真を送ったり、キスマークのついた手紙を送ったり、アクリル板越しに接吻したりしたというようなことです。文昭の手紙を訳してもらって、文昭からの返信として送るかどうかはもう少し考えさせて下さい。

テグで大きな愛を受けたことで、私の生活への向きあい方が前向きになりました。今考えているのは、仕事部屋の整理をきちんとやって、生活を楽しめるようにしようということです。それから食事も、やっぱり一人だと簡単になるし、栄養もかたよってしまうのだけど、なんとか献立ても決めて、食事も楽しめるようにしたいと思っています。友だちといっしょに食べる時だけつくるというのは、やっぱり駄目なんだよね。毎日の食事に気をかけておかないと病気になってしまうよね。私はウインナーのようなものをよく買うんだけど、これも何が入っているかわからないから、やめようと思ってる。

あと、面会にも来てくれた東京連絡会の福地さん、大腸がんで亡くなりました。昨年たまたま電話した時に、「がんなんだよ」と告白されて驚きました。自然治療をやっているということでした。福地さんは数年前に、「演劇に集中したい」ということで東京連絡会もやめて演劇に集中する態勢をとったのだけど、所属していた黒テントはつぶれてしまい、その後、お父さんの遺稿集が見つかって、それをもとに脚本をつくり、反戦劇をつくって、東京新聞にも大きくとりあげられました。福地さんの人生が演劇にかけたものであったことを考えると、それに集中できたのが数年あったことが救いだったと思います。福地さんの友人の福永さんが、私だけに連絡してくれと、福地さんに言われたということではがきをくれました。福地さんはガチャバンクラブという障害者の介護を仕事にしていたので、その人たちが中心になってお別れ会をやるというから、私も参加しようと思っています。

冬の寒さが、やせた分辛く感じられると言っていたね。寒さで、ふとんに入ることで絵が描けなかったというのも、今回はじめてのことだけど、無理しないでよかったと思う。健康優先にして下さい。その上で佐渡の絵、楽しみにしています。

それからテグで私が感動したという日帝の植民地時代のことに対するイドクチェさんの回答「自分たちは韓国人・日本人ではなく、世界の労働者民衆なんだ」ということ、このことについて直接触れてはいなかったけど、韓国の民主抗争についての話や、私が日帝の植民地支配のことを学習していったことについて、文昭が触れていたので、そこに含まれているということで理解しています。

動労千葉との交流の中でも、田中委員長が日帝の植民地支配に触れて謝罪した時に、民主労総の人は、「今、何をやっているかが問題だ」と言ったそうです。

三里塚の北原事務局長も、自分の、兵士としての戦争体験を語って、日帝の加害責任を謝罪した時に、同じく、今闘っていることが大切だというようなことを言われたそうです。

私が、今回のテグ訪問の中で感じているのは、今回の最高のもてなしにお返しするということと、日帝の植民地支配の歴史を、連帯の歴史に本当に変えていくということ、国際連帯を強めるということを、星野〔闘争〕をやることを通して自分の責任としてやっていこうと思っているということです。

申し入れの時、大腸の検査、血液検査のこともしてくれるように、申し入れておきました。

明日も楽しい面会にしようね。

最愛の文昭へ　　暁子

菜の花が広がる佐渡の絵

〔文昭から暁子へ　二〇一九年二月十二日〕

暁子、今日は二月十二日、午後六時を回ったところだよ。本当は、もう少し早くから書き始めるつもりだったけど、暁子の面会二日目の後に書いてくれた手紙にもう一度目を通したりしていたので、この時間になったよ。テグの高揚感があり、一・二七の高揚感もあって、今回の面会も、久々に上気した顔色と表情の暁子と会えて、話も弾んでとてもよかったのと、手紙も楽しんで一気に書けたというように、とても弾んだ感じで、これもいい手紙だったよ。

そんな面会と手紙の暁子に力をもらったことで、面会でも約束した、菜の花が広がる佐渡の絵を、日曜と休日の月曜を使って描きあげて、今日、郵送の手続きを取ったので、おそらく今週中には届くと思う。正直に言うと、もう一日描けたらもっと満足する仕上がりになったと思うけど。いい出来になったので暁子も喜んでくれると思う。面会の三日間は暖かな日だったけど、金曜から月曜までの四連休は一転して真冬並みの寒さになって連休の前半二日、布団にも入って学習に使って、後半二日にかなり気合を入れて、カイロを三個使って描きあげたよ。菜の花の広がりも丁寧に描くことができて、その向こうに、上半分ぐらいに雪を残している佐渡連山が見える、このまま全体に丁寧に描けたのと、何と言っても題名を「春・希望を育む佐渡」としたように、新潟のみんなが、佐渡に星野解放のための署名・要望書運動を持ち込んでくれ（そのこと自体が本当に感動的なことだよね）、扉の会〔部落差別はじめ人権問題に取り組む佐渡の団体〕などに働きかけてくれて、そして荒井真理さんはじめ扉の会の人々がそれに応えてくれて星野解放に取り組んでくれていることへの、胸がふるえるような感動があって描こうと思ったんだよね。特に荒井さんが、「星野解放が中村巡査の遺族の解放になる」と言っていたことも大きかったんだよね。僕は更生保護委への文章のなかでも書いているように、中村巡査の死に直接関与はしていないけど、残念に思っているし、何より闘争全体における「死への責任」ということからも、同じような死が繰り返されない世の中を、人間が人間本来の生き方を全うできる世の中を実現することでそのことに応えたい、というのが僕の本心であるけど、荒井さんが言っていることは、そのような生き方をしている星野の解放が、中村巡査の遺族の解放にもなっていく、ということとして、よりその意味を鮮明にしてくれたということができると思っているよ。中村巡査の遺族にも、絵を通して、そんな僕やみんなの気持ちが届いてくれればと思っているよ。中村巡査が亡くなった直後の新聞記事で、お母さんが「こういうことが起こるのも今の時代だからということがあるけど、命まで奪うことはない」ということを言っていたのは、ずっと心に残っていて、その意味では、そのお母さんに届けたい絵でもあるよ。

そのことも含めて、今回の絵は、こんなふうに描けば、暁子が喜ぶかなとか、みんなも喜ぶかな、と随分たくさんの会話をしながら描いた絵になったよ。

そういうことで、この手紙は、時間的にはかなりタイトな手紙になってしまったけど、できるだけ書きたいことが収まるように書いていきたいと思っているよ。

　十五日には、更生保護委への申し入れがあり、その日に藤田さんが僕との面会を一時間に切りあげて、医療データの開示と、暖房・食事の改善を求めるということなので、少しでも良い方向に進めばと思っているよ。

　暁子も面会の時に、暖房・カイロのことと食事の改善を求めてくれたと言っていたけど、朝・昼はまだ良いんだけど、夕食はほとんど変わらず、固く、芯のある状態が続いている。でも、前に書いたように、おかずはかなり食べられるようになって、夕食のごはんが芯があって食べられないのであれば、朝・昼のごはんを少しでも多く食べるようにしていて、体重は今のところあまり変わらないけど、この数日は体調は不思議にいいんだよね。おそらくは、テグの話で盛りあがった面会で久しぶりに上気した顔色のいい、笑顔にあふれた暁子に会えたことと、一気に楽しく書けたという暁子の手紙のせいだと思う。

　福地さん、実は会えるのを楽しみにしていた一人でもあるよ。暁子からもいろいろ聞いていたからね。でも、暁子が言うように、お父さんの遺稿集をもとに脚本をつくり、反戦劇をつくって自分で演じて、東京新聞にも大きくとりあげられて、福地さんの人生が演劇にかけたものであったことを考えると、それに集中できたことが数年あったということが救いだったと思う、ということ、僕もそう思っているよ。そこに、自分の生き方、人生を集中することができた、それを福地さんが選択し遺業として やり切り旅立った、ということと思っているよ。お別れ会への参加も喜んでくれるんじゃないだろうか。星野解放のために精いっぱいやってくれていて、その気持ちを持ち続けていたことも、暁子にだけ連絡してくれるように言っていたということに示されていると思うし、そのことに星野解放で、また日々の充実で応える、ということでもあるよね。

香川の三人の申し入れも感謝だよね。暖房・湯タンポ・ダウンジャケット、十分な医療と健康診断、心細やかさが伝わってくるよね。

前の手紙を返事にするかどうか、まだ決めかねているようだけど、決めたら知らせてね。

今回、書いていることを読んで、ヘルペスのことは踏み込まずに、暁子が言っている内容で全くいいと僕も思っているよ。

テグのことで、一番僕も嬉しかったのは「大きな愛を受けたことで、私の生活への向き合い方が前向きになりました」として、「生活を楽しめるようにする」「食事も楽しめるようにしたい」と書いてくれたことが一番嬉しかったよ。

僕も、日帝の支配を深く知ることで、連帯の歴史に変えていくということも力をもって、また内容豊かにもしていくことができると思っているよ。

最後、ちょっと急ぎペースになっているけど、一・二七の写真、生き生きと息吹きが伝わってくるものだったよ。テグのことも、一・二七のことも、「前進」にしっかりと書かれていて、みんなと共有できたことが大きかったと思っているよ。

更生保護委へは、本来の役割を果たさないことで、毎年、何十人もの無期囚の命を奪っている、それは許されないことだ、ということを突きつけなければならないと思っているよ。

今日はここまでになるけど、インフル、風邪気をつけて、日々の充実を！

いつも素敵な暁子を抱きしめ愛してる。

最愛の暁子へ　　文昭

体重減を心配しているよ

〈暁子から文昭へ　二〇一九年二月十八日〉

文昭、今日は十八日。夕食を食べて、今は九時。

文昭がテグのことを書いてくれた手紙は、テグの方たちへのお礼の手紙として、今日広島に送りました。金山さんが忙しい中でタイピングをしてくれたのです。吉永さんの話では、翻訳していると時間がかかるので、いったんは日本語のまま、テグに送ると言っていました。向こうで、翻訳してくれる人もいるからです。吉永さんの話では「目がしらが熱くなるような手紙です。テグの人たちも感動するでしょう」って言っていました。文昭の手紙は、ヘルペスのことも、どこも変えないで、そのまま送りました。それでよかったと思っています。

文昭の佐渡の絵も受けとっています。菜の花が心にしみます。今文昭は、十二色の絵の具を使っているんでしょ？　二十四色の絵の具はもうなくて、絵の具を合わせて色をつくって、やっているのかしら？　福子さんの話では、「絵かきは、だいたい色をつくるから、十二色で充分」って言っていたけど、その辺のことはどうですか？

文昭の体重減、心配しているよ。藤田さんの話では、服を着て五〇キロになったというから、実際のところは四九キロか四八キロだということだよね。芯のある固いめっこめしではなく、柔らかいご飯にすることなんて、つくっている受刑者を指導すれば、すぐできることだと思うけどね。なぜやってくれないいんだろう。文昭から体調を話して、「おかゆ」を申し出てみたらどうだろう。

体重が五〇キロを切ったわけだから、胃の調子がわるいことを話せば、考慮してくれるんじゃないかしら？　やってみて。他の受刑者の負担になるのかどうかわからないけど、文昭は充分にみんなのためにもやってきているから、調子が悪い時は、協力してもらうしかないからね。

十七日の午後は、根岸季衣のライブに行ってきました。片山さんといっしょに。

片山さんは、娘のゆきちゃんに子どもが生まれて、おばあちゃんになったんだよね。片山さんも六十八か六十九歳だから、遅いおばあちゃんだよね。

十五日は、高松の更生保護委員会への申し入れです。十四日に行ってホテルに泊まったほうが、交通費も安いし（パックをとったほうが日帰りより安いのです）朝早く起きなくてもいいので、十四日から行きました。

今回の申し入れは、家族は私と誉夫さん、弁護士は岩井さんと藤田さん、広島から宮原さん、全学連の高原君、共同代表の戸村裕実さん、岩手の岡田さん、香川の女性などの参加でした。

はじめ、更生保護委員が出てくるべきだという追及を岩井さんから。その後、私の申し入れの後で「面接なしで、棄却されたというケースを聞いている。何件審理をして、そういうケースは何件あるのか」と聞いたところ、二〇〇八～一七年に二一件審理をして、面接をしないで終結した例はないと答えました。

文昭のカバンを更生保護委員に見せてほしいということで渡してあったが、見せたのかと聞いたところ、見せたということでした。だいたいは個別具体的なことは答えられないということで、終始してきたのだけど、今回は面接についても「二回以上きちんとやってほしい、このことを委員に伝えてほしい」と言ったところ、「伝える」ということでした。

面接の告知については、「事前に伝えるということはやっていない」と言っていました。制度を変えるべきだと岩井さんが提案、事務局の磯久は一応伝えるということでした。

今回は、丁寧にやって答えさせたのがよかったと思う。岩井さんの進め方がよかったと思う。日程の問題では、私たちとしては、三月に次回申し入れを入れたかったのだけど、三月は都合がつかないの一点ばり。四月に調整することになりました。

三月は、上旬と下旬に、申し入れではなく、請願行動をやることになりました。

申し入れは、家族、弁護団、運動の代表が中心にやっていて、今回で一三回目です。

部屋を用意してもらい一時間ぐらいやります。請願行動は、今までもやっていますが、だいたいアポなしで、立ったままやっています。

文昭に、伝えなきゃいけないことは、面接は恐らく二回やはりあるということ、その場合、事前連絡はないということです。

三月の面会は、五、六、七日で行きます。

今日はこの辺にするね。元気で。

最愛の文昭へ　暁子

徳島から東京へ

〔文昭から暁子へ　二〇一九年四月二十一日〕

暁子、今日は二十一日。杉並区議選、ともちゃん〔洞口朋子、一九年杉並区議選に勝利〕の当選をかちとれていれば、と思いつつこの手紙を書いているよ。

車で東京に向かっている車中で、何より段々に暁子に近づいているというのが一番嬉しかった。

それと、東京をはじめとしたみんなにも。そして、杉並選、ともちゃんの応援にかけつける、という感じでもあるな、と思いつつ。

特別発信で知らせたように、十八日に到着して直ぐに、医師の初診とエコー検査があり、肝臓の前のほうに怪しい組織がある、後のほうは大丈夫なので切れば大丈夫、すい臓にも怪しい感じがある、明日以降、精密検査を行いましょう、ということだった。

そして、十九日は、身長・体重、眼の検査、心電図、放射性造影剤を使ったCTスキャン（胸部・腹部）を行って、今後もMRI検査を行う予定になっている。

同時に、徳刑で、居室で持っていた本・資料・来信、そして領置中の資料、さらに「出所時交付」扱いの四千百数十通の来信、などについて「入所時手続」を行い、これが結構疲れた。

その疲れも、十八日の早朝に徳島を出発して、近くまでの長距離ドライブで体がバリバリするように疲れたからだよね。

出発の前日、十七日の仕事が終わったところで、突然、医務に呼び出されて、医師の方から、「エコー検査の結果、肝臓に問題があり、かなり（医務と刑務所で）検討を深めた結果、医療施設での検査が必要という結論になったので、その承諾書に署名するように」と求められて、それは、僕自身も、暁子、外のみんなも求めていたものだったので署名をしたよ。その後、職員が、居室の物を全部、僕も承諾したので、箱詰めし、そのまま会計で、その居室で持っていたものから、特別領置していたもの、「出所時交付」扱いの四千余の来信を含め、全ての私物をまとめ、それへの署名をして、そのまま夕食を食べて、広い病室で一晩就寝。

そして朝、六時ぐらいに起きて、朝食を食べ、領置していて初めて着るセーター・ズボン・靴をはいて、処遇部長から東日本成人矯正医療センター〔東京都昭島市にある医療刑務所〕に行くと言われて、荷物のための小型バン二台と共に、二〇人乗りの小型バスで出発。

かなりの中古なので、道路のデコボコを拾うのと、同じ姿勢で、三回のトイレも車内での携帯トイレで行い、荷物があるからということなんだろうけど、検査・治療の身なのに長距離ドライブはないよな、と思いながらここに着いたよ。

でも、途中で食べた幕の内弁当は、徳刑の固いごはんに悩まされていたので、久々においしいごはんだったよ。

そんな、かなり辛いドライブになったけど、何よりも暁子や弁護団・みんなの力で求め続けていた検査が実現することになって、それも暁子のすぐ近くに行ける、ということなので、大変だけど楽しい旅行だったよ。

久々の長距離ドライブだったので、それと初めて見る所がほとんどといって良くて、なかなか刺激的だったけど、僕にとって、みんながこれほどのものを作り、その力は、力を合わせて誰もが人間らしく生きられるためのものでもあり、それを奪ってる者からその力を奪い返して、必ず、その力を発展させていくんだ、そんな思いを深めつつの旅でもあったよ。

ここでの処遇は、徳刑での三類を引き継いだものになるので、面会は月三回、僕からの発信も月五回。面会は、これまでは、一回にまとめてだったけど、暁子の都合に合わせて自由にできるのがいいし、僕からの発信も、月・水・金で、月・水が休日の時は翌日に、金が休日の時は前日に変更になるよ。

ということなので、この手紙は明日に出し、もう一回の発信は、一〇連休前最後の発信になるけど、検査の結果と、医師の判断・方針ができるだけはっきりしてから書いたほうがいいと思うので、発信は水曜か金曜日になると思う。

初診での肝臓の前方の怪しげな組織ががんのようなものなのか、じん臓の疑わしいものが何なのか、それらは検査の結果待ちなので、今の段階では具体的なことは言えないけど、病巣はありそうなので、暁子や弁護団・みんながつくってくれた検査・治療の機会なので、それを生かして、医療スタッフの皆さんを信頼して、暁子・みんなと共に前向きに取り組んで、必ず病気とその原因を治したいと思っているよ。

これまで製作し、今回の全国審査会で技官が法務大臣賞を狙っているカバンは、一番の肝のところは僕にしかできないので気になるところではあるけど、もう一つ、相棒一人で作れる簡単なカバンもあるので、それは復帰するまで、任せる以外にない。

復帰後の体調によっては、今のカバンが極めて体に負担の大きいものなので、もう少し負担の少ないものに変えていかなければならないとも考えている。

今後どうなるかわからないけど、検査からさらに治療をすることを考えると、ここの環境はとても恵まれていると思う。

完全空調で、二五度が保たれているのは、体重を大幅に減らして寒さがこたえ、また体調・体力が落ち、これからの暑さもこたえると思うので、それは一番の環境だと思う。それでも、少し寒さを感じることもあるので、その時はフリースを着られるので使っているよ。

部屋はベッドを使い、六畳ぐらいの広さがあってたっぷり余裕があって清潔なので、とても生活しやすいよ。浴室も広くてよかったよ。

部屋には、ちょうど、徳刑での私物バッグぐらいの容量の私物入れがあって、それ以外の資料・来信はケースに入って部屋に置いてあって、なんとか半分ぐらいに減らしたいと思っているよ。

そして、暁子も一番気になっていると思う食事については、ごはんが、徳刑と比べると、麦ももちろん入っているけど、柔らかくて普通に食べられるのが一番だよ。食欲が完全に戻っていないので、どうしてもごはんを少し残してしまうけどね。それと、おかず、特に主菜が、これまでも、大きなハンバーグだったり、トンカツ、カレー、ブリ、サバ、から揚げなど、かなり力の入った作りでおいしいのがいいよ。たんぱく質をしっかり摂れるのがいいと思う。それと小鉢のおかずも、野菜類とかよく考えられたおかずになっているよ。今日は札幌でおふくろさんがよく出してくれていた青アスパラが出て、何十年ぶりかで食べて感動したよ。

点検時に、朝は「おはよう」と、夕は「おやすみ」と担当が言うことに典型なように、刑務所特有のギスギスしたところが少ないのも、医療・治療にはいいと思う。

では、次回の手紙で少しでもいい報告ができればと思っているよ。

明らかに病気をかかえているのに、検査が進まないという状態を、暁子・みんなと力を合わせて、ここでの検査ができるようになり、必要な治療をする治療の道を開いたということは大きな前進なので、全力で取り組み、体の状態を何とか良い方向にもっていきたいよね。

昭島と杉並、近くにいる、ということがいいよね。

では今日はここまでにするよ。

新しい状況のなかで、おそらく暁子も忙しくなっていると思うけど、無理せず、体調第一にね。

素敵な暁子を、いつも抱きしめ、愛してる。

最愛の暁子へ　文昭

文昭の手術を控えて

〔暁子から文昭へ　二〇一九年五月二十五日〕

今日は五月二十四日、文昭の手術の前の手紙としては、最後の手紙になるね。今日の藤田先生の面会報告、おおまかに聞きました。

今、二十五日朝です。五時半。夕べ眠くなったので早起きして、手紙書いています。大形さんが藤田さんとの面会の内容をメールで知らせてくれました。胸椎のかげは脂肪であることも考えられるけれども、がんである可能性もあるということだよね。杉井ドクターが言うには、「もしがんであるなら、痛みがあって寝ることもできなくなる」という話もあります。聞いてくれていると思うけど。まず、肝細胞がんをとることに集中するということだよね。

文昭が言っていた、陽子線、重粒子線の治療は、医療センターではできないのではないかしら？その場合は、刑の執行停止を求めて、外の医療を受けるしかないね。他に、どんな治療があるのかわからないけど、それはがんかどうかわかってからの話だね。

外科の医師にも、文昭が信頼感を持てたというのは、よかったと思います。

二十八日当日は、建物の中に入るのも駄目だと言われたので、私と森下さんと大畠さんで、東中神の駅の近くで待機するつもりです。もちろん門の前まで行ってみるけどね。

家族としては、手術の立ちあいぐらいは、させてほしいと思うけど、駄目なんだよね。

沖縄報告をしますね。天気は、十八日、十九日は、晴れで暑かったです。十八日四時から市内デモ。右翼が全国動員で車から怒鳴りちらしていたけど、沿道から、特に若い子たちが手を振ってくれるのが目立ちましたね。夜は、復帰四十七年沖縄集会、本土から行った人たちが合流しての集会です。私も発言しました。緑ケ丘保育園のお母さん二人が講演しました。緑ケ丘保育園というのは、米軍ヘリの部品が落ちてきたというので、お母さんたちが、保育園の上空の飛行をストップすることを求めて運動を進めているのです。飛行機の爆音もすごいんだよね。運動の中で実現したことは、グラウンドは網をはることと、防空壕をつくったりしているのだけど、根本的解決にならないということで、運動を進めています。園長先生も発言はしなかったけど来ていらして、交流会ではあいさつをしていらした。平良さんとは親しい関係で、「星野さんのことは、平良さんががんばっておられますね」と言っていらしたよ。糸数慶子さん〔参院議員〕も来ていらして、十五分の講演、「高校生の時に米軍の事故があった」ことと、「星野さんのことは、今後もとりくんでいく」ことを話されました。十九日には県民大会、二〇〇〇人が集まりました。はじまる前に、平和行進から戻ってくる人たちにビラまき・署名集めをしました。

琉球新報の記者の取材があって、新聞に載っていたでしょう？　夕方は、沖縄タイムス社を訪問して取材、これも載りました。差し入れしたけど。夜は星野交流集会、四〇人程集まりました。この間の文昭の状況については私が話しました。狩野満男さんからは、仮釈放不許可について話し、後半は食べ物・飲み物を出しての、参加者みんなの発言。平良修さん、悦美さんも来て下さいました。平良さん夫婦とは、私のホテルに来ていただいて、少し話をしました。

修さんの話では、沖縄で開かれた絵画展で、今回は私の詩を一つひとつ丁寧に読んで下さったのだとか。「大切なメッセージがこめられていました」「二人が今回の試練をのり越えて、何を発するようになるか、期待しています」と言っていらした。悦美さんとは「文昭さんが、沖縄が今のような状況になることを見通していたことが、すごいことだと思う。被害者であること以上に、加害者にさせられていることが、大きなことなんだ」と言っていらしたです。お二人から、「面会の時、おしゃれしていってね」ということで、三万円カンパをいただきました。

二十日は雨。星野〔救援会〕としては一〇人ぐらいで行っていたのだけど、辺野古には行かず、南部戦跡を見に行きました。資料館を見て、ひめゆりの塔を見学しました。「平和の礎」も見て、そこには沖縄戦で亡くなったすべての人の名前が刻んであるのね。沖縄の人はもちろん、本土の人、アメリカ人、朝鮮人も。文昭のおじの古屋五郎さんの名前もしっかりありました。山梨のところにあったよ。みんなでさがしてくれたんだよね。

辺野古に朝早く行った部隊は一〇〇人ぐらいで、全体では二〇〇人になったそうで、八時三十分の土砂投入はあきらめて、引きあげたそうだよ。人が集まれば工事は阻止できるということで、琉球新報に報道されました。

私たちが行くかどうか判断した時は雨が激しかったので、中止になるだろうと判断したのだけど、しだいに小降りになったんだよね。沖縄で私たちの部隊が、辺野古での座り込みをやったのは、今回がはじめてです。

学生の赤嶺君や、和田さんなどはやっているけどね。選挙過程で、辺野古の集会をやったり（映画監督を呼んだ）、辺野古を重視するようになりました。〝星野〟の果たした役割も大きいと思います。

昭島での絵画展が、二十三日、二十四日、二十五日、今日まで開かれていて、帰りに差し入れをしてきたという人も多いみたいね。東京連絡会の内藤直子さんが、差し入れを持っていかず、「星野さんに私が来ていることを伝えてくれ」と言ったら、断られたそうでガッカリしていました。手紙が届くかもしれません。

亡くなった片岡さんは、胃がんの手術をする時はステージ3だったとか。手術をしてから、リンパに転移していることがわかって、医者からは抗がん剤治療をすすめられたのだけど、それはやらず、温熱治療を一年ぐらいやったんだよね。その後、抗がん剤治療もやったようだけど、増えていたんだろうね。

手術に、文昭は前向きに臨んでいるようだから、それでいいと思います。成功を伝える、文昭の手紙、待っています。

藤田さんの文昭の印象も「血色はとてもよかった。話し方も力強く、顔つきも徳島で見たときよりはふっくら感がでてきた」という、いいものでした。

では、今日はこの辺にします。今日もいい天気。暑くなるかもしれないね。元気で。

最愛の文昭へ　　暁子

手術を前に——最愛の暁子へ

〔文昭から暁子へ　二〇一九年五月二十六日〕

暁子、今日は土曜日の二十四日。今日は、昭島での絵画展の最終日だったので、センターの見学もかねて来た友人たちも多かったかもしれないね。大畠さんや大形君からの差し入れが多いけど、福田さんたち四人組や早川繁雄さんがお金を差し入れてくれたり、相模原の望さんが切手を差し入れてくれたり、みんなが身近にいて支援してくれている、ということを実感しているよ。

今日、暁子が送ってくれた、松岡さんが沖縄で撮ってくれた写真などが届いたという知らせが届いたので楽しみにしているよ。最近はこまめに写真も送ってくれるので嬉しいよ。

本当は、この手紙も、暁子と誉夫さんが説明を受けた二十二日の手術の僕への説明の後に、「ステージ4」問題もあって、すぐに出そうとも思ったけど、急ぎの話は二十四日の接見で話せるし、発信も残り一度だけで、手術後も一週間ぐらいは発信も無理になるので、暁子も立ち会いができないこともあるから、できるだけ手術前の状況と事前にわかる手術と手術後のことについてこの手紙で書こうと思っているよ。

暁子も一番気にかけている「ステージ4」問題については、改めて詳しいことを藤田さんから聞いて、とりあえずホッとしているんじゃないかと思っているけど、きっとみんなも心配していたと思う。一回目のMRIの画像は全身のものなので、はっきりしたものではないけど、胸椎の五番にボンヤリと黒い影が映っていて、肝細胞がんが進行すると肺・骨に転移するということから、主治医の先生としては、がんを疑い、再度、その胸椎に絞った精密なMRI検査をした結果、暁子も見せてもらったと思うけど、今度はかなり鮮明に胸椎も映っていて、そこに白く光っているものが詰まっているような画像が映っていて、他に白く映っている皮下脂肪同様に、見る限り脂肪の可能性があるけど、今の段階ではっきりしたことは言えない、ということだった。それで、もしそれががんなら腫瘍マーカーとして出てくるので、今回の肝細胞がんの摘出手術後、肝臓がん由来の腫瘍マーカーが一気に減るので、その後、再び、その腫瘍マーカーが増えるようなことがあるならば、そこで、胸椎の異物が肝臓がんから転移したものと判断できる、ということだった。だから、今のところ、見た目が脂肪に見える、ということもあり、吉川さんが言うようにがんならば痛みがあるのに無いのはがんの疑いが低いということもあり、がんである可能性は少ないと言っていいと思っているよ。

ステージということでは、もし、胸椎の異物が肝臓がんの「遠隔転移」したものであれば「ステージ4」ということになるけど、それが疑問符が付きはっきりしない現段階では、「ステージ3」から「ステージ4」までの可能性があって、手術後の腫瘍マーカーの値によってはっきりしていくということなので、今の段階では「ステージ4」ということにとらわれないほうがいいと思う。

そして、もし胸椎の部位のがんだったとしても、放射線治療や、面会でも話したような陽子線・重粒子線治療といった非常に効果が高いものもあるので、治る道があるということも大きいと思う。

肝細胞がんの手術については、暁子・誉夫さんに説明があった二十二日の午後に主治医の先生から、胸椎の検査結果の説明を受け、その後、外科の先生から、肝細胞がんとその手術・治療全体の説明を受けて、翌日、僕のほうからの質問に何点かまた詳しい説明を受けて、「承諾書」に署名をしたよ。

肝臓は、八つ（S1は向こう側にある）に分かれていて、それぞれに動脈、（門脈）、静脈が通って機能している。

僕の肝細胞がんは、7と6の全部と8と5に部分的にかかる形になっていて、6の下のほうにベロ

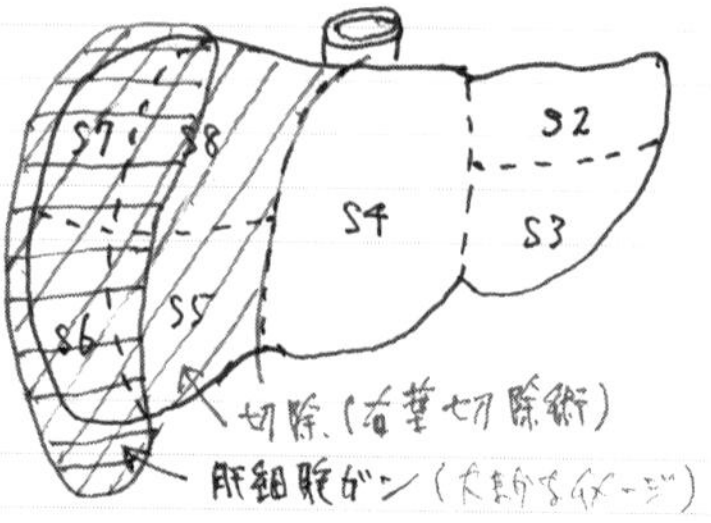

文昭が書いた肝臓の図

のように膨らんでいる。この膨らみもあって、当初、がん細胞が全体の五割とか六割と説明されたけど、確定値としては、四割の大きさで、右葉（自分にとっての右）全体、肝臓全体の半分を切除するということだよ。

こうした切除手術の場合、残った肝臓が、C型肝炎↓脂肪肝↓肝硬変の場合は、様々な合併症にもなりやすく、とりわけ肝臓がダメになる肝不全になり、さらに意識障害を起こし、ここに出血が重なるとドミノ倒しのように悪化して死に至ることになり、生肝移植だけが唯一の道になるということだけど、幸い、僕の場合は、肝硬変がなく、ICG検査薬検査でも残りの肝臓にも問題ない、ということなので、これが肝臓の再生力のすばらしいところだけど、ヤモリが切断したシッポを、イモリが切断した足を再生するように、一か月で切除した肝臓をほぼ再生するということなので、この点は本当によかったよね。それにしても肝臓の再生力にはビックリだよね。

輸血をしながらの、六時間以内には終えたいという大手術なので心配になることもあると思うけど、ここの外科の先生に加えて、キャリアを積んだ外科の先生が助っ人に加わって万全の体制で挑むということなので、大いに信頼してもいいと思う。

肝臓は、大中小の血管でできていると言ってよくて、以前はメスを入れて切ることができなかったけど、この五十年で、その血管の血を止める、電気メスとか様々な技術が進化して、大きな血管は結び、中小の血管はそのような技術で止め、それ以外の小さな血の漏れは、肝臓が吸収したり治したりする、ということのようなので、そして、手術によって失われる血液は、赤血球を除いた血しょう成分の輸血で手術中補うということなので万全ということだと思う。

手術そのものは、肝右葉切除が可能なように、みぞおちからおへそまで切って、そこから直角に右へ、そして脇腹から少し背中の方までメスで切ることになるので、肝臓にメスを入れることも含めて、全身麻酔をした上で、手術後の痛み止めとして、背中からチューブを入れた区域麻酔をするということだった。痛みは、みぞおち、呼吸、咳、痰を出す時に強く、痛みのためにそれらができないと最悪肺炎とかが問題なので、今「呼吸練習器」（息を吸って、吸引力によって上に上がるのが違う三つの大きさのボールを五秒ぐらい吸い上げるというもの）を、一〇回一セットで一〇セットを毎日やっているよ。吉川さんからもスキンケアが大切と言われているけど、①歯みがき。肺炎につながるので毎食後と朝、夜、回数多く、丁寧に、舌の表面も念入りにやっている。②練習器の外にも深呼吸をやっている。③足腰の運動として、ウォーキング、スクワット、腕立て伏せ、足首・肩の運動をやっている。かなり大きな手術になることもあって、自分で事前にやっておいたほうがいいことは何でもやっておこうという感じだよ。

今日は二十六日で、手術は明後日で、前日の明日には麻酔医の先生からいろいろ説明を受けることになっている。

手術後、二日間は集中治療室で、一週間後に手紙が書けて、二週間後に面会が可能ということなので、手術後一週間は連絡できないけど、その分、少しでも安心してもらえれば、ということでこの手紙を書いているよ。

これからの予定としては、明日二十七日は、三食たべて、投薬とＯＳ１というスポーツドリンクのようなものを飲んで、夕食後、かなりの水と下剤を飲んで、当日朝までに出すものは出す。

そして、二十八日当日朝、歯みがき・電気カミソリを終えて、入れ歯・コンタクトレンズを外して、手術着に着替えて、血栓予防の男性用ストッキングをはいて、腹巻きをして、おしめ用パンツをはいて（闘いへの姿としてはちょっとどうかなと思うけどね）、では手術室へ。

肝硬変ではなく、残りの肝臓には問題がなく、肝不全になる可能性がほぼ無くて、切除部分が大きくて大手術ではあるけど、出血を止める技術が確立していて執刀医の腕も確かなので、手術の結果については、心配だと思うけど、安心して大丈夫だと思っているよ。

手術、手術後は、麻酔（全身と区域の二つ）、心電図、点滴と管だらけなので、拘束もされるけど、二日後の診察で変更もある、となっている。

残念ながら付き添いができないけど、だいたいのイメージが伝わって、安心してもらえたらと思っているよ。（手術中の家族をもう少し丁重に扱ってほしいと思うけどね）

昭島の絵画展、僕に会いに来るということもあって、大成功だったと思う。沖縄は、糸数さん、緑ヶ丘保育園の皆さんはじめ交流がさらに広がり、琉球新報・沖縄タイムスの報道があり、沖縄が星野の大きな力になる、それが運動全体の大きな力になる、を実現したと思う。
素敵な暁子をいつも抱きしめ愛してる。
最愛の暁子へ　文昭

手術の後で

星野暁子

五月二十八日の手術の日、立ち合いが認められないため、私は東京・昭島の東日本成人矯正医療センター近くの公共施設で救う会の仲間とともに結果を待ちました。午後四時頃、医療センターに行き、手術が終わるまで待合室で待機しました。五時頃、担当の医師からの説明がありました。「手術は無事終わりました。文昭さんは、回復室に戻っています。一週間たてば面会もできるようになります」と。手術は成功したと思い、本当にうれしかったです。その後、仲間が発信した「星野さんの手術成功！」

のメールが全国を飛び交いました。

けれども翌二十九日午前七時、医療センターから電話がありました。「周術期出血にともなう急性肝不全による全身状態の悪化のため重症」だと言うのです。急いで医療センターに駆けつけました。私は看守にともなわれて病室に入りました。ベッドの柵を力いっぱい握っている文昭に声をかけ、文昭の手を握りしめました。文昭の胸に顔を埋めました。呼吸器をつけた文昭は言葉を話すことはできませんが、懸命にうなずいていました。文昭と出会って三十五年、初めてのことでした。

支援の人たちが二十九日も三十日も医療センターの門前に集まって、家族の付き添いを許さないセンターに強く抗議してくれました。その結果、私は医療センターの別室に従兄の誉夫さんとともに泊まり込むことが認められ、三十日午前七時、午後一時に十分間の面会を二回、上京した兄治男さんと午後七時の面会を認められました。回復を祈りましたが、祈り空しく三十日の午後九時四十四分、文昭は帰らぬ人になりました。疲れをとるために取っていただいた近くのホテルで、医療センターからの電話で文昭の死を知りました。急いで私が駆け付けた時には、文昭は死装束を着せられていました。

仮通夜で、私は一九七一年十一月十四日沖縄返還協定批准阻止闘争・渋谷闘争の時、文昭が着ていた同じ色のうす青のシャツとグレーのズボンを着せました。薄化粧した文昭は若々しく、今にも起き上がってにっこり笑ってくれるのではないかと思いました。手で触れれば冷たい文昭の、その魂が私の中で生き続けることを祈りました。

手術が成功したはずの文昭がなぜ死ななければならなかったのか、疑問は大きくなりました。二十八日の夜、何があったのか。弁護団はすぐ証拠保全を行ってくれました。手術中四リットル以上の出血のあった文昭に術後出血があることは当然想定されたはずですが、午後六時五十分、血圧が急激に低下した時、その原因を調べるための血液検査・エコー検査は行われませんでした。術後出血を確認して、再開腹して止血していれば一〇〇％に近い確率で助かったと肝臓外科専門医は言っています。しかし、執刀医も、手術で助手を務めた外科医も帰ってしまい、残された当直の麻酔科医は、対症療法をするだけで、放置したのです。

私は原告として文昭の兄治男さん、弟修三さんとともにこの国家賠償請求訴訟を闘っています。国の責任を明らかにするこの闘いは絶対に負けられません。

文昭さんは近くにいる

弁護士　岩井　信

「寒さで折りにくくなった作業材料を布団のなかでやかんで温めていた」

文昭さんが懲罰を受けた理由です（第一章、二〇頁）。

徳島刑務所は、夏は暑く、冬はものすごく寒い。面会室も壁や接見台が氷のように冷たくなるところです。文昭さんによると、夜寝るときは布団を頭まで被ることが許されないので、外気に触れる耳が最も凍える。だから、一方の耳を枕にあてて寝ると。朝起きると、外気にさらされていたもう片方の耳が凍傷のようになっているとも。

しかし、文昭さんは諦めません。徳島刑務所に使い捨てカイロの使用を求め、文昭さんだけでなく、徳島刑務所の六十歳以上の受刑者全員に認めさせました。

体調の異変

二〇一八年三月ころの書簡から、体調の異変が散見されます。「疲れの蓄積があって、本当に疲労困憊状態」（第四章、二四三頁）。このころは、新たな刑務作業のバリスターナイロン製バッグ製作の過労と文昭さんは思っていました。しかし、食欲がないまま体重が落ちていきました。文昭さんは、徳島刑務所の医師に対し、六月十八日「三月頃から疲れやすい」、八月二十日「体重が減っているのが気になる。食欲が減っている。涼しくなって食べる量が減っている」と訴えています（カルテ）。一月四日に五七・三キロだった体重が、八月二十三日には五二・三キロになります。そして八月二十二日、理由のわからない急激な腹痛で立っていられなくなりました。

「急に視界がぼやけてきて、チカチカして、そのうち、表現するのが難しいけど、……これは「ヤバイな」という感じだった。それで、工場担当に頼んで食堂で横にな（った）」（第四章、二七二頁）

文昭さんは車椅子で医務に連れて行かれ、病舎で「医療上横が」（横になること）が許可されました（カルテ）。刑務所は横になるのも許可が必要です。医師の見立ては「胃ケイレン」。しかし、胃けいれんは症状であって病気の原因ではありません。規則正しい刑務所の生活の中での例年以上の体重減少と、例年とは異なる食欲不振。しかし、徳島刑務所は、胃の内視鏡検査と便潜血検査をしただけでした。この時、広範な血液検査や腹部エコー検査をしていれば、肝臓がんの腫瘍をもっと早く、もっと小さな状態で発見できたはずです。

仮釈放審理は山場に

一九七一年十一月十四日、沖縄返還協定批准阻止闘争（渋谷闘争）において、機動隊員一名がデモ隊と衝突して火傷死しました。文昭さんはデモ隊のリーダーであるのに、デモ途中で警察官一人の殺害に関与したとして、検察官は死刑を求刑。控訴審は懲役二十年の一審判決を破棄して無期懲役刑とし、一九八七年七月十七日、上告は棄却され「確定」しました。

文昭さんは、二〇〇九年に申し立てた第二次再審請求の陳述書で、次のように書いています。

「私は無実だ。私はやっていない。これは一点の曇りのない真実だ。無実なのに無期を強い、半永久的に監獄に閉じ込め、妻、家族、友人との交わりを奪い、自由な人間生活を奪う。これほど理不尽なことがあるだろうか」

二〇一七年七月、「受刑」して三十年が経過し、刑務所長の申し出はありませんでしたが、四国地方更生保護委員会が義務的に仮釈放の審理を開始しました。文昭さんは冤罪です。再審無罪を求めています。文昭さんの場合、仮釈放の要件とされる「改悛の状」（刑法二十八条）はどうなるのでしょうか。狭山事件の石川さんは、冤罪による無期懲役刑の再審を請求しつつ仮釈放され、現在も再審を請求しています。石川さんの仮釈放が国会で議論されたときに、政府委員は、「改悛の状」は状況の状であり感情の情とは異なっているとして、「それは内心の状態だけではなくて、改善があったと認められる客観的状況がある」と解することも可能と説明しています。三十年はとてつもなく長い期間です。文昭さんは、三十年間刑務所の中で、刑務作業を行ってきたという「客観的状況」があります。

冤罪だからこそ、「三十年間」の積み重ねという「客観的状況」を堂々と訴えて仮釈放審理に臨む。それは良心を曲げて出ることではありません。

暁子さんが、仮釈放審理の二十六年も前に（一九九一年）、文昭さんに次のように呼びかけていたこととつながります。

「出るんだって、思っていてほしいの。／そのためには、あらゆることをすべきだと私は思っています。なぜって、フミがそう思っていてくれないと、私はさびしいもの」（第一章、三〇頁）

二〇一九年三月になって、仮釈放審理は、委員長による二回目の面接が残る段階になっていました。一回目の面接の時に、デモ隊のリーダーとして、機動隊員が亡くなられたという事実について、今どのように考えているのかという質問が委員から続いたと聞き、意見交換をしました。文昭さんは、その現場で起きたことに対して痛切な思いを表現すると同時に、「私にはデモ参加者に対する責任があるんです」とも述べていました。

事件は、今から五十三年前のことです。その間、デモ参加者の人生も変わりました。それぞれの決断により生活が大きく変わった人もいるでしょう。しかし星野さんは最後の最後まで、自分が仮釈放により外に出るか出ないかの切羽詰まった局面においても、機動隊員に対する痛切な気持ちとともに、その時のリーダーとして、デモに参加した人に対して「自分は責任がある」と言っていました。

腫瘍の「発見」と「隠蔽」

二〇一九年二月二十一日、有機溶剤に関する定期健康診断を受けました。このときの体重は五一キロ。医師は「体重減少等があり、作業との関連を否定できない」と判断し、広範な血液検査と腹部超音波検査をようやく実施することになりました。そして、三月一日、腹部エコー検査により文昭さんの肝臓に「腫瘤《しゅりゅう》」が発見されました。

しかし、文昭さんへの説明は、四月十七日、東京都昭島市にある東日本成人矯正医療センター（医療刑務所）に移送される前日まで待たなければなりませんでした。

四国地方更生保護委員会の委員長が最後の面接に来たのは、三月十四日。徳島刑務所は、委員会に対し、仮釈放の審理事項である「心身の状況」に「変動が生じたときは、速やかに」報告する法律上の義務があります（社会内処遇規則第七条四項）。しかし、その報告をしなかったばかりか、文昭さんにも移送前日まで告知しなかったのです。三月十四日に予定されていた委員長との面接で、文昭さんが、病変による仮釈放の必要性を訴えさせないために意図的に隠したと考えざるをえません。四国地方更生保護委員会は、三月二十五日、文昭さんを仮釈放しない判断をし、その結論は四月一日に、徳島刑務所から口頭で、伝えられただけでした。

医療センターへ移送

四月十九日の金曜日、突然、文昭さんが医療センターに移ったと知らされました。私は驚き、週明けの月曜日に接見にかけつけました。

医療刑務所の新しい接見室で、文昭さんはいつもの、にこにこした顔でした。文昭さんが描いた自画像そのままが、接見室のアクリル板の向こう側で微笑んでいました。たれ目の優しい目は、この四十五年間、まったく変わっていません。ただ、文昭さんはやせていました。

文昭さんは私に言いました。「みんなが近くにいる気がするよ」

話を聞くと、四月十七日水曜の夜、突然医務から呼び出され、(三月一日の) エコー検査に異状があるから、明日東京に移監すると言われたとのこと。徳島刑務所から十時間以上かけて、車で連れてこられたということでした。「でもこうして、みんなの近くに来れたんだよ。これは、これまでのみんなの闘いの積み重ねによるものだよ」

手術の「成功」と手術翌日の「危篤」

五月二十八日の手術は成功だと聞かされました。ところが翌日、「容態が急変した」と連絡が入りました。私が医療センターに着いたのは日が暮れ始めたころで、ちょうど暁子さんと誉夫さんが文昭さんと面会し、門から出てきたところでした。「医師の説明はあったんですか」と暁子さんに聞くと「医師の説明はなく、ただ十分間文昭と会えただけ」と。

暁子さんらを容態が急変したとして呼びながら、医師の説明もないとはおかしい。私は、申し入れをしようと、門の前にいた刑務官に近づきました。門の前のロープを越えて敷地内に入って行くと、刑務官がワッと近づいてきて、「ロープの外に出ろ」と言いました。「何を言っているんだ。文昭さんは今、生死の境をさまよっているんだ」と怒鳴りました。すると刑務所の奥の方から、刑務官がさらに七~八人駆け寄ってきて、門の前に刑務官が二列に並びました。

最終的に医療センターは、こちらの申し入れを聞き入れ、再度暁子さんらを刑務所の中に入れ、センターの医師が説明をしました。今晩にでも亡くなる可能性がある、ということでした。一晩中医療センターの中の弁護士控室に暁子さんと誉夫さんが入り、文昭さんの間近で待機することになり、さらに三回面会をしました。

巨大な腫瘍にしたのは誰か

文昭さんの死亡後、医療センター当直医による死亡診断書が作成されました。直接の死因は急性肝不全とありますが、本当の死因は、医療センターが術後管理を怠り、術後出血の兆候を見過ごして、執刀医らと連絡をしないまま術後出血を放置して、出血性ショックから多臓器不全になったことです。

死亡診断書の手術欄には「巨大な腫瘍に対して切除術を行った」と書いてありました。しかし、腫瘍を「巨大」にしたのは、私たちの検査等の申入れを無視して、血液検査や腹部エコー検査をしなかった徳島刑務所です。

文昭さんは近くにいる

亡くなって間もなくして、第二次再審請求の異議審（東京高等裁判所第十二刑事部）から二〇一九年七月二日付決定が届きました。

「本件再審請求事件の手続きは、令和元年五月三十日、請求人星野文昭の死亡により終了した」

文昭さんを請求人とする再審請求の終了通知です。しかし、さらに七月十一日付の更正決定が届きました。

「令和元年七月二日当裁判所がした決定に明白な誤りがあったので、下記のとおり、更正する。

記

決定書中「現住建造物等放火、公務執行妨害、傷害、凶器準備集合被告事件」とあるのを「殺人、現住建造物等放火、公務執行妨害、傷害、凶器準備集合被告事件」と更正する」

裁判所は、殺人の罪名を書き忘れました。しかし、もっと「明白な誤り」は、殺人を認定したことなのです。

「みんなの近くにいる気がする」と文昭さんは医療センターでの最初の接見の時に言いました。しかし、いま、文昭さんは「みんなの近くに」います。文昭さんは、その存在する場所で闘ってきました。三里塚で、渋谷で、徳島刑務所で、医療センターで。そして、いまも、星野さんは「みんなの近くに」いて、みんなを励まし、共に闘っています。文昭さんを死に至らしめた国の責任を追及する国賠請求訴訟と、殺人を認めた確定判決に対する再審請求。この二つの闘いは文昭さんと共に続きます。

星野文昭さんと暁子さんのこと

劇作家・燐光群主宰　坂手洋二

私は、文昭さんと暁子さんを、二人芝居『ブラインド・タッチ』のモデルとさせていただいた。四半世紀以上前のことである。獄中結婚されていたお二人に、文昭さんが出所できた後のことを想定した戯曲を書いていいかとお尋ねした。そう記憶していたが、暁子さんが芝居にして下さいと申し入れられたという話もあって、そんな気もしてくる。

演劇はフィクションだから、現実そのままではない。だが「モデル」にさせていただいた。承諾してくださったお二人に心から感謝している。

文昭さんが無実であることは疑いの余地がなかった。事象として「実行犯」たりえない。裁判はきわめて杜撰であり、再審も認められなかった。

私は一九八八年に『危険な話　OFFSIDE』という劇を書いた。中曾根政権時代の自民党本部放火事件。露骨なフレームアップで獄中にあった藤井高弘さんは明らかに冤罪であった。この劇を一九九〇年に再演した直後、藤井さんの無実が証明され、解放された。二〇〇二年初演の『ブラインド・タッチ』も、二〇一八年、私自身の演出、高橋和也さん・都築香弥子さんの出演で、再演を行った。「再演ジンクス」が有効なら、文昭さんの解放も近いはずだと思った。

しかし文昭さんは病いに倒れた。検査結果は隠蔽され、翌年四月、昭島の「東日本成人矯正医療センター」に移送された。そこでの検査で、肝細胞がんだと告げられた。五月二十八日、がん摘出手術は成功と伝えられたが、翌日、容体が急変。出血が止まらず危篤状態になった。

医療センターに泊まり込んでいた暁子さんだが、面会には厳しい制限があった。危篤状態になってさえ、家族としての面会、付き添いを拒絶された。弁護士や支援の皆さんが掛け合い、ようやく十分間の面会が許された。

そして五月三十日正午過ぎ、暁子さんから「一日二回面会しています。ハグも握手も」というメールが届いた。涙がこみ上げてくるのを抑えられなかった。出会って三十五年のお二人が、文昭さんが死線をさまよう状態で、初めて直接ふれあうことができた。「ハグも握手も」。初めてなのだ。

医療センターに駆けつけた。支援者が見守る中、文昭さんの傍に詰めていた暁子さんに差し入れを渡す係を託され、ゲートエリアに入ることを許され、激励した。

その日午後九時四十四分、文昭さんは逝去された。

鷺宮の葬祭ホールで、初めて、じかに文昭さんのお顔を拝見した。暁子さんとご一緒の文昭さん。このお二人が、私の肉眼に、ほんとうに一緒に映っている。夢のような瞬間であるが、それが文昭さんが亡くなって初めて実現するという、残酷。だが暁子さんは、哀しみに支配されることはなかった。

あらためて、この往復書簡を読ませていただいて、文昭さんと暁子さんの言葉の力強さに、圧倒される。お二人にとって、手紙を書くということが、どれほど大きな出来事だったか。その、幸福感、充実感。そして可能な限りの力で、相手に伝えようとする熱意。二人の間に隠しごとはない。「自分と一緒に生きてくれる女《ひと》を求める」というアピールが存在したことなども、赤裸々に語っている。「ファーストキス」事件、下着宅下げ等、性的な関わりについても、その喜びが率直に伝わってくる。「いつも愛してる。抱きしめてる」という言葉が、「生きた言葉」として響く。私は、お二人によって、「抱きしめる」という言葉に、新しい語彙が加わったと思う。

文昭さんが国家によって身体の自由と生命を奪われたことは紛れもない事実である。しかしその精神の自由は、奪われることはなかった。これは人間の尊厳の勝利である。

お二人が、「「やっぱりあの芝居のモデルは文昭と私だということなんだよね」と暁子自身が確認できたということ、僕もそのように確認できたことが大きかったと思っているよ」という、直接は観ていただけなかった劇の存在について認識されていたことは、とても大切だと思っている。劇は、上演と共に消えてゆく。しかし、誰かと誰かの間に、確実に存在する。私たちと文昭さんも、「劇」を通して今も繋がっているのである。

日本初演は、塩見三省さんと岸田今日子さんが演じてくれた。韓国版はユン・ソジョンさん、イ・

ナミさんの出演、現在、国立劇場の芸術監督であるキム・カンボ氏の演出により、サムリヌ劇場で公演を重ね、来日公演も実現した。イギリスでは国立演劇大学前学長ニコラス・バーター氏演出により、紹介されている。

上演して感じることは、文昭さんがたたかっていた沖縄返還協定反対闘争の、圧倒的な正しさである。獄中で文昭さんが描く沖縄の海の姿は、普天間基地辺野古移設工事、南西諸島自衛隊配備という暴挙に晒されても、決して失ってはならない「理想」を示している。

「すべての人間が人間らしく生きられなければ、自分も人間らしく生きることはできない。すべての人間が人間らしく生きられるように、自分の生を貫きたい」

文昭さんは、そのことをまっとうしたのだ。

星野文昭関連年表（敬称略）

一九四六年　四月　札幌市で生まれる
一九六六年　四月　高崎経済大学に入学。不正入試阻止闘争
一九六九年　六月　高崎経済大学再建自治会副委員長に
一九七一年　二月　成田空港建設反対闘争で三里塚現地に常駐。七月、九月の三里塚闘争で指名手配
　　　　　十一月　沖縄返還協定批准阻止・渋谷闘争
一九七二年　二月　殺人罪で指名手配。大坂正明も
一九七五年　八月　不当逮捕、殺人罪で起訴され、東京拘置所へ
一九七九年　二月　死刑求刑（東京地検・服部三男検察官）。死刑阻止へ一二万を超える署名が集まる
　　　　　八月　懲役二十年の一審判決（東京地裁・石丸俊彦裁判長）
一九八三年　七月　無期懲役の控訴審判決（東京高裁・草場良八裁判長）
一九八六年　九月　暁子と獄中結婚
一九八七年　七月　上告棄却決定（最高裁・香川保一裁判長）
　　　　　十月　徳島刑務所移監
　　　　　　　　杉並星野文昭さんを救う会など各地に救援会を結成。以降、全国に三七の救援会
一九八九年　二月　「物品の目的外使用」で軽屏禁一週間の懲罰
一九九〇年十一月　父三郎が急逝

一九九一年　九月　処遇三級に。面会と手紙の発信が月二回可能に
一九九三年　　　　星野再審カレンダー制作。以後毎年末に発売
一九九六年　一月　星野さんをとり戻そう！全国再審連絡会議が発足
　　　　　　四月　第一次再審請求書提出
　　　　　　九月　「ゴキブリを踏んだ足を洗った」と二十日間の懲罰
一九九九年　　　　房内で絵を描けるようになる（四国管区の刑務所の展覧会で度々一位に）
二〇〇〇年　二月　再審請求棄却決定（東京高裁・荒木友雄裁判長）
二〇〇二年　　　　「獄中者とその家族が子どもを生み育てる権利を求める会」を結成
　　　　　　十月　『ブラインド・タッチ』上演（主演岸田今日子、塩見三省）

二〇〇三年　四月　母美智恵の句集『北斗星』出版
　　　　　十一月　徳島で全国集会、刑務所に向かって激励行動
二〇〇四年　一月　東京高裁、異議申立棄却決定。最高裁へ特別抗告
　　　　　　二月　処遇二級へ。面会週一回
二〇〇五年　一月　暁子の父加藤喜男逝去
　　　　　　五月　刑事収容施設法執行。文昭は三類に、面会月三回
二〇〇六年　六月　友人面会が実現（以降、九四人が面会）
二〇〇七年　一月　母美智恵見舞いのため刑の執行停止申立。その後不許可
　　　　　　四月　詩画集『ＦｕｍｉＡｋｉｋｏ』発行
　　　　　　六月　母美智恵逝去
二〇〇八年　七月　特別抗告棄却決定（最高裁・那須弘平裁判長）
　　　　　　九月　丸木美術館「今日の反戦反核展

2008」に出品

十一月　友人面会妨害が始まる

二〇〇九年十一月　第二次再審請求書提出

二〇一一年　四月　証拠隠滅を弾劾するビデオ国家賠償請求訴訟を提訴

七月　「不正交談」でっち上げで三類から四類へ降格

七月　暁子訪米。サンフランシスコレイバーフェスタに参加。星野絵画展とホシノ・ムミア集会など開く

十一月　面会・手紙国賠を提訴

二〇一二年　二月　徳島刑務所包囲デモに六〇〇〇人、以降六回敢行

三月　第二次再審請求を棄却（東京高裁・若原正樹裁判長）

四月　東京高裁に異議申立

六月　全証拠開示大運動を開始

二〇一三年　九月　『無実で39年　獄壁こえた愛と革命』を発行

二〇一四年　四月　二類に昇級。面会一か月五回、手紙の発信七回に

六月　『あの坂をのぼって』など星野解放歌のCDを発売

二〇一六年　一月　「星野新聞」を創刊

三月　日弁連が弁護士接見妨害を徳島刑務所に警告

二〇一七年　一月　「相模原　星野文昭・暁子　絵と詩」常設展オープン

二月　共に闘った奥深山幸男逝去

五月　大坂正明不当逮捕、起訴（二二年十月初公判）

七月　四国地方更生保護委員会に仮釈放の要望書運動開始

二〇一八年　三月　体重五〇・三キロに減。油ものが苦手になり味覚が鈍感に

『ブラインド・タッチ』再演（主演高橋和也、都築香弥子）

五月　四国新聞と朝日新聞大阪本社版に「星野解放」の意見広告
六月　高松集会・パレードに全国から約一〇〇〇人が参加
七月　暁子の母加藤伸子逝去
八月　二十二日、朝から経験したことのない腹部の激痛で倒れる
九月　十二日、徳島刑務所へ原因究明の検査を申し入れ
十一月　朝日新聞東京本社版に意見広告

二〇一九年　一月　暁子訪韓。韓国・大邱《テグ》で絵画展と星野集会開く
二月　琉球新報、沖縄タイムスに意見広告
三月　二十五日、四国地方更生保護委員会が仮釈放要求を不許可に
四月　十八日、東日本成人矯正医療センター（昭島市）に移監
五月　二十八日、肝臓がん切除手術。三十日、逝去
六月　八日、告別式に約一〇〇〇人が参列

二〇二〇年　二月　二十一日、命を奪った獄中医療に国家賠償請求を提訴
四月　三里塚に分骨。「星野文昭ここに眠る」のモニュメントを建立
十一月　奥深山も眠る群馬県の安養院に墓を建て納骨

あとがき

この本を作るにあたって、私は三十五年間の星野文昭と私の手紙を全部読み返しました。膨大な量がありました。初期の手紙は、家族である私は何通でも書くことが認められていましたが、文昭は月一回しか許されていないため、本当に細かい字で書いて寄こしました。また、私から手紙以外に書き送っていた「毎日便」(はがき)も膨大にあります。総数で六五〇〇通を超えました。読み終えるまでに約二年をかける大変な作業でしたが、この読み返しを通して私は星野文昭に再び出会い、対話することができました。大切な幸せな時間でした。文昭と出会った喜びと愛をいっそう深めることができたのです。

「沖縄闘争を闘ったことで自分は人間になれた」

そんな言葉を文昭は、沖縄の人たちに捧げました。沖縄の人たちが本土の自分たちに何を求めているのかを考えたら、こういう言葉になったと言っていました。

敗戦後も沖縄は米軍の軍事支配のもとで苦しみ続けました。憲法のもとへ、日本への復帰を求めましたが、実現したのは極東の軍事的要石《かなめいし》としての役目を沖縄に負わせたままの「返還」でした。核持ち込みの密約まであったことが、今日では明らかになっています。こんな復帰を望んでいたのではない！　という怒りが、一九七一年十一月十日、一〇万人の沖縄の人たちが立ち上がった沖縄ゼネストによって示されました。その闘いへの連帯をこめて、四日後の十一月十四日沖縄返還協定批准阻止闘争・渋谷闘争が東京で闘われました。文昭はこのデモにリーダーとして参加していました。そしてデモの最中に起きた機動隊員一名の死亡の「実行犯」として四年後に捕らわれました。求刑は死刑でした。判決は一審「懲役二十年」、控訴審で「無期懲役」、最高裁の上告棄却で無期懲役刑が確定しました。

私が文昭に出会った一九八四年は、八三年に控訴審で無期懲役判決が出されていて、上告審の判決を待っている状態でした。裁判では警察・検察のでっち上げがすべて認定されてしまいました。六人のデモ参加者の虚偽供述、それが証拠のすべてでした。しかし、控訴審では六人の証人のうち五人が、厳しい取り調べの実態を暴露して、法廷において自らの供述を否定しています。文昭の「殴打行為」を供述させられたKr証人は、「きつね色の服の人が殴っていて、それは星野さんだった」と述べています。けれども、当日文昭は、薄青のブレザーとグレーのズボンをはいていたのです。でっち上げであることは明白です。

しかし、一九八七年七月十七日に、上告が棄却され無期が確定しました。文昭はすぐ「再審をやる」と言ってきましたが、文昭が所属していた革共同（革命的共産主義者同盟全国委員会）・中核派が再審請求の方針を決定するまでに、二年を要しました。本当に苦しい過程で、文昭は一〇キロやせ私は五キロやせました。私は控訴審での無期判決をわかったうえで、文昭と獄中結婚したのですが、最高裁で無期が確定するのは「一生出さない」と言われたような「重さ」がありました。その重さを跳ね返すのが「再審」の闘いでした。

二年後から、再審に取り組みはじめました。弁護団が結成され、一九九六年に第一次再審請求書提出、二〇〇九年に第二次再審請求書提出、一二年から異議審を闘ってきましたが、二〇一九年文昭の死をもって「終了」しました。現在、第三次再審を、私と文昭の兄治男さん、弟の修三さんが請求人になって申し立てるために準備中です。

一九九〇年から足を運んだ沖縄に、九四年「沖縄・万人《うまんちゅ》の力で星野文昭さんを取り戻す会」が結成されました。二〇〇六年、友人面会ができるようになってから毎年沖縄から文昭に面会に来ていただきました。同年に全国再審連絡会議の共同代表だった平良修さん・悦美さん夫妻が面会してくださいました。募る沖縄への思いを語る文昭に、修さんは「出てきたら、沖縄を第三の故郷として、いつでも来てください。私たちの家を別荘のように使ったらいい」と言ってくださいました。文昭も私も喜びましたが、それを実現することはできませんでした。悦美さんは、毎週欠かさず文昭にはがきを書いてくださいました。私は今も毎年五・一五沖縄県民大会に合わせて沖縄に行き、現地での集会・星野交流会に参加しています。

沖縄に救援会ができて、杉並、徳島と合わせて全国で三つ救援会ができたことになります。さらに全国に増やしていくために、「星野さんを取り戻そう！全国再審連絡会議」を結成しました。そして、二人の故郷である北海道と山形、さらに埼玉、関西に救援会をつくることができました。文昭の死後も三つ増えて、今では全国で三七の救援会が国賠訴訟・絵画展を中心に力強く活動しています。

今、沖縄・南西諸島では、対中国侵略戦争の前線基地として、日々ミサイル基地が増強され、辺野古新基地建設は強行され、再び戦場になろうとしています。戦争をとめる闘いが求められています。

「でっち上げられていることに怒りはあるが、沖縄闘争を闘ったことには微塵《みじん》も後悔はない」、そう言っていた文昭。文昭のその沖縄への思いは、私、大坂正明さん（文昭と同じ件ででっち上げ逮捕・起訴され、今裁判闘争を闘っています）、多くの労働者民衆へと引き継がれています。

大坂さんへのでっち上げは、文昭の場合と同じく、デモ参加者の強いられた虚偽供述だけを「証拠」としていて、いま、公判でその嘘が次々と明らかにされています。勝利の展望は開かれています。「裁判をテコに沖縄民衆と結び戦争政策と闘う」という大坂さんと固く連帯したいと思います。大坂裁判の勝利はまた、星野再審実現の力にもなります。

十年間要求し続けて、二〇〇〇年になってようやく文昭は、絵具や絵筆を房内で使えるようになりました。静物や風景画から出発した文昭の絵はしだいに上達して、私の肖像や世界の子どもたちなども描けるようになりました。実物を見られなくても写真を見て対象に触れるような絵を描きました。「暁子を癒すために描いている」、そう言っていました。文昭は、絵の中で私が母親になった絵を何枚も描きました。亡くなる一年前、私が子どもにおっぱいを与えている絵まで描きました。それは実現できなかった無念さを描いた絵ではなく、子どもへの愛に生きる喜びを歌っているのです。

文昭の絵はすべて「温かく、やさしく、明るい」絵でした。私はいつも癒されたし、その絵に私の詩を添えることも、奪われている愛の営みを奪い返すものとして、心豊かに行うことができました。絵と詩を観てくださった方たちの、そこに「生きる希望」を見出した、という感動の声に励まされました。

耐え難いような寒さや暑さ、そんな中で愛のために「命を削って描いた」のが文昭の絵です。亡くなる少し前に、文昭は「今度から知っている人を描くのは禁止になったんだ」と言っていました。私をモデルにして描くことはできなくなったということです。「風景画を描こうと思うんだ」と文昭は少し寂しそうに言っていました。徳島刑務所は、私たちの心の砦すら奪おうとしたのです。「殺すつもりなのか」と言いたかったけど、「つもり」ではなく、実際に殺したのです。許すことができません。

文昭は「自分の反戦運動の原点は、ヒロシマの被爆写真を見たことだ」と言っていました。一緒に生きた三十五年の中で、文昭のこの反戦の思い＝革命への思いが揺らいだことは一度もありませんでした。新たな戦争をとめるために、文昭の遺志を引き継ぎ、私は革命に生涯をかけようと思っています。

この書簡集の出版にあたり、適切なアドバイスを惜しまず、編集作業を進め、完成へと導いてくださったアーツアンドクラフツ社長・小島雄さん、装丁の米田嘉明さん、編集作業に全面的に協力してくださった長尾悠さん、十亀弘史さん、原稿の入力を担ってくださったKさん、日下部伸さん、そして様々な助力をいただいた金山克巳さん、星野全国再審連絡会議事務局のみなさん、ありがとうございました。また、二人の闘いを支え続けてくださった、本文に登場しているみなさん、多忙の中、心のこもった文章を寄せてくださった坂手洋二さんと岩井信弁護士、帯に素敵なキャッチコピーを寄せてくださった松元ヒロさんに心から感謝します。
　この本を、誰よりも星野文昭に捧げます。

二〇二三年三月二十九日

星野暁子

星野文昭（ほしの・ふみあき）

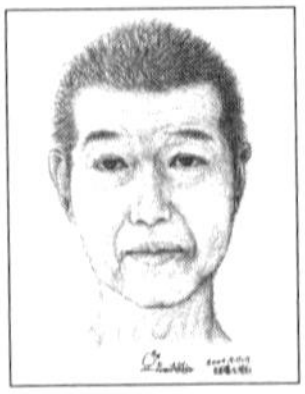

1946年、札幌市生まれ。高崎経済大学へ。1971年11月、沖縄返還協定批准阻止闘争に参加。「殺人罪」で指名手配され、75年逮捕、起訴。一審判決懲役20年、二審無期懲役。上告棄却で無期刑確定。暁子と獄中結婚。2019年5月、東日本成人矯正医療センターで死去。享年73。（左は獄中で描いた自画像）

星野暁子（ほしの・あきこ）

1954年、山形県米沢市生まれ。山形大学在学中に反戦運動に参加。1986年9月、文昭と獄中結婚。著書に詩画集『FumiAkiko』、『無実で39年、獄壁こえた愛と革命』。2020年2月、医療放棄による文昭の獄死について国の責任を問う国家賠償請求訴訟を提訴。

あの坂《さか》をのぼって

星野文昭・暁子　獄中往復書簡

2023年4月28日　第1版第1刷発行

著者◆星野《ほしの》文昭《ふみあき》・星野《ほしの》暁子《あきこ》

発行人◆小島　雄

発行所◆有限会社アーツアンドクラフツ

東京都千代田区神田神保町 2-7-17

〒101-0051

TEL. 03-6272-5207　FAX. 03-6272-5208

http://www.webarts.co.jp/

印刷　シナノ書籍印刷株式会社

落丁・乱丁本はお取り替えいたします。

ISBN978-4-908028-84-7　C0036